本書是國家社科基金一般項目

"《群書治要》中的德福觀研究"（19BZX123）的階段性成果

《群書治要》的流傳與版本遞嬗研究

聶菲璘 著

中華書局

圖書在版編目（CIP）數據

《群書治要》的流傳與版本遞嬗研究/聶菲璘著. —北京：中華書局,2024.1

ISBN 978-7-101-16367-4

Ⅰ.群…　Ⅱ.聶…　Ⅲ.政書–研究–中國–唐代　Ⅳ.D691.5

中國國家版本館 CIP 數據核字（2023）第 198527 號

書　　　名	《群書治要》的流傳與版本遞嬗研究	
著　　　者	聶菲璘	
責任編輯	吳愛蘭	
責任印製	陳麗娜	
出版發行	中華書局	
	（北京市豐臺區太平橋西里 38 號　100073）	
	http://www.zhbc.com.cn	
	E-mail:zhbc@zhbc.com.cn	
印　　　刷	三河市中晟雅豪印務有限公司	
版　　　次	2024 年 1 月第 1 版	
	2024 年 1 月第 1 次印刷	
規　　　格	開本/920×1250 毫米　1/32	
	印張 8　插頁 2　字數 187 千字	
國際書號	ISBN 978-7-101-16367-4	
定　　　價	48.00 元	

目　録

序

劉餘莉

習近平總書記指出："中華優秀傳統文化是中華文明的智慧結晶和精華所在，是中華民族的根和魂，是我們在世界文化激蕩中站穩腳跟的根基。"在實現第二個百年奮鬥目標的征程上，必須把中華優秀傳統文化中具有當代價值、世界意義的精神標識提煉和展示出來，不斷鑄就中華文化新輝煌，進而讓中華文化同各國人民創造的多彩文化一道，爲人類提供正確的精神指引。

《群書治要》是唐太宗爲求治國良策而令魏徵等社稷之臣，從五帝至晉朝之間經、史、子典籍之中擷取有關修身、齊家、治國、平天下之精要，編纂而成的資政巨著，貞觀五年（631）成書。全書收錄典籍六十八部，共五十餘萬字。唐太宗閱讀手不釋卷，感慨"覽所撰書，博而且要見所未見，聞所未聞，使朕致治稽古，臨事不惑"。這部書成爲唐太宗開創"貞觀之治"的思想理論基礎。《群書治要》成書後並未廣佈，加之戰亂，唐朝滅亡後便開始散佚，傳至南宋只餘十卷殘帙，《元史》便未見著錄。

雖然《群書治要》在中土亡佚，但有幸在唐朝時被日本遣唐使攜回日本，由於它的重要思想價值以及與盛世產生的內在聯繫，《群書治要》被日本皇室、公卿奉爲圭臬，日本皇室還確立了系統講授《群書治要》的傳統。據日本文獻記載，仁明、清和、宇多和醍醐四位天皇都曾閱讀此書。日本朝散大夫國子祭酒林信敬《校正〈群書治要〉序》云："我朝承和、貞觀之間,致重雍襲熙之盛者,未必不因講究此書之力。則凡君民、臣君者,非所可忽也。"這充分説明《群書治要》在成就日本平安前期繁榮局面中所起的作用,也强調了大凡領導人民、事奉國君者都不可輕忽此書。《群書治要》在日本經歷了從皇室向民間逐漸普及的流傳過程。從國家治理到思想傳播,從漢籍出版到學術研究,《群書治要》在很多方面都產生了深遠影響。《群書治要》東傳日本的歷史意義還體現在,它爲中國保存下了這部珍貴卻又亡佚的"帝王學"教科書,並幾次將其傳回中國,使這部治世寶典在當今時代繼續發揮古鏡今鑒的重要價值。

清朝嘉慶元年(1796),《群書治要》從日本回傳中國,阮元訪書時將其收入《四庫未收書》上呈嘉慶皇帝,使這部書在清朝學術界產生了深遠影響。1996年春,我國第二任駐日大使符浩先生通過日本皇室成員獲得一套影印天明版《群書治要》,由關學研究專家吕效祖等對其點校考譯。《群書治要考譯》的編纂受到了習仲勳老先生的親切關懷。2001年2月25日,習老先生親筆爲《群書治要考譯》一書題詞"古鏡今鑒",爲繼承和弘揚這部治世寶典提供了明確的實踐指南,爲其在當代的弘揚和傳播揭開了新的篇章。

2022年習近平總書記發表新年賀詞時,右手邊的書架上出現了這部極其珍貴的經世之作。其實,早在2015年的新年賀詞中,便有細心的記者在總書記辦公室書架上發現了這部書。總書記閱讀此書不僅有對父親的情感,也有對《群書治要》蘊含治理之道的重視和借鑒,更有他爲中華民族謀復興初心的堅守。據統計,《習近平談治國理政》(第一卷)中的用典來自《群書治要》的就有82條之多。黨的十八大之後,習近平總書記提出的一系列治國理政的新思想和新理念也都可以從《群書治要》中找到其思想淵源。

　　《群書治要》作爲一部"佚存書"，其歷史流傳及版本情況複雜，學界也存在著一些錯誤的表述。在當前《群書治要》研究日漸升溫的背景下，釐清其流傳歷史及版本遞嬗關係，實乃一項亟需且必要的工作。本書作者聶菲璘博士花費精力對此進行了深入研究。這項工作具有以下幾方面内容：

　　第一，詳細整理了《群書治要》從成書到流佈，東傳並在日本流傳，又回傳中土在海内流傳，最後再次向世界傳播的過程，是對《群書治要》流傳的首次全面總結。特別是在前人研究成果的基礎上，通過徵引更多史料，將《群書治要》東傳時機聚焦在天寶遣唐使之行，並對《群書治要》在日本的流傳進行了分期，論述了《群書治要》對日本的歷史影響。通過分析敦煌遺書S.133《群書治要·左傳》節本傳抄和流入西域的時間，補充了《群書治要》在民間傳播的情況。此外，作者還整理了中日歷史上與《群書治要》有關的帝王，討論了盛世產生與這些帝王閱讀《群書治要》的關係。研究發現，帝王及臣子對以《群書治要》爲代表的"帝王學""鑒戒史學"類書籍的重視程度，以及將書中治理智慧付諸實踐的行動力，與社會能否得到治理、盛世能否成就直接相關。

　　第二，通過深入研究史料，分析了學界對《群書治要》的幾個錯誤觀點的產生原因，並進行了更正。例如，《群書治要》作者之一是"褚亮"而非"褚遂良"；《群書治要》亡佚於元朝而非宋朝；阮元"書實成德言之手"的論斷值得商榷等。此外，通過研究《群書治要》的編排特點及流傳過程，闡明了《群書治要》並非類書。後世有些典籍將《群書治要》歸入類書，一方面是由於對此書的編纂目的及編排特點考究不詳，另一方面也是由於《群書治要》不斷散佚，時人對《群書治要》的作用及價值愈發模糊不清所致。

　　第三，深入研究了《群書治要》歷史流傳過程中產生的各種版本,特別是日傳"九條家本""金澤文庫本""元和本""天明本""寬政本"等,重點解讀了金澤文庫本各卷跋文,對其抄寫、點校、流傳的歷史進行了研究。作者認爲,闕三卷的金澤文庫本《群書治要》作爲目前"最古的全本",以此本爲底本對《群書治要》進行系統性校勘,可以獲得《群書治要》最完善,也是最接近魏徵所編原書的版本,同時也是進行《群書治要》思想價值研究最理想的版本。

　　總之,《群書治要》將中華文化的歷史淵源、獨特創造、價值理念等,簡要翔實地表達了出來,其智慧光芒穿透歷史,思想價值跨越時空,魏徵讚嘆此書"用之當今,足以鑒覽前古;傳之來葉,可以貽厥孫謀",古代學者譽其爲一部"次經之書",當代學者譽其爲"中華傳統文化的精華之精華"。書中所蘊藏的治國理政思想,特別是關於國家盛衰的經驗和規律,是歷經數千年考驗所纍積的寶藏結晶,歷久彌新,不僅是中華民族自立於世界强國之林的重要文化命脉,也是全人類各民族實現和平發展的智慧源泉。相信本書的出版必將大力促進學界、政界乃至社會各界對《群書治要》的學術價值和實踐價值的深入認識。

2023 年 5 月 30 日

一、《群書治要》的成書及其在中國亡佚前的流傳

《群書治要》是由唐太宗李世民下令，由魏徵等社稷之臣編纂的一部資政巨著。太宗喜其廣博而切要，閱讀手不釋卷，曾云"覽所撰書，博而且要，見所未見，聞所未聞，使朕致治稽古，臨事不惑。其爲勞也，不亦大哉"，並以《群書治要》爲施政指南。因此，《群書治要》是唐太宗成就"貞觀之治"的思想基礎和理論源泉。

（一）《群書治要》的編纂及成書

在《唐會要》①、《大唐新語》（又名《唐新語》）、《新唐書》，以及魏徵《群書治要序》中，記載了《群書治要》的編纂起因、成書時間、參編人員、編纂内容及原則、取材範圍及編排體例、作用和意義等。下面將從這幾個方面進行論述。《唐會要》《唐新語》《新唐書》三條史料引述於此。魏徵《群書治要序》將隨文引用。

---

① 王溥（922—982）編纂之《唐會要》雖成書於北宋，但其史料來源爲唐德宗時蘇冕（734—805）修撰之記載唐高祖至德宗九朝之事的《會要》四十卷以及唐宣宗時崔鉉等監修之《續會要》四十卷。《群書治要》之記載當出自蘇冕編纂之《會要》，早於唐憲宗時劉肅所撰之《唐新語》及北宋歐陽修編撰之《新唐書》，故列第一。

　　貞觀五年九月二十七日,秘書監魏徵撰《群書理要》①上之。(太宗欲覽前王得失,爰自六經,訖於諸子,上始五帝,下盡晋年,徵與虞世南、褚亮、蕭德言等,始成爲五十卷上之。諸王各賜一本。)②

　　　　　　　　　　　　　——《唐會要》卷三十六《修撰》

　　太宗欲見前代帝王事得失以爲鑒戒,魏徵乃以虞世南、褚遂良、蕭德言等,採經史百家之内嘉言善語,明王暗君之跡,爲五十卷,號《群書理要》,上之。太宗手詔曰:"朕少尚威武,不精學業,先王之道,茫若涉海。覽所撰書,博而且要,見所未見,聞所未聞,使朕致治稽古,臨事不惑。其爲勞也,不亦大哉!"賜徵等絹千疋,綵物五百段。太子諸王,各賜一本。③

　　　　　　　　　　　　　——《唐新語》卷九《著述》第十九

　　太宗欲知前世得失,詔魏徵、虞世南、褚亮及德言裒次經史百氏帝王所以興衰者上之,帝愛其書博而要,曰:"使我稽古臨事不惑者,公等力也!"賚賜尤渥。④

　　　　　　　——《新唐書》卷一百九十八《列傳》第一百二十三
　　　　　　　　　　　　　　　　　　　　　　《儒學上·蕭德言傳》

─────────

① 爲避唐高宗李治名諱,《群書治要》又稱《群書政要》或《群書理要》。本書所引史料仍從其舊作"政要"或"理要"。
② [宋]王溥《唐會要》卷三十六《修撰》,景印文淵閣《四庫全書》,臺灣商務印書館,2008年,總第606册,第481頁下。原文夾注用圓括號表示,本書下同。
③ [唐]劉肅撰,許德楠、李鼎霞點校《大唐新語》,中華書局,1984年,第133頁。
④ [宋]歐陽修等撰,中華書局編輯部點校《新唐書》,中華書局,2008年,第5653頁。

1. 編纂起因及成書時間

《群書治要》成書起因之一——治理因素。太宗欲覽前王得失，根據是《唐會要》《唐新語》《新唐書》。《唐會要》云："太宗欲覽前王得失。"《唐新語》云："太宗欲見前代帝王事得失以爲鑒戒。"《新唐書》云："太宗欲知前世得失。"

李世民生逢隋末亂政，年少隨父從軍，英武善戰，平定天下，二十七歲升爲天子，深知即使武功得國，但治國仍賴文治。惜少時不精問學，對先王之道知之甚少，於是下令編纂一部彙集歷代帝王執政得失與國家興衰成敗的資政之書。

《群書治要》成書起因之二——典籍因素。彙集精要光昭訓典，根據是魏徵《群書治要序》。《序》云：

> 以爲六籍紛綸，百家蹖駮。窮理盡性，則勞而少功；周覽泛觀，則博而寡要。故爰命臣等，採摭群書，翦截淫放，光昭訓典。①
>
> ——《群書治要序》

根據貞觀時期編纂的《隋書·經籍志》的記載，當時國家圖籍所存四部合"一萬四千四百六十六部，有八萬九千六百六十六卷"②。面對浩繁的經書、乖舛的諸子，日理萬機的皇帝自然無暇精深研讀，但也不能僅僅瀏覽，因此需要有學識淵博德高望重的社稷

---

① ［唐］魏徵《群書治要序》，［唐］魏徵等輯《群書治要》〔國家圖書館（國家古籍保護中心編）"永青文庫四種"〕，國家圖書館出版社，2019年，第1冊，第16—17頁。
② ［唐］魏徵等撰，中華書局編輯部點校《隋書》，中華書局，1973年，第908頁。

之臣"採摭群書，翦截淫放，光昭訓典"。於是，魏徵等删除浮華的辭藻和無關緊要的内容，只將經世治國智慧經驗的精華輯而録之，顯揚光大先王治國的常理常法，使之成爲一部治國理政的"帝王學"參考書，供皇上閲讀。

以上兩點成書原因，日人林信敬《校正〈群書治要〉序》中也進行了總結："古昔聖主賢臣，所以孜孜講求，莫非平治天下之道，皆以救弊於一時，成法於萬世，外此豈有可觀者哉？但世遷事變，時換勢殊，不得不因物立則，視宜創制。是以論説之言日浩，撰著之文月繁；簡樸常寡，浮誕漸勝；其綱之不能知，而況舉其目乎？此書之作，蓋其以此也。"①

根據《唐會要》的記載，貞觀五年（631）九月二十七日，魏徵將編纂完成的《群書治要》上呈給太宗皇帝。從版本上講，此即"魏徵原寫本"。

2. 參編人員

關於《群書治要》的作者，《唐會要》云："徵與虞世南、褚亮、蕭德言等。"《唐新語》云："魏徵乃以虞世南、褚遂良、蕭德言等。"《新唐書》云："詔魏徵、虞世南、褚亮及德言。"綜合三條史料的記載，參編之人至少爲四人，其中對魏徵、虞世南、蕭德言的記載是無歧異的，惟有褚亮在《唐新語》中被代以褚遂良。筆者認爲，當以褚亮爲《群書治要》編者更爲合理，理由有二：

一方面從褚亮與魏徵、虞世南、蕭德言在貞觀初年的職務考慮。各據《舊唐書》本傳，魏徵貞觀三年（629）遷秘書監，七年

---

① ［日］林信敬《校正〈群書治要〉序》，［唐］魏徵等輯《群書治要》〔國家圖書館（國家古籍保護中心）編"永青文庫四種"〕，第 1 册，第 3—5 頁。

（633）代王圭爲侍中。褚亮貞觀元年（627）爲弘文館學士，九年
（635）進授員外散騎常侍，封陽翟縣男，拜通直散騎常侍，學士如
舊。虞世南於太宗即位時轉著作郎兼弘文館學士，後任秘書少監，
貞觀七年（633）接替魏徵任秘書監。蕭德言貞觀中任著作郎兼弘
文館學士，貞觀十七年（643）拜秘書少監①。由上知褚亮、虞世南同
時爲弘文館學士。《舊唐書》亦有褚亮與魏徵、虞世南在貞觀初期
共事之記載②。

　　另一方面從褚遂良的資歷考慮。《舊唐書·褚遂良傳》記
載，貞觀十年（636）褚遂良由秘書郎遷起居郎，太宗感嘆虞世南
去世後無與論書，褚遂良由於博涉文史尤工隸書而經魏徵舉薦被
詔侍書③。《群書治要》成書之時，褚亮年七十一，次子褚遂良年方
三十五。褚遂良雖爲太宗朝後期及高宗朝前期重臣，但於貞觀之
初仍資歷尚淺。其父褚亮作爲這樣一部資政巨著的編纂者更爲允
恰。據《唐新語》四庫提要，其內容"皆取軼文舊事有裨勸誡者"④。

① 各據《舊唐書》本傳。[後晉]劉昫等撰，中華書局編輯部點校《舊唐書》，中
　華書局，1975年。卷七十一《魏徵傳》，第2548—2549頁；卷七十二《虞世
　南傳》，第2566頁；卷七十二《褚亮傳》，第2582頁；卷一百八十九上《儒學
　上·蕭德言傳》，第4953頁。
②《舊唐書·音樂志一》："貞觀元年，宴群臣，始奏《秦王破陣之曲》……其
　後（太宗）令魏徵、虞世南、褚亮、李百藥改制歌辭，更名《七德》之舞。"參見
　[後晉]劉昫等撰，中華書局編輯部點校《舊唐書》，第1045頁；《舊唐書·音
　樂志三》："貞觀二年，太常少卿祖孝孫既定雅樂，至六年，詔褚亮、虞世南、
　魏徵等分制樂章。"參見[後晉]劉昫等撰，中華書局編輯部點校《舊唐書》，
　第1089頁。
③ [後晉]劉昫等撰，中華書局編輯部點校《舊唐書》卷八十《褚遂良傳》，第
　2729頁。
④ [清]紀昀等《唐新語》四庫提要，景印文淵閣《四庫全書》，臺灣商務印書
　館，2008年，總第1035冊，第287頁下。

軼文舊事恐有資料來源考證之難,故《群書治要》作者以《唐會要》
所載爲宜。

綜上分析,《群書治要》的主要編纂人員當爲魏徵、虞世南、褚
亮及蕭德言。編纂者皆爲社稷之臣,特別是魏徵,青史留名"千古
諫臣"。

魏徵(580—643),字玄成,鉅鹿人。太宗登基後,拜魏徵爲諫
議大夫,封鉅鹿縣男,使安輯河北,許以便宜從事。後遷尚書左丞
(《新唐書》本傳爲尚書右丞)、秘書監、門下侍中等。受詔總加撰定
修史,史成,加左光禄大夫,進封鄭國公。貞觀十六年(642)拜太
子太師。徵薨,太宗親臨慟哭,廢朝五日,嘗臨朝謂侍臣曰:"夫以
銅爲鏡,可以正衣冠;以古爲鏡,可以知興替;以人爲鏡,可以明得
失。朕常保此三鏡,以防己過。今魏徵殂逝,遂亡一鏡矣!"①謚文
貞,爲凌煙閣二十四功臣之一。

虞世南(558—638),字伯施,越州餘姚人,隋内史侍郎虞世基
之弟。祖父虞檢,梁始興王諮議;父親虞荔,陳太子中庶子,俱有重
名。虞世南生性沉静寡慾,篤志勤學,善王羲之書法。曾任弘文館
學士、著作郎、秘書監,授銀青光禄大夫。編纂大型類書《北堂書
鈔》。太宗稱其有五絶:德行、忠直、博學、文辭、書翰。及逝,太宗
曰:"虞世南於我,猶一體也。拾遺補闕,無日暫忘,實當代名臣,人
倫準的。吾有小失,必犯顏而諫之。今其云亡,石渠、東觀之中,無
復人矣,痛惜豈可言耶!"②謚文懿,亦爲凌煙閣二十四功臣之一。

褚亮(560—647),字希明,杭州錢塘人。曾祖褚湮,梁御史中

---

① [後晉]劉昫等撰,中華書局編輯部點校《舊唐書》卷七十一《魏徵傳》,第
2561頁。
② [後晉]劉昫等撰,中華書局編輯部點校《舊唐書》卷七十二《虞世南傳》,
第2570頁。

丞；祖父褚蒙，太子中舍人；父親褚玠，陳秘書監，並著名前史。褚亮敏而好學，善屬文。弘文館學士，纍遷散騎常侍，進爵陽翟縣侯，後致仕歸家。卒，太宗不視朝一日，謚康。曾奉命爲《十八學士寫真圖》撰像讚，爲《虞世南集》三十卷作序。

蕭德言（558—654），字文行，雍州長安人，本蘭陵（今江蘇常州西北）人。祖父蕭介，梁侍中、都官尚書；父親蕭引，陳吏部侍郎，並有名於時。德言博涉經史，尤精《左傳》，好屬文。歷校書郎、著作郎、弘文館學士，封武陽縣侯，進秘書少監。卒於家，高宗爲之輟朝。謚博。

歷史上還産生過一種觀點，即認爲《群書治要》實成於蕭德言之手。這種說法源自阮元。阮元《〈群書治要〉五十卷提要》云：

> 又《唐書・蕭德言傳》云："太宗詔魏徵、虞世南、褚亮及德言，衰次經、史、百氏帝王所以興衰者上之，帝愛其書博而要，曰：'使我稽古臨事不惑者，卿等力也！'德言賚賜尤渥。"然則書實成於德言之手，故《唐書》於魏徵、虞世南、褚亮傳皆不及也。[①]
>
> ——《〈群書治要〉五十卷提要》

阮元於《〈群書治要〉五十卷提要》中提出"書實成於德言之手"，其說在清朝中晚期至民國時期中日兩國學者間的影響甚廣，且至今仍多被學者引用。筆者分析阮元下此結論的依據有二，一是"德言賚賜尤渥"，二是"《唐書》於魏徵、虞世南、褚亮傳皆不及

[①]［清］阮元《〈群書治要〉五十卷提要》，［唐］魏徵等輯《群書治要》，《宛委別藏》影印本，江蘇古籍出版社，1988年，總第73冊，提要頁。

也"。然而,筆者認爲這兩條依據皆不足爲憑:第一,所引《唐書》"賷賜尤渥"之前的"德言"二字,乃阮元率增,原書本無。第二,編撰一事雖未見諸魏徵、虞世南、褚亮三人傳記,但由此便認爲書實成德言之手,實難確信。虞世南曾編纂大型類書《北堂書鈔》,但此事亦不見於兩《唐書·虞世南傳》。因此,阮元的結論值得商榷。《群書治要》各卷卷首題"秘書監鉅鹿男臣魏徵等奉敕撰",因此魏徵爲《群書治要》主編無疑。劉海天對《群書治要》編纂者有詳細論述,尤其探討了阮元的結論,可參①。

3. 特點及内容

《群書治要》是唐太宗下令編纂的,唐太宗希望看到的内容和關注的重點自然構成了《群書治要》的主體和特徵。《群書治要序》云:

> 聖思所存,務乎政術。綴叙大略,咸發神衷。雅致鈎深,規摹宏遠,網羅治體,事非一目。②
>
> ——《群書治要序》

魏徵在此點明了《群書治要》輯録内容的特點:第一,太宗皇帝關注重點是治國理政之道;第二,選出的内容是古代帝王治理的精要;第三,規模宏大,格局深遠;第四,注重"道體"和"治體",而非具體的某個制度。

關於《群書治要》的内容,魏徵在序言中將其歸納爲四個

---

① 劉海天《〈群書治要〉基本問題研究》,中山大學博士後出站報告,2020年。
② 〔唐〕魏徵《群書治要序》,〔唐〕魏徵等輯《群書治要》〔國家圖書館(國家古籍保護中心編)"永青文庫四種"〕,第1册,第17頁。

方面：

> 若乃欽明之后，屈己以救時，無道之君，樂身以亡國；或臨難而知懼、在危而獲安，或得志而驕居、業成以致敗者，莫不備其得失，以著爲君之難。

> 其委質策名，立功樹惠，貞心直道，忘軀殉國，身殞百年之中，聲馳千載之外；或大奸巨猾，轉日迴天，社鼠城狐，反白仰黑，忠良由其放逐，邦國因以危亡者，咸亦述其終始，以顯爲臣不易。

> 其立德立言，作訓垂範，爲綱爲紀，經天緯地，金聲玉振，騰實飛英，雅論徽猷，嘉言美事，可以弘獎名教，崇太平之基者，固亦片善不遺，將以丕顯皇極。

> 至於母儀嬪則，懿后良妃，參徽猷於十亂，著深誠於釐降；或傾城哲婦，亡國艷妻，候晨鷄以先鳴，待舉烽而後笑者，時有所存，以備勸戒。①

——《群書治要序》

第一，《群書治要》輯録了賢明與昏庸的君主的事跡，完備地記録下他們的得失，以體現爲君之難。第二，《群書治要》輯録了忠貞之臣的行儀、奸邪之臣的惡狀，輯録了事情的來龍去脉，以體現爲臣不易。第三，《群書治要》將明君賢臣建立的德業與他們的言行輯録下來，即使細微的善事也不會遺漏，以此大力顯揚皇上治理天下的準則。第四，《群書治要》還輯録了具有賢淑德行的懿后良妃、

---

① [唐]魏徵《群書治要序》，[唐]魏徵等輯《群書治要》〔國家圖書館（國家古籍保護中心編）"永青文庫四種"〕，第 1 册，第 17—18 頁。

禍國殃民的傾城哲婦,作爲勸戒。魏徵特別將女子的内容單列出
來,是因爲女子的德行對國家的治理也是非常重要的。古今中外
的歷史都證明了這一點。

4. 取材範圍及編排

關於《群書治要》的取材範圍及全書概況,《序》云:

> 爰自六經,訖乎諸子,上始五帝,下盡晋年,凡爲五袠,合
> 五十卷,本求治要,故以《治要》爲名。①
>
> ——《群書治要序》

中國典籍部類劃分至唐初定型爲經、史、子、集四部,《群書治
要》作爲一部專主治道的"帝王學"教材,集中展示治國理政的智
慧、方法和經驗,只從經、史、子三部中擇録了典籍。對於辭藻華麗
但脱離實際的内容,魏徵多有批評。例如,魏徵在《群書治要序》
中講到:"競採浮艷之詞,爭馳迂誕之説,騁末學之博聞,飾雕蟲之
小伎。流宕忘反,殊塗同致。雖辯周萬物,愈失司契之源;術總百
端,乖得一之旨。"② 因此《群書治要》没有收録多含辭章的集部。
《群書治要》全書共五十卷,合爲五函。由於其根本目的在於尋求
治國理政的綱要,因此用《治要》作爲書名。

魏徵在編排輯録内容時,充分吸取了前人的經驗和教訓。

---

① [唐]魏徵《群書治要序》,[唐]魏徵等輯《群書治要》〔國家圖書館(國家
　古籍保護中心編)"永青文庫四種"〕,第1册,第18頁。
② [唐]魏徵《群書治要序》,[唐]魏徵等輯《群書治要》〔國家圖書館(國家
　古籍保護中心編)"永青文庫四種"〕,第1册,第15—16頁。按:金澤文庫
　本《群書治要》"周"作"彫","乖"上有"彌"字。

《序》云：

> 但《皇覽》、《遍略》，隨方類聚，名目互顯，首尾淆亂，文義斷絕，尋究爲難。今之所撰，異乎先作，總立新名，各全舊體，欲令見本知末，原始要終。並棄彼春華，採兹秋實，一書之内，牙角无遺，一事之中，羽毛咸盡。①
>
> ——《群書治要序》

《皇覽》即三國魏文帝曹丕時，由劉劭、王象、桓範、韋誕、繆襲等奉敕編撰的一部經傳集成，共八百餘萬字，被後世尊爲類書始祖。《遍略》即《華林遍略》，又名《華林園遍略》《芳林遍略》，由劉杳、顧協、何思澄、鍾嶼、王子雲等人於梁武帝天監十五年（516）奉敕編纂，歷時八年而成，合七百卷，是一部大型官修類書，對後世類書編纂具有深遠影響。這兩部類書在編排上都不盡人意，存在名目重複、邏輯不清以及查詢困難等問題。魏徵顯然認識到了這兩部類書的問題，因此在編排《群書治要》時有所避免。

魏徵等人所編纂的這部書與之前的類書有所不同，因爲是探求治理之道，因此以《群書治要》這一新名來命名全書，而各篇章則保留了所引原書的體例。這樣編排的目的，是爲了使讀者能夠見本知末，以探究事物發展的終始。不僅如此，魏徵等人還像棄摘春天的花朵只採秋天的果實一樣，刪除原書中無關緊要的內容，僅將經世治國智慧經驗的精華輯錄下來。一書之中的關鍵內容没有遺漏，一個事件的主要內容及細節也選錄完整。正因爲《群書治

---

① ［唐］魏徵《群書治要序》，［唐］魏徵等輯《群書治要》〔國家圖書館（國家古籍保護中心編）"永青文庫四種"〕，第 1 册，第 18—19 頁。

要》在内容選取及編排上有如此的特點,因此,筆者認爲,《群書治要》是屬於"鑒戒史學"的資政之書,不宜歸入類書之類。在《舊唐書·經籍志》和《新唐書·藝文志》中,《群書治要》都被歸入雜家類。

《群書治要》按照經、史、子的順序排列,史部和子部内的典籍各按歷史順序編排。這種排列簡單且合理。

首先是經部。經者,常也,即恒常不變之理,治國的常理常法。經部樹立治道思想。孔子"祖述堯舜,憲章文武",删《詩》《書》、定《禮》《樂》、贊《易》道、作《春秋》。漢代董仲舒提出"罷黜百家,表彰六經",此後"六經"成爲正統的治道思想。《群書治要》經部收録典籍十二部,"五經"當先,分別是《周易》《尚書》《詩經》《左傳》《禮記》,其中《左傳》有上中下三卷,惜上卷亡佚;隨後是與"五經"相關的典籍,《周禮》《周書》(即《逸周書》)、《春秋外傳國語》《韓詩外傳》;再次是三部記録孔子言傳身教的經典,《孝經》《論語》《孔子家語》。可見,《群書治要》的經部全部是以儒家經典組成,因此,《群書治要》是以儒家思想爲綱。

經部之後是史部。史部收録典籍八部,按照歷史順序排列,分別是《史記》《吴越春秋》《漢書》《後漢書》《魏志》《蜀志》《吴志》和《晋書》。其中《漢書》體量最大,共八卷,首尾兩卷亡佚,現存六卷。《後漢書》中不包含《志》,這是因爲范曄所著之《志》未能傳世,直到北宋年間,方有人將西晋司馬彪之續《漢書·志》與《後漢書》合刊而成今本《後漢書》,故《群書治要·後漢書》只包含范曄所著《紀》《傳》。《晋書》是從唐朝以前記録晋朝歷史的十八家舊本中輯録而成的,主體爲臧榮緒的《晋書》。"二十四史"之《晋書》由房玄齡主編,編纂時魏徵已經病故,《晋書》成書後,唐前諸家舊本就逐漸失傳了,有幸《群書治要》保存了部分舊史史料。

子部收録典籍四十八部，以儒家經典爲主，兼採諸子學説：道、法、名、墨、雜、兵。根據《隋書・經籍志》的分類，《群書治要》子部含儒家十七部：《晏子春秋》《曾子》《孟子》《孫卿子》《新語》《賈子》《鹽鐵論》《新序》《説苑》《桓子新論》《潛夫論》《申鑒》《中論》《典論》《體論》《典語》《袁子正書》；

道家六部：《鬻子》《老子》《文子》《鶡冠子》《列子》《莊子》；

法家八部：《管子》《商君書》《申子》《慎子》《韓子》《崔寔政論》《劉廙政論》《政要論》；

名家一部：《尹文子》；

墨家一部：《墨子》；

雜家九部：《尉繚子》《尸子》《吕氏春秋》《淮南子》《仲長子昌言》《蔣子萬機論》《傅子》《時務論》、《抱朴子》（外篇）；

兵家六部：《六韜》《陰謀》《司馬法》《孫子兵法》《吳子》《三略》。

《群書治要》的子部典籍没有按諸子百家分類編排，筆者認爲，其原因有二：第一，先秦時期，諸子百家多互相參學，取彼之長，同時兼有自己的特色。故諸家之分是後人在解讀先秦著作時，根據所側重的部分進行的人爲分類，並不説明某家思想中就完全没有其他家的思想，因此諸家的分類只是相對而言。第二，魏徵編纂《群書治要》時，遵從的是堯舜周孔之道，從其他各家中輯録的内容也是與這一治道思想相一致的部分。因此，將節録後的諸子按之前的類别歸納便不再合適。

《群書治要》收録唐前典籍的數量，文獻可見 65、66、68 部三種説法。65 部是由於遺漏了楊偉《時務論》。元和本《群書治要》在刊印時，漏印《時務論》題名，其兩篇文章《審察計謀》《斷忠臣國》直接接在杜恕《體論》之後，天明及寬政刊本均未更正，又由於這兩種版本的廣泛傳播,加之金澤本《群書治要》直到 20 世紀 90 年代纔完全公開,導致自清末以來,學者在計算《群書治要》收録典籍時,多以天明本或寬政本爲準,因此 65 部之説非常盛行。66 部和 68 部都是將《時務論》計算在内的,二者的區别在於,66 部是將《魏志》《蜀志》《吴志》合併爲《三國志》計算,而 68 部則是分别計算。魏徵《群書治要序》之後所附的目録,是《魏志》《蜀志》《吴志》分别排列的。

　　從全書來看,由經、史、子三部組成的《群書治要》,並非是資料的堆砌,而是一個有機的整體。以經緯來分,經部是經,史部是緯;用綱目來分,則經部是綱,子部是目。經緯交織,綱舉目張,將古聖明王的治理之道 "博而且要" 地展示出來。

　　林信敬在《校正〈群書治要〉序》中認爲此書:

　　　　先明道之所以立,而後知政之所行;先尋教之所以設,而後得學之所歸。自典誥深奥,訖史子辨博,諸係乎政術,存乎勸戒者,舉而不遺。罷朝而不厭其淆亂,閉室而不煩其尋究,誠亦次經之書也。①

　　　　　　　　　　　　　　　　　　——《校正〈群書治要〉序》

　　因此,《群書治要》的編排是適應了其作爲 "帝王學" "鑒戒史學" 之書的特點的,這與類書的編排有著明顯的不同。後世有的典籍將《群書治要》歸入 "類書" 之列,當是由於對此書的編纂目的及編排特點不清所致。

---

① [日]林信敬《校正〈群書治要〉序》,[唐]魏徵等輯《群書治要》〔國家圖書館(國家古籍保護中心編) "永青文庫四種"〕,第 1 册,第 5—7 頁。

5.意義及價值

魏徵在《群書治要序》最後指明了此書的意義：

> 用之當今，足以鑒覽前古；傳之來葉，可以貽厥孫謀。引
> 而申之，觸類而長，蓋亦言之者無罪，聞之者足以自戒。庶弘
> 茲九德，簡而易從。觀彼百王，不疾而速，崇巍巍之盛業，開蕩
> 蕩之王道，可久可大之功，並天地之貞觀；日用日新之德，將金
> 鏡以長懸。①

——《群書治要序》

《群書治要》用在當今，足以借鑒考察古人的經驗來治國理政；
傳至後世，可以給子孫留下和順天下的治理之道供其取法。遇到
現實問題，引申書中的内容，能够觸類旁通。言者無罪，而聽者則
作爲自我的教戒。通過《群書治要》，魏徵希望弘揚先賢的九種品
德。“九德”在歷史上説法不一。《群書治要》輯録了《尚書》中的
“九德”。《尚書·皋陶謨》云：“寬而栗，柔而立，願而恭，亂而敬，擾
而毅，直而温，簡而廉，剛而塞，彊而義。彰厥有常，吉哉！”② 孔穎
達《尚書正義》疏云：“人性有寬宏而能莊栗也，和柔而能立事也，
愨愿而能恭恪也，治理而能謹敬也，和順而能果毅也，正直而能温
和也，簡大而有廉隅也，剛斷而能實塞也，强勁而合道義也。人性
不同，有此九德。人君明其九德所有之常，以此擇人而官之，則爲

---

① ［唐］魏徵撰《群書治要序》，［唐］魏徵等輯《群書治要》〔國家圖書館（國
　　家古籍保護中心編）“永青文庫四種”〕，第 1 册，第 19 頁。
② ［漢］孔安國注，［唐］孔穎達疏《尚書正義》（清嘉慶刊本“十三經注疏”），
　　中華書局，2009 年，第 1 册，第 291 頁上。

政之善哉！"①"九德"易於瞭解，容易遵從。容易瞭解就能得到他人的理解和親近，容易遵從就可以建立起功業。久而久之，逐漸積纍，建立的功業就能偉大。古聖先王都能從容快速地使國家大治，建立高山仰止的盛大基業，開創影響深遠的王道之治。那些廣大持久的功業，如同天地恒守正道展示給萬物；日用日新的美德，如同金鏡一般長久高懸光照後世。

《群書治要》彙集了古聖先賢的治道思想與實踐，不僅是唐太宗開創"貞觀之治"的思想源泉和理論基礎，也是日本實現平安時代繁榮的重要依據。這是由於《群書治要》輯錄的治國理政的智慧、方法和經驗，是合於"道"的，因此《群書治要》的思想價值，不僅具有時代性，更具有超越性。《群書治要》並非是魏徵等人以編代作，而是爲"救弊於一時，成法於萬世"。因此林信敬稱讚《群書治要》是一部"次經之書"。

《群書治要》作爲一部"佚存書"，"佚"是亡佚，"存"是流傳，這一矛盾的詞彙恰恰體現了《群書治要》的流傳特點。先在中國流傳，後失傳，又從日本回傳，並在中國流通。由於日本注重寫本的特點以及對古寫本《群書治要》的保存，使得《群書治要》在反映初唐典籍原貌，以及保存唐朝以後亡佚典籍，保存唐朝異俗體字等方面，具有獨特的優勢，具有很高的文獻學價值和文字學價值。

（二）《群書治要》在唐皇室的流傳

《群書治要》成書之後，唐太宗稱讚有加，閱讀手不釋卷。唐太

①［漢］孔安國注，［唐］孔穎達疏《尚書正義》（清嘉慶刊本"十三經注疏"），第 1 册，第 291 頁上。

宗對《群書治要》的重視及運用，也使他成爲唐朝後世朝臣勸諫當朝君主效法的榜樣。

1. 唐太宗李世民

唐太宗李世民武德九年（626）八月即位，次年改年號貞觀，649 年去世，在位 23 年。《群書治要》成書之貞觀五年（631）尚爲唐太宗治國之初。

《大唐新語·著述》直接記載了唐太宗對《群書治要》的讚歎。唐太宗在答復魏徵等人上《群書理要》的手詔中云：“朕少尚威武，不精學業，先王之道，茫若涉海。覽所撰書，博而且要，見所未見，聞所未聞，使朕致治稽古，臨事不惑。其爲勞也，不亦大哉！”①並且“太子諸王，各賜一本”②，以作從政龜鑒。

《新唐書·蕭德言傳》亦有“帝愛其書博而要，曰：‘使我稽古臨事不惑者，公等力也。’”③之記載，雖未明確“其書”爲《群書治要》，但《玉海》卷五十四《藝文·承詔撰述》之“唐《群書治要》”條下引用此條史料可爲證，同時，“帝愛其書博而要”“稽古臨事不惑”“公等力也”等表述與《唐新語》“博而且要”“致治稽古臨事不惑”“其爲勞也不亦大哉”幾近，亦可側面證明其言之所指爲《群書治要》。

這些史料都顯示了唐太宗將《群書治要》中的智慧運用在國家治理過程中。太宗皇帝對《群書治要》的重視及運用，也成爲唐

---

① ［唐］劉肅撰，許德楠、李鼎霞點校《大唐新語》，中華書局，1984 年，第 133 頁。
② ［唐］劉肅撰，許德楠、李鼎霞點校《大唐新語》，中華書局，1984 年，第 133 頁。
③ ［宋］歐陽修等撰，中華書局編輯部點校《新唐書》，第 5653 頁。

朝後世朝臣勸諫當朝君主的學習的榜樣。唐憲宗時期，翰林學士李絳奏疏曰："昔太宗亦命魏徵等，博採歷代事跡，撰《群書政要》，置在坐側，常自省閱。"①李絳以此勸諫唐憲宗效法先帝，成就盛世。

《册府元龜·學校部》中有兩條唐太宗閱《群書治要》之記載：

> 唐魏徵爲秘書監。撰《群書政要》，貞觀五年奏上。太宗覽之稱善，敕皇子諸王各傳一本，賜徵帛二百疋。②
> ——《册府元龜》卷六百一《學校部·恩獎》
> 魏徵爲秘書監，貞觀五年，撰《群書政要》奏之。今採其序例，以明述作之意……太宗覽之稱善，敕皇太子、諸王各傳一本。賜徵帛二百疋。③
> ——《册府元龜》卷六百七《學校部·撰集》

北宋時王欽若等奉宋真宗詔命，將上古至五代君臣事跡編纂成書，"惟取六經子史，不録小説，於悖逆非禮之事亦多所刊削"④，祥符六年（1013）書成，賜名《册府元龜》。全書"校核之勤，討論之密，務臻詳慎，故能甄綜貫穿，使數千年事無不條理秩然也"⑤，具有較高的文獻價值。據書中記載，唐太宗對《群書治要》愛不釋手，

① ［明］楊士奇等《歷代名臣奏議》卷一百九十四《戒佚欲》，景印文淵閣《四庫全書》，臺灣商務印書館，2008 年，總第 438 册，第 518 頁下—519 頁上。
② ［宋］王欽若等編纂，周勛初等校訂《册府元龜》，鳳凰出版社，2006 年，第 6973 頁。
③ ［宋］王欽若等編纂，周勛初等校訂《册府元龜》，第 6999 頁。
④ ［清］紀昀等《册府元龜》四庫提要，景印文淵閣《四庫全書》，總第 902 册，第 2 頁下。
⑤ ［清］紀昀等《册府元龜》四庫提要，景印文淵閣《四庫全書》，總第 902 册，第 3 頁。

"覽之稱善",認爲此書"博而且要",可考察古人行事,使自己臨事不惑,此書功勞大矣,於是太子諸王各賜一本,作爲從政龜鑒。

唐太宗對《群書治要》的喜愛也可從賞賜上窺見。《唐新語·著述》云"賜徵等絹千疋,綵物五百段"。《新唐書·蕭德言傳》云"賚賜尤渥"。此處應指出的是,"賚賜尤渥"的對象爲四位編纂者,不應因其出現在《蕭德言傳》而認爲是給蕭德言的賞賜尤爲豐厚。《册府元龜·學校部》兩則史料皆曰"賜魏徵帛二百疋"。若比較太宗對不同經籍成書的賞賜,清朝張英等編撰之《御定淵鑒類函·政術部·賞賜》云"撰《政要》,刊經籍",其下小字注引《册府元龜》之記載:

> 撰《政要》,刊經籍。(《册府元龜》曰:"魏徵爲秘書監。撰《群書政要》。太宗覽之稱善,賜帛二百匹。"又曰:"顏師古爲中書侍郎,受詔刊正經籍。太宗善之,賜帛五十匹。")①
> ——《御定淵鑒類函》卷一百四十四《政術部》
> 二十三《賞賜三》

《群書治要》成書時間爲貞觀五年(631)。據《貞觀政要·崇儒學》,太宗於貞觀四年(630)詔顏師古於秘書省考定"五經",功畢,賜帛,加授通直散騎常侍②。又據兩《唐書》本傳,顏師古考定

① [清]張英等《御定淵鑒類函》卷一百四十四《政術部》二十三《賞賜三》,景印文淵閣《四庫全書》,臺灣商務印書館,2008年,總第985册,第786頁下。
② [唐]吴兢撰,謝保成集校《貞觀政要集校》,中華書局,2012年,第384頁。按:《集校》原文"賜帛五百匹"下校語云他本有作"五百段"者。據《説文》"匹"爲四丈。"段"則指布帛等條形物的一截。從量詞上不能對比。《唐書》則未言賞賜一事。因此此處僅據同一史料之內的記載(《册府元龜》的記載)而作對比。

"五經"後,於貞觀七年(633)拜秘書少監①。故考定"五經"於貞觀七年(633)之前完成,則與《群書治要》成書屬同一段時期。太宗對撰《治要》的賞賜倍於刊經籍,亦説明太宗對《群書治要》的喜愛。

從唐太宗對《群書治要》的稱讚、賞賜,以及不僅自己閱讀,還分賜太子諸王,並且"致治稽古",效法先賢,因此有理由認爲,唐太宗君臣能够開創"貞觀之治",作爲太宗治國理政思想源泉和理論基礎的《群書治要》功不可没。

史料中没有明確記載太宗朝對《群書治要》進行了大規模抄寫,但是從太宗將《群書治要》分賜太子諸王推測,《群書治要》在編纂完成後必定進行了録副工作,或者在編纂的同時,録副工作就已經開始。魏徵時任秘書監,録副也很有可能是在秘書監完成的,因此太宗分贈太子諸王的版本可稱爲"秘書監寫本"。

2. 唐玄宗李隆基

唐玄宗李隆基,爲李世民曾孫,712—756年在位,年號先天、開元、天寶,此時爲盛唐時期。

《册府元龜·諫諍部·規諫》收録了楊相如向唐玄宗上疏並勸玄宗皇帝讀《群書治要》之事。先天(712年8月—713年11月)中,楊相如爲常州晋陽尉,此時玄宗登基不久。楊相如向唐玄宗上《陳便宜疏》,對比隋煬帝之亡國與唐太宗之興國,直陳治國安邦之道。楊相如云,隋煬帝"自恃其强,不憂時政,大縱驕慾,恣成猜險",以致"四海之風淫,天下之情僞",最終朝綱紊亂,難起而亡;而

---

① [後晉]劉昫等撰,中華書局編輯部點校《舊唐書》卷七十三《顏師古傳》,第 2595 頁;[宋]歐陽修等撰,中華書局編輯部點校《新唐書》卷一百九十八《儒學上·顏師古傳》,第 5641—5642 頁。

唐太宗深知"武以得之，文以守之"，"以書籍爲古鏡，魏徵爲人鏡，見善則行之，不善則去之"，從諫如流，勵精圖治，因此貞觀之時，海內浹洽①。楊相如願玄宗皇帝爲天下詳擇之，而且特意推薦太宗詔魏徵等輯之《群書治要》，願玄宗能閱讀此書，瞭解經國治世之理、聖主忠臣的嘉言懿行。

　　　楊相如，先天中爲常州晋陽尉，上疏陳便宜曰："……往者，太宗嘗敕魏徵作《群書理要》五十篇，大論得失。臣誠請陛下温清閑暇，以時觀覽其書，雖簡略不備，亦足以見忠臣之讜言，知經國之要會矣……"帝覽而善之。②
　　　　　　　　——《册府元龜》卷五百三十三《諫諍部·規諫》第十

　　楊相如以晋陽尉這一低層官吏的身份直接向天子上疏，玄宗閱畢稱許其言，由此開啓節儉樸實之風，爲開元盛世奠定基礎。
　　《玉海·藝文·承詔撰述》"唐群書治要"條引《集賢注記》則直接記録了唐玄宗讀《群書治要》之事。

　　　《集賢注記》："天寶十三載十月，敕院内别寫《群書政要》，刊出所引《道德經》文。先是，院中進魏文正所撰《群書政要》。上覽之稱善，令寫十數本分賜太子以下。"③
　　　　　　　　——《玉海》卷五十四《藝文·承詔撰述》

①〔宋〕王欽若等編纂，周勛初等校訂《册府元龜》，第 6074—6075 頁。
②〔宋〕王欽若等編纂，周勛初等校訂《册府元龜》，第 6074—6076 頁。
③〔宋〕王應麟《玉海》卷五十四《藝文·承詔撰述》，景印文淵閣《四庫全書》，臺灣商務印書館，2008 年，總第 944 册，第 449 頁下。按：魏徵謚"文貞"，後世爲避宋仁宗趙禎諱而改爲"文正"，故文中稱"魏文正所撰"。

　　《集賢注記》爲唐代史官韋述（？—757）所撰之記載集賢院的建制沿革、官職人事等事之書。集賢院是集賢殿書院的簡稱，爲唐代禁中圖書收集與整理機構。韋述一生主要任職於集賢院和史館。《集賢注記》三卷是韋述對集賢院之回憶。此書後世散佚，王應麟《玉海》等書存有章句片段。

　　據《玉海》所引《集賢注記》載，集賢院曾向唐玄宗進呈魏徵所撰《群書治要》，玄宗閱畢稱讚有加，下令抄寫數十本分賜太子以下。此抄寫本可稱爲“集賢院寫本”。天寶十三年（754），唐玄宗令集賢院另外抄寫《群書治要》，將所引《道德經》單獨刊出（即“《群書治要·老子》集賢院寫本”）。唐玄宗何時閱讀《群書治要》，是否因楊相如上疏而讀已不得而知，但從玄宗對《群書治要》的稱讚和下令抄寫賜書來看，《群書治要》對唐玄宗產生了影響，這種影響也延伸到了玄宗的治國之中。

　　李唐王朝尊崇老子與道家，於衆多經典之中單獨刊出《道德經》亦可以理解。《道德經》雖被歸入道家，但經魏徵等人刪削擇取之後，《群書治要·老子》集中體現的是《道德經》中的治道思想。天寶十三年（754）單獨刊出《群書治要·老子》可以看作是玄宗皇帝閱讀《群書治要》的後續影響。只可惜玄宗治下的唐朝處於盛唐時期，國力強盛，玄宗對《群書治要》這等“鑒戒史學”“帝王學”之書的重視程度和需求程度比不上太宗治國之初。至天寶十三年（754），國家已是承平日久，君王近佞遠賢，臣子奢靡浮夸，皆與先哲教訓漸行漸遠，國家積弊叢生，後來的“安史之亂”更是直接使大唐由盛轉衰。

3. 唐德宗李適

　　唐德宗李適，爲唐玄宗李隆基曾孫，779—805 年在位，年號

建中、興元、貞元，此時爲中唐時期。《玉海·藝文·承詔撰述》之
"唐《群書治要》"條所引《鄴侯家傳》中記載了李泌向唐德宗的進
言，其中提到《群書治要》。此文又見諸《玉海·藝文·記志》之
"唐《王政紀》"條，文字幾同。

　　《鄴侯家傳》："上曰：'朕欲知有古政理之要，而史籍廣博，
卒難尋究，讀何書而可？'對曰：'昔魏徵爲太子略群書之言理
道者，撰成五十卷，謂之《群書理要》，今集賢合有本。又肅宗
朝宰相裴遵慶撰自上古已來至貞觀帝王成敗之政，謂之《王政
紀》，凡六十卷。比寫本送臣，欲令進獻於先朝，竟未果。其書
見在，臣請進之，以廣聖聰。'上曰：'此尤善也，宜即進來。'於
是表獻。"①

　　　　　　　　　　　　——《玉海》卷五十四《藝文·承詔撰述》

　　李泌爲中唐名臣，侍玄、肅、代、德宗四朝。據《新唐書·李泌
傳》，李泌曾在天寶中爲玄宗講解《老子》，德宗貞元三年（787）拜
中書侍郎、同中書門下平章事，纍封鄴縣侯，俄拜集賢殿、崇文館學
士，貞元五年（789）去世。其子李繁被誣下獄，恐先人功績泯滅而
從獄吏求廢紙握筆著《家傳》十篇②。《家傳》約於南宋末亡佚，《紺
珠集》《類說》《說郛》《通鑒考異》《太平御覽》《玉海》等有片段
節錄③。

①［宋］王應麟《玉海》卷五十四《藝文·承詔撰述》，景印文淵閣《四庫全
　書》，總第 944 册，第 449 頁下—450 頁上。
②［宋］歐陽修等撰，中華書局編輯部點校《新唐書》卷一百三十九《李泌
　傳》，第 4631—4639 頁。
③ 韓文奇《李繁生年及其〈相國鄴侯家傳〉考辨》，載《蘭州大學學報（社會科
　學版）》2005 年第 5 期。

據《玉海》所引《鄴侯家傳》，唐德宗問李泌，自己欲知自古以來治國理政的精要，但是歷史典籍卷帙浩繁，終難以從中考查探求，讀何書好。李泌在對答時提到了兩部書，一部是太宗朝魏徵所輯之《群書治要》，藏於集賢殿；一部是肅宗朝宰相裴遵慶所撰的記錄上古至貞觀時期帝王成敗的《王政紀》。裴遵慶曾將《王政紀》抄寫一部送李泌，希望其獻於代宗，遺憾未成。此次對答後，德宗命李泌將《王政紀》上呈。

4. 唐憲宗李純

唐憲宗李純，唐德宗李適之孫，805—820 年在位，年號元和，此時亦爲中唐時期。憲宗在位時注重任用賢臣，尤其是李絳。李絳時爲翰林學士，向憲宗上疏勸諫皇帝閱讀《群書治要》。李絳，字深之，侍德、順、憲、穆、敬、文宗六朝。據兩《唐書》本傳，李絳於唐德宗貞元末年（804）拜監察御史，唐憲宗元和二年（807）授翰林學士，屢有匡補，任內皆孜孜以匡諫爲己任。元和六年（811）升任中書侍郎，同中書門下平章事，成爲宰相。文宗時爲亂兵所害。其甥夏侯孜將李絳平生論諫之事萬餘言授唐史官蔣偕，次七篇①。蔣偕於大中五年（851）作序，今《李相國論事集》存六卷。

據《李相國論事集》卷一記載，元和四年（809），唐憲宗詔李絳等選擇自古君臣成敗之事五十條，製於屏風之上。同年功畢，李絳等擇君臣事跡五十餘條，編爲兩卷，並造屏風三合，一同進呈。《李相國論事集》卷一《上問得賢興化事對》《造屏風事》《進歷代君臣事跡五十條狀》《批答宰相等賀忠諫屏風》四段史料詳細記錄了此

---

① 據兩《唐書》本傳。［後晉］劉昫等撰，中華書局編輯部點校《舊唐書》卷一百六十四《李絳傳》，第 4285—4291 頁；［宋］歐陽修等撰，中華書局編輯部點校《新唐書》卷一百五十二《李絳傳》，第 4836—4844 頁。

事前後。《新唐書·李絳傳》亦簡要記載了憲宗問李絳興化之事，即擇君臣成敗之事的起因：

> 帝嘗稱太宗、玄宗之盛："朕不佞，欲庶幾二祖之道德風烈，無愧謚號，不爲宗廟羞，何行而至此乎？"
>
> 絳曰："陛下誠能正身勵己，尊道德，遠邪佞，進忠直。與大臣言，敬而信，無使小人參焉；與賢者游，親而禮，無使不肖與焉。去官無益於治者，則材能出；斥宮女之希御者，則怨曠銷。將帥擇，士卒勇矣；官師公，吏治輯矣。法令行而下不違，教化篤而俗必遷。如是，可與祖宗合德，號稱中興，夫何遠之有？言之不行，無益也；行之不至，無益也。"
>
> 帝曰："美哉斯言，朕將書諸紳。"即詔絳與崔群、錢徽、韋弘景、白居易等搜次君臣成敗五十種，爲連屏，張便坐。帝每閱視，顧左右曰："而等宜作意，勿爲如此事。"①
>
> ——《新唐書》卷一百五十二《列傳》七十七《李絳傳》

憲宗皇帝稱讚太宗及玄宗時的盛世，也希望自己能重振道德風尚，問李絳應怎樣做。李絳回答説要修身、尊賢、遠佞、力行。憲宗稱善，詔李絳與崔群、錢徽、韋弘景、白居易等，搜集君臣成敗之事五十條，製成多扇屏風，佈置在別室之中。據《造屏風事》載，李絳等"檢討事跡，如文王得呂望以興周，桓公任管仲以霸齊，宣王誅阿大夫，京房對漢元帝，周幽王嬖褒姒而爲身禍；秦二世惑趙高以亡天下；陳後主方事七獵，遂以亡國，朱異勸梁武帝納侯景，臺城遂

---

① ［宋］歐陽修等撰，中華書局編輯部點校《新唐書》卷一百五十二《李絳傳》，第4836頁。

陷。如此之類,都五十餘事,造屏風三合。具列其事進入,並以狀稱賀"①。功畢,憲宗大悅,當日便將屏風樹立在便殿,早晚閱讀,並告誡左右之人,不要做這樣的事(敗亡之事)。值得注意的是,李絳等向憲宗進呈事跡及屏風時,同時進呈的還有太宗皇帝閱讀的《群書治要》,此事記載於《進歷代君臣事跡五十條狀》。

　　　　元和四年奏:"臣等先奉進止,令撿尋歷代至國朝已來,聖帝明王、忠臣義士、君臣合體事跡可觀者,撿五十條進呈,欲於御座署屏風觀覽者。伏以自古聖王,皆憂勤庶政,未嘗不取鑑於前代,致理於當時。昔太宗亦命魏徵等博採歷代事跡,撰《群書政要》,置在坐側,常自省閱,書於國史,著爲不刊。今陛下以天縱聖姿,日慎一日,精求道理,容納直言,猶更參驗古今,鑑誡美惡,朝夕觀覽,取則而行,誠烈祖之用心,必致貞觀之盛理。臣等謹依撰錄,都五十條,賢愚成敗,勒爲兩卷,隨狀進上。其《群書政要》,是太宗親覽之書,其中事跡固備。伏望德政日新,成不諱之朝,致無爲之化。"②
　　　　　　——《李相國論事集》卷一《進歷代君臣事跡五十條狀》

　　李絳向憲宗進言道,自古聖王都是取鑑於前代,太宗嘗命魏徵編纂《群書治要》,置於座位旁邊,時常閱讀自省。太宗皇帝因其勤勉和真誠從而成就貞觀盛世。李絳勸憲宗效法先帝,日新德政,成就清明之治,醇化百姓風俗。

_____

① 冶艷杰《〈李相國論事集〉校注》,華中科技大學出版社,2015年,第27頁。
② 冶艷杰《〈李相國論事集〉校注》,第30—31頁。

　　造忠諫屏風之功畢，百官上章恭賀，憲宗亦作批答。從收錄在《李相國論事集》中憲宗皇帝的《批答宰相等賀忠諫屏風》看出，憲宗深知責任至大，即使每日惕厲憂勤，但仍追想聖明，渴望諫諍之規，故將君臣事跡書於屏風之上，置之座隅，藉以洞察事理，辨察邪正①。

　　史料雖未記載憲宗閱讀過《群書治要》，但作爲力圖效法太宗重振大唐的皇帝，既然時常閱讀屏風，以所書之君臣事跡告誡左右，憲宗也很有可能閱讀過《群書治要》。憲宗在位期間，勤勉政事，勵精圖治，重用賢良，改革弊政，史稱“元和中興”。在《劍橋中國隋唐史》第九章中，芝加哥大學邁克爾·多爾比（Michael Dalby）認爲憲宗是唐代後期幾乎重建太宗之治的人②。同唐玄宗一樣，唐憲宗也是中興之主，但遺憾的是，玄宗、憲宗都只善其始，未善其終。

（三）敦煌遺書與《群書治要·左傳》

　　《群書治要》作爲一部供皇帝閱讀的資政之書，一直被認爲是流傳於宮廷秘府，外界鮮有得知，與千里之外的敦煌似乎更沒什麼聯繫。然而，1900 年，沉寂千年的敦煌藏經洞被開啓，敦煌遺書重現於世。隨著研究深入，特別是將斯一三三號（S.133）寫卷定名爲《群書治要·左傳》後，更促使了對《群書治要》流佈的進一步思考。

① 冶艷杰《〈李相國論事集〉校注》，第 33 頁。
② 邁克爾·多爾比《晚唐的宮廷政治》，[英]杜希德，中國社會科學院歷史研究所西方漢學研究課題組譯《劍橋中國隋唐史》，中國社會科學出版社，1990 年，第 634 頁。

在《春秋》三傳中,《左傳》是最具價值,也是唯一入選《群書治要》的。《群書治要》輯録《左傳》三卷,是"五經"中選取份量最多者,其選編君臣之嘉言懿行、存乎勸誡的内容,也最適合成爲士庶童蒙閲讀學習《左傳》的節本。S.133 寫卷,便很可能是從都城長安傳入河西走廊,成爲敦煌地區童蒙學習儒家經典的教科書。

1. 英藏斯一三三寫卷

1907 年,英國人斯坦因(Marc Aurel Stein,1862— 1943)作爲第一個進入敦煌藏經洞的外國人,大規模劫掠洞内文物。其劫掠的寫本編號縮寫爲 S.,現收藏於英國國家圖書館。其中的 S.133（斯一三三）寫卷正面爲《春秋左氏經傳集解》節本,背面（S.133V）爲《秋胡變文》和一種失名類書 ①。S.133 卷起《左傳·襄公四年》"獸有茂草"之"草" ②,節抄襄公九年、十一年、十三年、十四年、十五年、二十一年、二十三年内容,至《襄公二十五年》"今吾見其心矣"止。此件卷首兩列中部殘缺 ③,無《春秋》經文,"楷法嚴整,大字爲傳文,雙行小字爲杜預注,有朱筆句讀,和黄色筆跡塗改" ④,

---

① 圖版見:黄永武主編《敦煌寶藏》,新文豐出版公司,1981 年,第 1 册,第 673—681 頁;中國社會科學院歷史研究所等合編《英藏敦煌文獻》,四川人民出版社,1990 年,第 1 卷,第 53—59 頁。按:《敦煌寶藏》著録爲"斯一三三號 春秋左傳杜注""斯一三三號背面 秋胡小説""斯一三三號背面 類書"。《英藏敦煌文獻》著録爲"斯一三三 春秋左傳杜注（襄九——二十五年）""斯一三三號背 秋胡小説 類書"。
② 《敦煌寶藏》及《英藏敦煌文獻》圖録顯示起自"草"字。郝春文《英藏敦煌社會歷史文獻釋録》第 1 卷(修訂版)上册(社會科學文獻出版社,2018 年)則在釋文中補録幾字,並出校記,見第 359、365 頁。
③ 郝春文《英藏敦煌社會歷史文獻釋録》第一卷(修訂版)上册云"首尾均缺",見第 365 頁。
④ 郝春文《英藏敦煌社會歷史文獻釋録》第一卷(修訂版)上册,第 365 頁。

存 127 行。

（1）S.133 的定名

學界對 S.133 的定名經歷了從《春秋左氏經傳集解》節本到《群書治要‧左傳》節本的轉變過程。

翟理斯 ① 從 1919 年開始爲斯坦因所劫敦煌卷子編寫目録（簡稱“翟目”），其《英倫博物館漢文敦煌卷子收藏目録》② 第四章世俗文獻（IV Secular Texts）第一節儒家經典（1. Confucian Classics）中 7081 號即 S.133 寫卷，録爲：“[*—] Selections from 襄公 IV, §7, 草各有攸處, IX, XI, XIV, XXI, XXIII, XXV. [569–548 B.C.] With commentary by Tu Yü. Begin. mtd. Fine MS. of 7th cent.” ③ 許建平《敦煌經籍叙録》將翟目此段譯爲：《左傳》襄公四年第 7 章‘草各有攸處’起及九年、十一年、十四年、二十一年、二十三年、二十五年的節選。杜預注。開頭破損。七世紀寫本。” ④

向達（字覺明）於 1936 年 9 月至 1937 年 8 月在不列顛博物院閱讀敦煌卷子，由於受到翟理斯的刁難，只閱讀了不到五百卷，拍照並編寫了經眼目録（簡稱“向目”）。向目著録：“一三三 春秋左傳杜注襄公四年至二十五年（一二七）。” ⑤ 向目用括號於著録後標

① Lionel Giles, 1875—1958, 又譯作小翟理斯、翟理思、翟爾斯，自取中文名翟林奈。

② Lionel Giles, *Descriptive Catalogue of the Chinese Manuscripts from Tunhuang in the British Museum,* London, The Trustees of the British Museum, 1957. 收入黄永武《敦煌叢刊初集》第 1 册。

③ [英] 翟爾斯《英倫博物館漢文敦煌卷子收藏目録》，黄永武主編《敦煌叢刊初集》，新文豐出版公司，1985 年，第 1 册，第 230 頁。

④ 許建平《敦煌經籍叙録》，中華書局，2006 年，第 262 頁。

⑤ 向達《倫敦所藏敦煌卷子經眼目録》，《唐代長安與西域文明》，生活‧讀書‧新知三聯書店，1957 年，第 197 頁。

注的數字是該卷子的現存行數,即 S.133 現存 127 行。

　　1954 年,不列顛博物院將所藏全部敦煌卷子拍攝成顯微膠片公開售賣,中國科學院購得一份。1957 年,劉銘恕通過購得的顯微膠片編成《斯坦因劫經録》(簡稱 "劉目"),收於《敦煌遺書總目索引》。其著録:"0133 春秋左傳杜注""説明:存襄公九年至二十五年" ①。

　　王重民(字有三)在《敦煌古籍叙録》中對此卷子的題録爲"《春秋左傳抄》(?),杜預注,斯一三三,斯一四三三"。其中對 S.133 的著録爲:

> 　　《左氏傳》節本,並杜預《注》。存者百二十七行,自襄公四年至二十五年……按《唐書・經籍志》有《春秋左氏抄》十卷,新志作《左氏抄》十卷,並不著撰人,然均置於《左氏杜預評》二卷上,似隱示亦用《杜注》者,疑即此卷是也。②
> 　　　　　　　　　　　　——《敦煌古籍叙録》卷一《經部》

　　以上翟目、向目、劉目以及王重民的著録,都是將 S.133 歸入或定名爲《左傳》節本並杜預《春秋經傳集解》這一類,皆未提及《群書治要》。當然,這恐怕是由於諸位學者尚未見到《群書治要》所致。翟目及劉目記録的節選年份皆有遺落,應是考之不詳所致。

　　陳鐵凡在《〈左傳〉節本考——從英法所藏敦煌兩殘卷之綴合論〈左傳〉節本與〈群書治要〉之淵源》中對 S.133 進行了再考。陳

① 劉銘恕《斯坦因劫經録》,《敦煌遺書總目索引》,中華書局,1983 年,第 111 頁。
② 王重民《敦煌古籍叙録》,中華書局,1979 年,第 56—57 頁。

鐵凡首先通過著錄分析,認爲王重民以"抄"命名是難以成立的 ①。進而對比 S.133 寫卷與《群書治要》相關内容,發現:

> 綜計全卷異文,一共不過二十餘字。考其所以歧異,則又大都是因爲卷子本多通假、訛俗之體,如陵作凌,馮作憑,毋作無,克作剋,以及極少數的詳略互異。至於行款、體例以及删略的章節與字數,則完全相同;那末,此卷與"治要"中的左傳,爲同一節本,當是毫無疑義的了。②

——《〈左傳〉節本考》

因此陳鐵凡認爲 S.133 是"淵源於《群書治要》中《左傳集解》節本"③。這是首次將 S.133 與《群書治要》相關聯。

郝春文《英藏敦煌社會歷史文獻釋錄》第一卷對 S.133 定名前後有所不同,《釋錄》初版時定名爲"《春秋左傳杜注抄(襄四—二十五年)》"④,而修訂版就改爲了"《群書治要·左傳》(襄公四—二十五年)"⑤。這是編者對 S.133 進行了再考,同時吸收其他學者的研究成果而做出的更新。此外,修訂版還對此卷開頭的釋文進行了補錄,補充了影印照片中未見的文字。根據修訂版前言,當是編者赴英倫親見敦煌原卷所補。修訂版中,編者用天明本《群書治

① 陳鐵凡《〈左傳〉節本考——從英法所藏敦煌兩殘卷之綴合論〈左傳〉節本與〈群書治要〉之淵源》,載《大陸雜誌語文叢書》第 3 輯第 3 册,大陸雜誌社,1975 年。按:下引用簡稱《〈左傳〉節本考》。
② 陳鐵凡《〈左傳〉節本考》,載《大陸雜誌語文叢書》第 3 輯第 3 册。
③ 陳鐵凡《〈左傳〉節本考》,載《大陸雜誌語文叢書》第 3 輯第 3 册。
④ 郝春文《英藏敦煌社會歷史文獻釋錄》第 1 卷,科學出版社,2001 年,第 206 頁。
⑤ 郝春文《英藏敦煌社會歷史文獻釋錄》第 1 卷(修訂版),上册,第 359 頁。

要》對 S.133 寫卷進行了校勘，並寫有校記①。

　　李索在《敦煌寫卷〈春秋經傳集解〉異文研究》第一章中對 S.133 進行考論時，認同陳鐵凡關於此卷是源自《群書治要》抄本之説，但在定名時依然將此卷定爲"《春秋左傳杜注》（襄公四年至二十五年）（節本）"②。

　　許建平《敦煌經籍叙録》例舉了歷史上對 S.133 的著録情況，認爲 S.133 "既然這是抄自《群書治要》的寫本，則當據《治要》定名，茲擬名爲《群書治要·左傳（襄公四年—二十五年）》"③。

　　至此，經歷了數位學者的研究，S.133 的定名從《春秋左氏經傳集解》節本類被歸入《群書治要·左傳》節本類。

　　要特別指出的是，陳鐵凡、李索、許建平等學者在對比研究 S.133 與《群書治要·左傳》時，所用的《群書治要》爲影印自日本天明七年（1787）的刻本（"天明本"）或寬政三年（1793）的修訂本（"寬政本"）。而日本學者在刊刻天明本時，曾依據所引原書的通行本進行校勘並回改，同時將一些難以辨認的異體字、俗體字改爲當時的通行字，這使得天明本《群書治要》與《群書治要》原本産

---

① 郝春文《英藏敦煌社會歷史文獻釋録》第 1 卷（修訂版），上册，第 365—371 頁。

② 李索《敦煌寫卷〈春秋經傳集解〉異文研究》，中國社會科學出版社，2008年，第 26 頁。按：李索於文中稱所用《群書治要》爲《四部叢刊》影印宋巾箱本。此説又見李索《英藏敦煌寫卷〈春秋經傳集解〉述論》（載《河北師範大學學報（哲學社會科學版）》2005 年第 2 期）及《敦煌寫卷〈春秋經傳集解〉校證》（中國社會科學出版社，2005 年，第 229 頁）。然而，《群書治要》爲一部佚存書，南宋官修目録《中興書目》顯示其當時僅存十卷，後在中國亡佚，清朝中葉從日本回傳，因此並無宋巾箱本。《四部叢刊》影印的《群書治要》當爲日本尾張藩於天明七年的刻本。李索稱"所用《群書治要》爲《四部叢刊》影印宋巾箱本"之説有誤。

③ 許建平《敦煌經籍叙録》，第 263 頁。

生了差距。目前《群書治要》"最古的全本"① 爲抄寫於鐮倉時期
（1185—1333）的金澤文庫本《群書治要》（"金澤本"），現藏於日
本宮内廳書陵部，20 世紀 90 年代纔被公之於衆。因此學者在研究
S.133 時或許尚未見到金澤本。

　　王雨非通過對比 S.133 與金澤本《群書治要》的用字和内容，
發現 S.133 與金澤本《群書治要》在異體字俗體字的使用上保持高
度一致，在内容方面也有許多相同的特徵，"陳鐵凡所言 S.133 與
尾張本《治要》間的多數異文和用字差異，在金澤本中都是不存在
的"②，並推測 S.133 與金澤本《治要》擁有共同的文獻上源，可以
證明 S.133 的文字就是《群書治要》中的《左傳》部分③。王雨非的
判定是對陳鐵凡等的結論的有益補充。

　　筆者將 S.133 寫卷與金澤文庫本《群書治要・左傳》相應段落
再次進行了比對，發現二者在行文和文字上是高度一致的，僅存少
量歧異，例如句末虛詞。二者在行文上的少量差異主要是傳抄形
成的訛誤，這恰恰使 S.133 寫卷可與金澤本《群書治要》進行互校。
而二者在文字上的差異則更爲稀少，S.133 與金澤本在正俗字和異
體字上的一致性要遠遠高於與天明本的一致性。綜合判斷，S.133
寫卷的傳抄内容確爲《群書治要・左傳（襄公四年—二十五年）》
無疑，以此定名是完全合理的。

　　（2）S.133 的性質及抄寫主體

　　至於 S.133 的性質（即作用），王重民《敦煌古籍叙録》認爲其

---

① 金澤文庫本《群書治要》之前尚有 13 卷平安本《群書治要》殘卷存世（又
　　稱九條家本），而金澤本是《群書治要》五十卷（存四十七卷），因此是目前
　　"最古的全本"。
② 王雨非《敦煌寫卷 S.133 補考》，載《文教資料》2019 年第 36 期。
③ 王雨非《敦煌寫卷 S.133 補考》，載《文教資料》2019 年第 36 期。

"多取嘉言懿行,蓋用以諷誦或教童蒙者"①。

　　陳鐵凡則提出了三種可能:①《群書治要》殘帙;②當時民間學塾根據《群書治要》的傳抄本,作爲單行的教材;③唐初以前的《左傳》節本②。陳鐵凡首先排除第一種情況,此卷不太可能爲流入敦煌的《治要》殘帙。

　　　　因爲在敦煌卷子中,據所知見,《左傳》節本,殆有四卷……之多。假如這是《治要》的殘卷,似不應只剩《左傳》。《治要》共收六十五種書③的節本,其餘也應該或有孑遺。而至今敦煌發現的三萬餘卷,就未見有其他《治要》的殘片。而且《治要》卷帙浩繁,傳抄不易。當時雖曾"諸王各賜一本",却未頒行天下。同時,敦煌僻處西陲,在刊本尚未通行之時,此一大部叢書,亦不易流傳得如此廣遠,如此之多;而千佛洞的卷帙,至今也還未出現過偌大篇幅的典籍。④

　　　　　　　　　　　　　　　　——《〈左傳〉節本考》

　　其次排除第三種情況,此卷也不太可能是唐前的一種《左傳》節本,即《治要》從已有的《左傳》節本録入。理由有二:其一,如果唐前存在這種《左傳》節本,隋唐諸志理應著録,但却全無。其

① 王重民《敦煌古籍叙録》,第 57 頁。
② 陳鐵凡《〈左傳〉節本考》,載《大陸雜誌語文叢書》第 3 輯第 3 册。
③ 按:陳鐵凡所見《群書治要》當爲天明本或寬政本。日人在刊刻天明本時,將《時務論》兩段歸入《體論》之後,從而導致天明本及之後的寬政本《群書治要》目録顯示只有 65 部典籍。實則是 66 部典籍。若按照《群書治要》目録所列《魏志》《蜀志》《吳志》計算,則爲 68 部典籍。
④ 陳鐵凡《〈左傳〉節本考》,載《大陸雜誌語文叢書》第 3 輯第 3 册。按:"卷帙"原作"卷佚",誤。

二,《群書治要》的編纂者之一蕭德言尤精《左傳》,《群書治要·左傳》恐出其手,即使已經存在《左傳》節本,也未必符合《治要》的編纂目的,不會徑直收入。因此第三種情況也不太可能①。

通過分析,陳鐵凡認爲第二種的可能性最大,"這種寫本多半是當時學塾根據《治要》傳抄,用作童蒙的課本"②。

金光一認爲陳鐵凡的説法大體可從,只是傳抄主體值得商榷。根據《集賢注記》"天寶十三載(754)十月,敕院内別寫《群書政要》,刊出所引《道德經》文"之記載,金光一推測"《左傳》節本也很可能是由集賢院據《群書治要》抄出而單行的"③。

王雨非認爲,由於《群書治要》長期只流傳於皇室,民間學塾不會接觸到足本《治要》,基於這樣的事實,"S.133 寫卷不會是由民間學塾直接從《治要》中抄出的,同時也不可能是民間傳抄《群書治要》的殘存卷帙。《治要》所引《左傳》節本最初應當由有一定身份地位的人自皇室藏書中抄出,而 S.133 寫卷既有可能是上層人士直接從《群書治要》中節抄的段落,也有可能是由有機會接觸上層社會書籍的人從一種自《群書治要》析出的《左傳》節本轉抄而成。至於此節本如何流入西域,則難以考證"④。

在前人研究的基礎上,筆者對 S.133 的性質和抄寫主體也作了探究。《群書治要》成書後,唐太宗閱讀手不釋卷,下令太子諸王各賜一本。唐玄宗也曾閱讀並稱讚有加,下令抄寫十餘部並分賜太子諸王。但如果《群書治要》由此而流佈民間,似乎不應只存《左

① 陳鐵凡《〈左傳〉節本考》,載《大陸雜誌語文叢書》第 3 輯第 3 册。

② 陳鐵凡《〈左傳〉節本考》,載《大陸雜誌語文叢書》第 3 輯第 3 册。

③［韓］金光一《〈群書治要〉研究》,復旦大學中國古代文學專業博士論文,2010 年。

④ 王雨非《敦煌寫卷 S.133 補考》,載《文教資料》2019 年第 36 期。

傳》。那麼，單獨傳出《群書治要·左傳》的或許另有其人。筆者認爲，除金光一集賢院單獨刊行的猜想外，蕭德言是值得關注的。《舊唐書·蕭德言傳》記載：

> 德言博涉經史，尤精《春秋左氏傳》，好屬文……晚年尤篤志於學，自晝達夜，略無休倦。每欲開《五經》，必束帶盥濯，危坐對之。妻子候間請曰："終日如是，無乃勞乎？"德言曰："敬先聖之言，豈憚如此。"①
> ——《舊唐書》卷一百八十九上《列傳》第一百三十九上《儒學上·蕭德言傳》

蕭德言精通《左傳》，陳鐵凡《〈左傳〉節本考》中推測《群書治要·左傳》或出自蕭德言之手。那麼，這種出自《群書治要》的《左傳》節本也有可能是蕭德言晚年抄於家中，隨後流入民間的，而S.133寫卷或許就是從流入民間的《群書治要·左傳》節本輾轉抄寫而來。

綜上，筆者認爲，陳鐵凡對寫卷性質的分析大體合理，寫卷作爲從《群書治要》中析出的一種《左傳》節本用於諷誦或教學可備一説。至於傳抄的主體，則較難判斷，無論是集賢院刊行，還是蕭德言晚年抄寫，抑或另出他人之手，都只能是推測。

（3）S.133的抄寫年代及流傳

伴隨S.133定名及性質研究的是對其傳抄年代及流傳的研究。學界依據内容、書法、字形、紙質及形制等方法對敦煌寫卷進行斷

---

① ［後晉］劉昫等撰，中華書局編輯部點校《舊唐書》卷一百八十九上《儒學上·蕭德言傳》，第4953頁。

代研究,其中據字形斷代的方法又分爲避諱用字、武周新字及俗字①。關於避諱用字,據張涌泉《敦煌寫本文獻學》,"唐代前期敦煌寫本避諱的現象比較普遍;吐蕃佔領敦煌(約786)以後,敦煌與唐中央王朝的聯繫被切斷,避諱制度也就失去了存在的土壤,這一時期的敦煌寫本雖也有避諱字形,但不過是原有書寫習慣的存沿;繼之的歸義軍政權名義上效忠於中央王朝,但實爲獨立王國,故避諱情況與陷蕃階段略同。所以敦煌寫本的避諱現象主要涉及唐世祖至唐玄宗等少數幾個皇帝的名諱,避諱方法則以缺筆、改形、換字爲主"②。學界對S.133的抄寫年代有不同意見,主要依據都是避諱用字。

翟目著録此卷爲7世紀寫本。許建平《敦煌經籍叙録》云:"寫卷第86、87、88行三'民'字缺筆,此蓋翟目以爲7世紀寫本之原由。"③三"民"字即《襄公二十一年》"夫上之所爲,民之歸也。上所不爲,而民或爲之,是以加刑罰焉,而莫敢不懲。若上之所爲,而民亦爲之,乃其所也,又可禁乎"句中的三個"民"字,缺筆寫作"𰀀"。

王重民《敦煌古籍叙録》認爲"唐諱不避,爲六朝寫本;内有一節,筆跡不同,且民字缺筆,則唐人所補也"④。姜亮夫《莫高窟年表》亦採用此説⑤。

---

① 參見張涌泉《敦煌寫本文獻學》第十八章,甘肅教育出版社,2013年。
② 張涌泉《敦煌寫本文獻學》,第626頁。
③ 許建平《敦煌經籍叙録》,第263頁。
④ 王重民《敦煌古籍叙録》,第57頁。
⑤ "S一三三,《左氏傳節本》,亦杜預注。存百二十七行。自襄公四年至二十五年。不全載傳文,節取嘉言懿行,故應爲節本。唐諱不避,亦六朝寫本也。"參見姜亮夫《莫高窟年表》,上海古籍出版社,1985年,第164頁。

陳鐵凡則認爲 S.133 爲唐初本①。並認爲六朝寫本之説不妥：

　　G 七〇八一（S 一三三）卷是一個整卷中的片斷，首尾兩端雖稍有殘泐，而在這片斷的中間，却再沒有任何割裂之跡象。果如王氏所説，就好像六朝人寫好前段若干節，又寫好後段若干節；而兩端之間預先留下一段空白，傳到唐朝人之手，又纔在這段空白上補寫了一節。這種推測是難以令人置信的。實際上，這一個殘卷從頭到尾，自成起訖，確爲"節略左傳"十二節的足本，而其所據的藍本……和此殘卷在形式與内容上也都一模一樣；决不可能發生割裂補寫的情事，而且此一藍本的成書，又出於唐代學人之手。至於"民"字的缺筆與不缺筆，那只是寫經生的偶爾疏忽。這種情形，在敦煌卷子中，可謂數見不鮮。所以在一個卷中，只要有一個避唐諱的字，除了僞作或如王氏所謂後補者外；就可認定是唐代寫本，而决非六朝遺物。因爲六朝人是不會預先爲唐代帝王避諱的。②

　　　　　　　　　　　　　　　　　　——《〈左傳〉節本考》

　　李索《敦煌寫卷〈春秋經傳集解〉異文研究》第一章在分録敦煌《春秋經傳集解》寫卷收藏情況時，認爲 S.133 寫卷是"初唐《群書治要·春秋左氏傳》之抄本"③。

① 陳鐵凡《敦煌本禮記、左、穀考略》，載《孔孟學報》（臺灣）1971 年第 21 期。
② 陳鐵凡《〈左傳〉節本考》，載《大陸雜誌語文叢書》第 3 輯第 3 册。
③ 李索《敦煌寫卷〈春秋經傳集解〉異文研究》，第 17 頁。按：李索《英藏敦煌寫卷〈春秋經傳集解〉述論》第 94 頁云"《群書治要》乃唐魏徵、虞世南、褚遂良等奉敕據初唐善本所編撰，故此卷當定爲初唐寫本"，李索《敦煌寫卷〈春秋經傳集解〉校證》第 229 頁亦有此説。許建平對此進行了駁斥，"李氏將《群書治要》原稿與抄本混爲一談，大誤"。見許建平《敦煌經籍叙録》第 264 頁。

　　許建平則不認同初唐寫本之説，認爲"寫卷雖然'虎'、'世'、'民'、'治'諸字多不諱，但54行'民奉其君，愛之如父母'句之'民'寫作'仁'，則爲'民'之諱改字'人'的音誤字；又119行'君民者，豈以陵民'句，下一'民'字寫作'人'。此二例皆避'民'字之諱也。此種避諱形式的寫卷必定是經過長期傳抄、回改造成的，因而陳鐵凡以爲是唐初寫本的説法也值得懷疑，此卷極有可能是盛唐以後的寫本"①。

　　筆者在前人斷代研究的基礎上，對S.133寫卷的抄寫及流傳進行了深入研究。首先對比了S.133寫卷與金澤文庫本《群書治要·春秋左氏傳中》的相關段落，梳理了S.133寫卷中避諱用字的情況。

　　首先，梳理了S.133寫卷中唐朝帝王的避諱用字。爲全面起見，自初唐至晚唐，太祖至憲宗（太祖虎、世祖昞、高祖淵、太宗世民、高宗治、中宗顯、睿宗旦、玄宗隆基、肅宗亨、代宗豫、德宗適、順宗誦、憲宗純、穆宗恒、敬宗湛、文宗昂、武宗炎、宣宗忱、懿宗漼、僖宗儇、昭宗曄、哀帝柷），皆作分析。其中，"虎"字凡3見，皆作"虎"；"世"字凡3見，皆作"世"；"民"字凡15見，除三處"民"字缺筆，兩處"民"寫作"人"（含音誤字1例）外，作"民"1見，作"民"之添筆俗字（𰀀）9見；"治"字凡6見，其中作"治"3見，作"冶"3見，分別是68行小字"玉人，能治玉者"，73行小字"攻，治也"及76行小字"詰，治也"中的"治"字，寫作"冶"；"誦"字凡2見，皆作"誦"；其他字未見。

　　其次，梳理了帝王的名諱的衍生字。清周廣業《經史避名彙考》云："唐經典碑帖於旦及但、坦、景、影、暨、亶、擅、宣等字，皆

① 許建平《敦煌經籍叙録》，第263—264頁。

‘日’字缺中一畫。”① 此皆“旦”字的衍生字避諱。竇懷永《唐代俗字避諱試論》分析了唐朝帝王所諱之字的擴展性，認爲太宗之“世”“民”二字、睿宗之“旦”字，皆有較好的擴展性能，即筆畫簡單，能够成爲其他漢字的構件。因此，“世”“民”“旦”的衍生字也在避諱之列。從“𦱳”類漢字，從“景”類漢字，作爲“世”“旦”的關聯字，其相關漢字也在避諱之列。此外，唐代亦有俗字避諱。至於衍生字和俗字的避諱方法，則是將構件“世”“民”改變形體作“云”“氏”，如“昬”作“昏”，“葉”作“茱”；愍、泯、棄、牒等相應改字；在“棄”的幾種避諱方法中，實際多用古字“弃”② 。通過梳理，筆者發現，S.133寫卷中“世”“民”“旦”的衍生字及相關俗寫字形涉及的衍生字有“昬”“棄”“但”“景”“宣”“恒”等，除“昬”作“𣆀”外，其他字未見避諱。《經史避名彙考》云：“‘昬’字舊無從氏者，永徽四年（653），褚遂良書大唐皇帝《述三藏聖教序記》中‘重昏之夜’，‘昏’字從民，惟鈎上出旁加點以避諱。”③ 故筆者認爲，寫卷47行“謂之昬德”之“昬”字，亦可算作“民”之避諱。

　　第三，在S.133寫卷中，筆者未發現武周新字，亦未見避太子名諱者。

　　在上述梳理結果中，筆者認爲有兩點值得討論。

　　第一，“治”作“冶”。三個“冶”字是否是避高宗李治的名諱？歷史上“治”多缺末筆以避諱。但據張涌泉《漢語俗字叢考》對

---

① ［清］周廣業撰，徐傳武、胡真校點《經史避名彙考》卷十五《帝王十三·唐》，上海古籍出版社，2015年，第431頁。
② 有關唐朝帝王所諱之字的擴展性，參見竇懷永《唐代俗字避諱試論》，載《浙江大學學報（人文社會科學版）》2009年第3期。
③ ［清］周廣業撰，徐傳武、胡真校點《經史避名彙考》卷十五《帝王十二·唐》，第401頁。

S.5478《文心雕龍》"仲治流別"的分析，"治"字作"冶"當與避高宗諱有關 ①。抄書人在抄寫經文時會出現將"氵"寫作"冫"的情況，S.133 中即有一例，"范"字中的"氵"寫作"冫"，成爲"范"的省筆訛字。但是筆者認爲，"治"作"冶"的情況與"范"有所不同。誤書當是抄寫者偶然疏忽，倘若連續三次省筆，則不免使人懷疑這是抄書者有意爲之。

第二，"昏"和"棄"。顯慶二年（657）十二月十六日，高宗下令"昏""葉"二字需避太宗名諱而進行改字。見《舊唐書·高宗本紀上》記載，"十二月乙卯，還洛陽宮。庚午，改'昏''葉'字②"。在金澤本《群書治要》的相應段落中，"昏"作"昏"、"棄"皆作"弃"。"昏"和"弃"是避太宗名諱所致，則金澤本的祖本當是抄寫於高宗顯慶二年（657）之後。而 S.133 中"棄"皆爲正字字形，"昏"字加點，故推測其（或其祖本）抄寫於顯慶二年（657）之前。雖然敦煌寫本具有避諱不嚴格的特點，但"昏"和"棄"的抄寫方式也是值得關注的。

上述兩點推測都將 S.133 或其祖本的抄寫時間指向了高宗朝顯慶二年（657）之前。蕭德言是《群書治要》四位作者中唯一活到高宗朝前期的。蕭德言貞觀二十三年（649）告老致仕，晚年仍勤讀不輟，高宗永徽五年（654）卒於家，年九十七。那麽，蕭德言在致仕期間將《群書治要·左傳》的部分或全部抄錄下來，以《春秋左氏經傳集解》節本的形式，或作諷誦，或給學童作研習《左傳》之用，也不無可能。

---

① 張涌泉《漢語俗字叢考》，中華書局，2020 年，第 75 頁。
② ［後晉］劉昫等撰，中華書局編輯部點校《舊唐書》卷四《高宗本紀上》，第 77 頁。

　　筆者認爲，S.133 寫卷的傳抄與西傳有兩種可能的形式，一種是抄寫於中原，隨後流入西域，另一種是其祖本抄寫於中原，流入西域後又經傳抄而有了 S.133 寫卷。從避諱不嚴格的角度考慮，以第二種可能性爲大。雖然 S.133 的祖本如何流入西域已無從考證，但可以推出其傳入西域的大概時間。

　　從時間上推測，天寶十四年（755），唐朝發生"安史之亂"，唐王朝調河西、隴右軍隊入援，早已覬覦中原的吐蕃從青海北上，佔領隴右，切斷了河西與中原的聯繫。隨後，涼州、甘州、肅州、瓜州相繼淪陷，沙洲被圍。大曆十一年（776）至貞元二年（786），敦煌軍民奮戰 10 年，最後彈盡糧絕，在"勿徙他境"的前提下"尋盟而降"，敦煌進入吐蕃統治時期 ①。因此，S.133 祖本傳入敦煌當在吐蕃切斷河西與中原聯繫之前，而寫卷中保留的避諱文字，也當是敦煌陷藩前唐朝帝王的名諱。

　　從抄寫形式上判斷，據張涌泉《敦煌寫本文獻學》，敦煌寫本用紙大多來源於中原，吐蕃佔領敦煌後，由於紙張緊缺，人們也經常利用業已廢棄的寫本的背面來抄寫 ②。S.133 寫卷正反兩面皆有經文，正面爲《群書治要·左傳》節本，每行 16—18 字；背面爲《秋胡變文》及一種失名類書，每行 19—28 字，背面文字排列明顯緊密。由此推斷，正面的《左傳》節本在陷藩之前已存在於西域，背面的變文及類書抄寫於敦煌陷藩之後。

　　總結，筆者根據避諱用字，推測寫卷或其祖本可能抄寫於高宗朝前期（顯慶二年（657）之前），而傳入敦煌則是在吐蕃切斷河西與中原聯繫之前。

---

① 榮新江《敦煌學十八講》，北京大學出版社，2001 年，第 24—25 頁。
② 張涌泉《敦煌寫本文獻學》，第 636 頁。

2. 佚名《春秋左氏經傳集解》節本

在敦煌遺書中，除 S.133 號寫卷的内容確爲《群書治要・左傳》節本外，尚有其它《左傳》節本。許建平《敦煌經籍叙録》將 S.1443V，P.3634+3635，S.11563，P.2767+3354 列入"佚名《春秋左氏經傳集解節本》"之下 ①。對於這些節本的性質，許建平云：

> 魏徵爲《群書治要》，可以删節杜預《春秋左氏經傳集解》，別人亦可删節《春秋左氏經傳集解》而成節本，惟用途不同而已。《治要》所載，"專主治要，不事修辭。凡有關乎政術，存乎勸戒者，莫不彙而輯之"。此敦煌所見節本，"多取嘉言懿行，蓋用以諷誦或教童蒙者"，删節成書作爲教材教育學子，是敦煌地方教育的一大特色，有删節敦煌本土文人所作碑文、邈真贊的，也有删節傳統諸子如《列子》的，那麼删節《春秋左氏經傳集解》作爲教材也不是没有可能的。雖然《左傳》是大經，但敦煌當地的童蒙學子也是需要學習的，北 8155V《春秋左氏經傳集解（宣公二年）》即是學童若有白所抄。②

——《敦煌經籍叙録》

根據許建平的分析，敦煌遺書中《春秋左氏經傳集解》的節本，包括定名爲《群書治要・左傳》節本的斯一三三號，都可以認爲是作童蒙教材之用。

爲判斷列入"佚名《春秋左氏經傳集解節本》"之下的四個寫卷是否屬於《群書治要・左傳》節本，進而對《群書治要・左傳》的

---

① 許建平《敦煌經籍叙録》，第 265—275 頁。
② 許建平《敦煌經籍叙録》，第 273—274 頁。

流佈作進一步探究，筆者對這四個寫卷逐一進行了分析。

（1）S.1443V 寫卷和 P.3634+3635 寫卷

S.1443V 節錄僖公十六年、二十二年、二十三年傳文及集解[①]。陳鐵凡從纂述的旨趣、删節的標準、行款形式三個方面分析，懷疑此《左傳》節本，亦當與《群書治要·左傳》同屬一類，或許就是今本《群書治要》所遺失的[②]。

P.3634+3635[③] 節錄僖公十九—三十年傳文及集解[④]。陳鐵凡亦懷疑其爲《群書治要》所收《左傳》節本，惜因《治要》已佚而無法比勘[⑤]。許建平云："今存《群書治要》第四卷已佚，而僖公部分正在此卷中，因而没有證據證明寫卷所抄内容即爲《群書治要》的删節本《左傳》而單行者，故以存疑爲是。"[⑥]

筆者對 S.1443V 和 P.3634+3635 兩個殘卷進行了分析，認爲二者皆非《群書治要》所遺失《左傳》之節本，理由如下：

首先，從節錄内容上看，S.1443V 寫卷與 P.3634+3635 寫卷皆保留了僖公二十二、二十三年的錄文，但對比發現二者文字詳略不等。而《群書治要》只有一種節本，如若寫卷之一爲疑似《群書治要》所遺失《左傳》之節本，則另一寫卷必定不是。

---

① 圖版見：黄永武主編《敦煌寶藏》，第 10 册，第 686 頁；中國社會科學院歷史研究所等合編《英藏敦煌文獻》，第 3 卷，第 60 頁。

② 陳鐵凡《〈左傳〉節本考》，載《大陸雜誌語文叢書》第 3 輯第 3 册；陳鐵凡《敦煌本禮記、左、榖考略》，載《孔孟學報》（臺灣）1971 年第 21 期。

③ 法國人伯希和（Paul Pelliot，1878—1945）於 1908 年進入敦煌藏經洞，由於通曉中文，劫去敦煌遺書中的大量精華。其所劫敦煌漢文文獻編號縮寫爲 P.，現藏於法國國家圖書館。

④ 圖版見：上海古籍出版社等編《法藏敦煌西域文獻》，上海古籍出版社，2002 年，第 26 卷，第 160—164、167—168 頁。

⑤ 陳鐵凡《敦煌本禮記、左、榖考略》，載《孔孟學報》（臺灣）1971 年第 21 期。

⑥ 許建平《敦煌經籍叙録》，第 268 頁。

其次,從節録原則上看,P.3634寫卷中,A片^①第76行二十三年傳文"他日,公享之"事節録不全,旋即連接二十四年傳文,這與《羣書治要》"一事之中,羽毛咸盡"的節録原則不符。

再次,從編排順序上看,A片第103行僖公二十五年傳文結束後,第104—108行重出二十三年"懷公執狐突"傳文(33—37行已有),第109行起爲二十六年傳文,但第120—121行又插入僖公十六年"隕石於宋五"傳文。許建平《敦煌經籍敘録》云如此順序"不知何因"^②。但可以明確的是,《羣書治要·左傳》傳文的編排皆按時間順序排列,寫卷與《羣書治要·左傳》的編排順序不符。

最後,從編排體例上看,今本《羣書治要·左傳》體例,凡節録某年之事,必以年數起始。依此體例,在S.1443V寫卷中,僖公十六年與二十二年連接處殘缺,但二十二年與二十三年連接完好(在第12行),惜未見"廿三年"字樣。P.3634+3635寫卷情況相同,亦不見紀年。

在P.3634寫卷中,僖公二十一年與二十二年連接處(A片第6、7行)完好,二十一年敘事完畢留白,二十二年另起一段,未見"廿二年";僖公二十二年事至A片第32行,此行底部雖殘損,但殘損的距離不能容下"廿三年"三字,而A片第33行頂端則爲二十三年事,亦無紀年;二十四年與二十五年連接處(A片第101行)完好,未見"廿五年";二十六年(A片第109行)起始未見"廿六年";二十八年起於B片第2行,雖有"傳廿八年"字樣,但《羣書治要·左傳》皆不録"傳"字。

① 據許建平《敦煌經籍敘録》第266頁,P.3634由兩卷組成,之間内容不直接連接,爲易於區别,分別以P.3634A(共121行)及P.3634B(共32行)編號。今從之,以A片、B片説明。

② 許建平《敦煌經籍敘録》,第267頁。

　　在 P.3635 寫卷中，僖公二十八年與二十九年連接（第 35 行）完好，不見"廿九年"字樣，第 36 行下端有"厶"字補白，第 37 行起爲僖公三十年事，不見"卅年"或"三十年"字樣。

　　由此可見，S.1443V 和 P.3634+3635 兩個殘卷的體例都與《群書治要·左傳》不同，這一點可作爲判定二者皆非《群書治要》所遺失《左傳》之節本的直接依據。兩個殘卷應是《春秋左氏經傳集解》另外的節本。

（2）P.2767+S.3354 寫卷和 S.11563 寫卷

　　關於 P.2767+S.3354 寫卷 ①，陳鐵凡據 P.2767 和 S.3354 的經傳文、字跡及折斷痕跡判斷，兩卷實爲一卷之折 ②。陳鐵凡認爲 P.2767+S.3354 寫卷也是《群書治要》中《左傳》節本之屬，惟《治要》已佚，襄公傳僅存十五年、二十一年兩年，而無十八年、十九年，故疑不能決 ③。許建平對此進行了反駁，認爲是陳氏囿於節本源自《群書治要》之説而致，並認爲李索"故疑此卷非《群書治要》之遺，當是此類節選本之抄本"之疑爲佳 ④。P.2767+S.3354 寫卷爲襄公十八年和十九年的內容。而襄公部分在《群書治要》卷五《春秋左氏傳中》，並未亡佚，其輯録內容不含十八、十九兩年，因此 P.2767+S.3354 寫卷並非《群書治要·左傳》節本。許建平對陳鐵凡的反駁正確。

　　至於 S.11563 寫卷 ⑤，許建平《敦煌經籍叙録》認爲其與

---

① 圖版見：上海古籍出版社等編《法藏敦煌西域文獻》，第 18 卷，第 134 頁；中國社會科學院歷史研究所等合編《英藏敦煌文獻》，第 5 卷，第 53 頁。

② 陳鐵凡《敦煌本禮記、左、穀考略》，載《孔孟學報》（臺灣）1971 年第 21 期。

③ 陳鐵凡《敦煌本禮記、左、穀考略》，載《孔孟學報》（臺灣）1971 年第 21 期。

④ 許建平《敦煌經籍叙録》，第 273 頁。

⑤ 圖版見：中國社會科學院歷史研究所等合編《英藏敦煌文獻》，第 14 卷，第 33 頁。

P.2767+S.3354 寫卷相同，二者雖體例頗似《群書治要》，但内容不符，故非《群書治要·左傳》節本，而是另一種《左傳》的删節本 ①。筆者考查，S.11563 寫卷第一行爲成公七年片段，第二至五行爲成公九年片段。但《群書治要》卷五《春秋左氏傳中》輯録的成公部分不含七年和九年，因此 S.11563 寫卷非《群書治要·左傳》節本。許建平結論正確可從。

根據上述分析，在許建平《敦煌經籍叙録》中被列入"佚名《春秋左氏經傳集解節本》"之下的 S.1443V、P.3634+3635、P.2767+S.3354 和 S.11563，都不屬於《群書治要·左傳》節本。

小　結

綜上分析，在現存敦煌遺書中，只有 S.133 寫卷爲《群書治要·左傳》節本。根據避諱用字推測，S.133 或其祖本可能抄寫於高宗朝顯慶二年（657）之前，而傳入敦煌則是在吐蕃切斷河西與中原聯繫之前。S.1443V、P.3634+3635、S.11563、P.2767+S.3354 皆非《群書治要·左傳》。雖然在敦煌遺書中未能尋見《群書治要》所遺失之《左傳》節本，亦未發現《群書治要》其他相關段落，但 S.133 寫卷已然證明，《群書治要·左傳》在唐朝時已從皇宮走入民間，從都城長安流入河西走廊，作爲當地學童的教材，有了一定的傳播。同時也説明，《群書治要》成書後，其部分篇章可能很快就在士大夫乃至庶民百姓中傳抄閱讀。因此，《群書治要》思想價值的歷史影響，不僅有作爲"帝王學"參考書而助力成就盛世輝煌的方面，同樣有作爲教科書在民間傳播治道思想的方面。

---

① 許建平《敦煌經籍叙録》，第 269—274 頁。

（四）《群書治要》在唐後的流傳

唐朝以後，《群書治要》在中國的流傳進入了衰落期，直至亡佚。本節將首先梳理典籍中對《群書治要》的著錄情況，時間截止至《群書治要》回傳中土前。其次將以典籍的著錄爲依據，論述《群書治要》在唐後的流傳及亡佚。

1. 《群書治要》在中國典籍中的著錄

梳理典籍可知，《群書治要》雖然佚久，但自成書至清朝中晚期回傳中國的一千多年間，並未在歷代的著錄中消失。王維佳對《群書治要》在清代以前的著錄進行了總結，惜仍有遺漏，特別是關鍵的《玉海》所引《中興書目》的著錄信息未有收錄[①]。

爲全面呈現《群書治要》在中國歷史典籍中的著錄情況，筆者在前人總結的基礎上，再次進行了梳理，總結見表 1.1。

要指出的是，表 1.1 中列出的 34 條只是傳世典籍中對《群書治要》的記載，失傳典籍的著錄只能間接獲得，第 13 條《玉海》引《唐會要》的夾注 "《實錄》作《政要》，書之賜始於儲貳" 則是一例。太宗一朝，先有著作郎敬播撰高祖、太宗《實錄》，止貞觀十四年；後長孫無忌《貞觀實錄》補足貞觀一朝；高宗時期，許敬宗在《貞觀實錄》基礎上作《太宗實錄》，惜均已亡佚。從夾注作 "政要" 避高宗諱知《實錄》指《太宗實錄》。"儲貳" 即太子。此條夾注説明，《群書治要》成書之後，太宗皇帝從太子開始分賜太子諸王等。失傳典籍中對《群書治要》的記載筆者目前發現此例，但是推測，歷史上對《群書治要》的記載當不止表 1.1 所列，只是由於記錄的典籍失傳而無從知曉。

[①] 王維佳《〈群書治要〉的回傳與嚴可均的輯佚成就》，復旦大學歷史學碩士論文，2013 年。

表1.1　截止回傳前《群書治要》在中國典籍中的著錄①

年代	作者	書目	篇章	著錄內容（圓括號內為小字）	序號
唐	劉肅	大唐新語	卷九·著述第十九	太宗欲見前代帝王事得失以爲鑒戒，魏徵乃以虞世南、褚遂良、蕭德言等，採經史百家之內嘉言善語，上之。太宗手詔曰："朕少尚威武，不精學業，先王之道，茫若涉海。覽所撰書，見所未見，聞所未聞，使朕致治稽古，臨事不惑。其爲勞也，不亦大哉！"賜徵等絹千匹，綵物五百段。太子諸王，各賜一本。	1
蔣偁		李相國論事集	卷一·進歷代君臣事跡五十條狀	元和四年奏："臣等先奉進止，令撿尋歷代至國朝已來，聖帝明王、忠臣義士，君臣合體事跡可觀者，撿五十條進呈。伏以自古聖王，皆憂勤庶政，未嘗不取鑒於前代，致理於當時。昔太宗亦命魏徵等博採歷代事跡，撰《群書政要》，置在坐側，常自省閱，書於國史，著爲驗在今，鑒誡美惡，朝夕觀覽，取則見善，必致良觀。其書爲不刊。今陛下以天縱聖姿，日慎一日，精求道理，勤夕觀覽，取則而行，賢愚成敗，勒成兩卷，隨狀進上。其事跡固備。伏望德政日新，鑒之盛理。臣等謹依前奏，都五十條，是太宗親覽之書，臣等伏望進上《群書政要》之朝，致無爲之化。"	2

① 表1.1中有多條重複信息，如12、13、14、20分別與8、4、9、17同，23、34與2同，29、30與1同，33與5同，31取自1的一部分，爲全面起見，重複信息照錄。7、32中包含《群書治要序》，爲避免表格過長，序文列於附錄。《全唐文》編纂於《群書治要》回傳中土之後，阮元列爲總閱官之一，但由於《全唐文》輯錄不注出處，因此難以判斷所收《群書治要序》是否參考了日傳版本，從全面性考慮，《全唐文》仍收於表中。

續表

年代	作者	書目	篇章	著錄內容（圓括號內為小字）	序號
五代	劉昫等	舊唐書	卷四十七·經籍志第二十七·經籍下·雜家類	《群書理要》五十卷（魏徵撰）	3
北宋	王溥	唐會要	卷三十六·修撰	貞觀五年九月二十七日，秘書監魏徵撰《群書理要》上之。（太宗欲覽前王得失，爰自六經，訖於諸子，上始五帝，下盡晉年，徵與虞世南、褚亮、蕭德言等，始成為五十卷上之，諸王各賜一本。）	4
北宋	王欽若等	冊府元龜	卷五百三十三·諫諍部·規諫第十	楊相如，先天中為常州晉陵尉，上疏陳便宜曰："……往者，太宗嘗敕魏徵作《群書理要》五十篇，大論得失，亦足以見忠臣之讜言，知經國之要會矣……"帝覽而善之。	5
			卷六百一·學校部·恩獎	唐魏徵為秘書監，撰《群書政要》，貞觀五年奏上。太宗覽之稱善，賜徵帛二百匹。	6
			卷六百七·學校部·撰集	魏徵為秘書監。貞觀五年撰《群書政要》奏之。（序言略，見附錄）太宗覽之稱善，賜徵帛二百匹。	7
北宋	歐陽修等	新唐書	卷五十九·藝文志第四十九·雜家類	魏徵《群書治要》五十卷 劉伯莊《群書治要音》五卷	8
			卷一百九十八·列傳第一百二十三·儒學上·蕭德言	太宗欲知前世得失，詔魏徵、虞世南、褚亮及德言裒次經史百氏帝王所以興衰者上之，以類相從，帝愛其書博而要，曰："使我稽古臨事不惑者，公等力也！"資賜尤渥。	9

續表

年代	作者	書目	篇章	著錄內容（圓括號內爲小字）	序號
南宋	鄭樵	通志	卷第六十六·諸子類第六·儒術	《群書治要》五十卷（魏徵撰）	10
	章如愚	群書考索	前集·卷九·經史門·諸子百家	《群書治要》之作於魏證	11
南宋	王應麟	玉海	卷五十四·藝文·詔令奏議·承詔撰述類·唐群書治要	《志·雜家》：魏徵《群書治要》五十卷，劉伯莊《音》五卷。	12
				《會要》：貞觀五年九月二十七日（癸未），爰自六經，訖於諸子，秘書監魏徵撰《群書理要》上之，太宗欲覽前王得失，爰自六經，訖於諸子，上始五帝，下盡晉年。徵與虞世南、褚亮、蕭德言等，成五十卷上之。諸王各賜一本。（《實錄》作《政要》，書之賜始於諸貳。）	13
				《蕭德言傳》：太宗欲知前世得失，詔魏徵、虞世南、褚亮及德言次經史百氏帝王所以興衰者上之，帝愛其書博而要，曰："使我稽古臨事不惑者，公等力也！"賚賜尤渥。（李泌事見《王政紀》）	14
				《群書政要序例》："俯協堯舜，武遵稽古。以籍六經，百家靖駁，窮理盡性，則務得少功，周覽泛觀，則博而寡要。故爰命臣等，採摭群書。自六經，訖諸子。始五帝，盡晉年。凡爲五帙，合五十卷，本求治要，故以《治要》爲名。並棄春華，採秋實。庶弘茲九德，觀彼百王，不疾而速。"太宗覽之稱善，敕太子諸王各傳一本，賜魏徵一百匹。	15
				《集賢注記》：天寶十三載十月，敕院內別爲《群書政要》，刊出所引《道德》文。先是，院中進魏文正所撰《群書政要》。上覽之稱善，令寫十數本分賜太子以下。	16

續表

年代	作者	書目	篇章	著錄內容（圓括號內為魏小字）	序號
南宋	王應麟	玉海	卷五十四·藝文·承詔撰述·唐群書治要	《鄭俠家傳》：上曰："朕欲知有古政理之要，而史籍廣博，卒難尋究，撰成五十卷，撰自上古已來至貞觀帝王成敗之政，謂之《群書理要》。又蕭宗朝辛相表遭慶撰之言理道者，凡六十卷。比寫本送臣，獻於先朝，竟未果。其書見在，臣請進之，以廣聖聰。"上曰："此尤善也，宜即進來。"於是表獻。	17
				《中興書目》：十卷，祕閣所錄唐人墨跡。乾道七年寫副本藏之。起第十一止二十卷，餘不存。	18
			卷五十四·藝文·乾道御書	《藝文類聚》會粹小說則失之雜，《群書理要》事止興衰則病乎簡，《修文御覽》門目紛錯又不足觀矣。	19
南宋	王應麟	玉海	卷五十七·藝文·記志	《鄭俠家傳》：德宗謂李泌曰："朕欲知自古政理之要，而史籍廣博，卒難尋究。又蕭宗朝辛略群書之言理道者，成五十卷，謂之《群書理要》，今集魏帝成敗王政之政，謂之《王政紀》，凡六十卷。其書見在，竟未果。古已來至貞觀獻於先朝，欲令今進獻之，臣請進之，以廣聖聰。"上曰："此尤善也。"	20
南宋			卷二百四·辭學指南	唐《群書治要》（癸丑）	21

續表

年代	作者	書目	篇章	著錄内容（圓括號內爲小字）	序號
元	脱脱等	宋史	卷二百七·藝文志第一百六十·類事類（六十）	《群書治要》十卷（秘閣所錄）	22
明	楊士奇等	歷代名臣奏議	卷一九四·戒佚欲	縫爲翰林學士，上奏曰："臣等先奉進止，今撿尋歷代至國朝已來，君臣事跡可觀者，撰以自古聖帝明王、忠臣義士，皆憂勤庶政，未嘗不取鑒於前代，致理於當時。昔太宗亦命魏徵等博採歷代事跡，撰《群書政要》，致在坐側，常自省閱，書於國史，著爲不刊。今座下以天縱聖姿，日慎一日，精求道理，容納直言，猶更參驗古今，鑒試美惡，朝夕觀覽，取則祖之用心，誠列祖兩卷，勒爲兩卷，隨狀進上。其《群書政要》，是太宗親覽之書，其中事跡周備。伏望聽政日新，成不諱之朝，致無爲之化。"	23
明	柯維騏	宋史新編	卷五十二·藝文志三·類事類（六）	《群書治要》十卷（秘閣所錄）	24
	焦竑	國史經籍志	卷四上·子類·儒家	《群書治要》五十卷（魏徵）	25
			卷四下·子類·家	《群理要》五十卷（魏徵）	26

續表

年代	作者	書目	篇章	著錄內容（圓括號內為小字）	序號
清	嵇曾筠等	浙江通志	卷二百四十七·經籍七·子部下·書	《群書理要》五十卷（《玉海》，唐虞世南、褚遂良、蕭德言編）	27
	張英等	御定淵鑒類函	卷一百四十四·政術部二十三·賞賜三	撰《政要》，刊經籍。（《册府元龜》曰："魏徵為秘書監。撰《群書政要》。太宗覽之稱善，賜帛二百匹。"又曰："顏師古為中書侍郎，受詔刊正經籍。太宗善之，賜帛五十匹。"）	28
清	陳夢雷等	古今圖書集成	明倫彙編·皇極典第二百三十六卷·御製部·紀事一	太宗欲見前代帝王行事得失以為鑒戒，魏徵乃以虞世南、褚遂良、蕭德言等，採經史百家之內嘉言善行，明王暗君之跡，為五十卷，號《群書理要》，上之。太宗手詔曰："朕少尚威武，不精學業，先王之道，茫若涉海。覽所撰書，博而且要，使朕致治稽古，臨事不惑。其為勞也，不亦大哉！"賜魏徵等絹千匹，彩物五百段。太子諸王，各賜一本。	29
			明倫彙編·皇極典第二百四十七卷·治道部·紀事一		30
清	董誥等	欽定全唐文	卷九·太宗六·答魏徵上群書理要手詔	朕少尚威武，不精學業，聞所未見，先王之道，茫若涉海。覽書，博而且要，臨事不惑。其為勞也，不亦大哉！	31
			卷一四一·魏徵三·群書治要序	［序言略，見附錄］	32

續表

年代	作者	書目	篇章	著錄內容（圓括號內爲小字）	序號
清	董誥等	欽定全唐文	卷三百三•楊相如•陳便宜疏	任者，太宗嘗敕魏徵作《群書理要》五十篇，大論得失。臣誠請陛下温清閒暇以時觀覽其書，雖簡略不備，亦足以見忠臣之讜言，知經國之要會矣……	33
			卷六百四十五•李絳•奉命進錄歷代事宜疏	臣等先奉進止，令檢尋歷代至國朝已來，聖帝明王、忠臣義士，君臣合體，事跡可觀者，皆憂勤庶政，校五十條進呈，未嘗不取鑒於前代，致理於當時，昔太宗亦命魏徵等博採歷代事跡，撰《群書政要》，致在坐側，精求道理，容納直言，書於國史，猶更參理。今陛下以天縱聖姿，日慎一日，精求道理，容納直言，容納直言，猶更參理。其烈祖之用心，必致貞觀之盛理。臣等謹採撰美惡，都五十條，其中賢愚成敗，勒爲兩卷，隨狀進上。其《群書政要》，是太宗之書，其中事跡同備。伏望聖聽日新，成不諱之朝，致無窮之化。	34

表1.1參考文獻：

1.［唐］劉肅撰，許德楠、李鼎霞點校《大唐新語》卷九《著述》第十九，中華書局，1984年，第133頁。

2.冶艷杰《〈李相國論事集〉校注》，華中科技大學出版社，2015年，第30—31頁。

3.［後晉］劉昫等撰，中華書局編輯部點校《舊唐書》，中華書局，1975年，第2035頁。

4.［宋］王溥《唐會要》卷三十六《修撰》，景印文淵閣《四庫全書》，臺灣商務印書館，2008年，總第606冊，第481頁下。

5—7.［宋］王欽若等編纂，周勛初等校訂《册府元龜》，鳳凰出版社，2006年，卷五百三十三《諫靜部·規諫》第十，第6074—6076頁；卷六百一《學校部·恩獎》，第6973頁；卷六百七《學校部·撰集》，第6999頁。

8—9.［宋］歐陽修等撰，中華書局編輯部點校《新唐書》，中華書局，2008年，卷五十九《藝文志·雜家類》，第1536頁；卷一百九十八《儒學上·蕭德言傳》，第5653頁。

10.［宋］鄭樵《通志》卷第六十六《諸子類》第六《儒術》，景印文淵閣《四庫全書》，總第374冊，第376頁上。

11.［宋］章如愚《群書考索》卷九《經史門·諸子百家》，景印文淵閣《四庫全書》，總第936冊，第138頁下。

12—18.［宋］王應麟《玉海》卷五十四《藝文·承詔撰述·類書·唐群書治要》，景印文淵閣《四庫全書》，總第944冊，第449頁上—450頁上。

19—20.［宋］王應麟《玉海》，景印文淵閣《四庫全書》，總第944冊，卷五十四《藝文·承詔撰述·乾道翰院群書》，第459頁下；卷五十七《藝文·記志》第527頁下—528頁上。

21.［宋］王應麟《玉海》卷二百四《辭學指南》，景印文淵閣《四庫全書》，總第948冊，第342頁上。

22.［元］脱脱等撰，中華書局編輯部點校《宋史》卷二百七《藝文志六·類事類》，中華書局，1985年，第5301頁。

23.［明］楊士奇等《歷代名臣奏議》卷一九四《戒佚欲》，景印文淵閣《四庫全書》，總第438冊，第518頁下—519頁上。

24.［明］柯維騏《宋史新編》卷五十二《志》第三十八《藝文六·類事類》，

《續修四庫全書》，上海古籍出版社，2002年，總第309冊，第291頁上。

25—26.［明］焦竑《國史經籍志》，《續修四庫全書》，上海古籍出版社，2002年，總第916冊，卷四上《子類·儒家》第382頁下；卷四下《子類·類家》，第491頁上。

27.［清］嵇曾筠等《浙江通志》卷二百四十七《經籍七·子部下·類書》，景印文淵閣《四庫全書》，總第525冊，第626頁上。

28.［清］張英等《御定淵鑒類函》卷一百四十四《政術部》二十三《賞賜三》，景印文淵閣《四庫全書》，總第985冊，第786頁下。

29—30.［清］陳夢雷《古今圖書集成·明倫彙編·皇極典》中華書局影印，中華民國二十三年（1934），第240冊，第二百三十六卷《御製部·紀事一》，第4頁；第二百四十七卷《治道部·紀事》，第54頁。

31—34.［清］董誥等編《欽定全唐文》，影印嘉慶十九年武英殿刊本，第九卷第3b頁，第一百四十一卷第9a—11a頁、第三百三卷第12a頁、第六百四十五卷第11b—12a頁。

2.《群書治要》在唐後的流傳

《群書治要》成書於唐朝，因此有關唐朝君臣閱讀或討論此書的記載最多。除《群書治要》外，《新唐書·藝文志》還記載有"劉伯莊《群書治要音》五卷"（表1.1第8條），但後世未見此書，應是已經亡佚。

《群書治要》成書後並未廣佈，加之戰亂，唐朝滅亡後便開始散佚，傳至南宋只餘十卷殘帙。見表1.1第18條，《玉海》引《中興書目》云："十卷，秘閣所錄唐人墨跡。乾道七年（1171）寫副本藏之。起第十一止二十卷，餘不存。"筆者認爲此條著錄尤其值得關注，因其可佐證《群書治要》此前已傳入民間，分析如下：

北宋崇文院內分昭文館、史館、集賢院、秘閣，即"三館秘閣"，別稱"儒館"，爲宋代國家圖書機構，秘閣位次三館，藏三館挑出真本萬餘卷，及禁中所出古畫、墨蹟等。在三館、秘閣藏書進行書籍整理及校讎工作的基礎上，編修了官修目録《崇文總目》六十六卷①。靖康之難（1127）後，館閣圖籍蕩然靡存，南宋偏居江南之地。紹興初有《崇文總目》改定本。紹興十二年（1142），宋高宗降旨令秘書省依《唐書·藝文志》及《崇文總目》搜訪抄録所缺之書②。重建館閣，搜訪獻書，抄寫刊刻，館藏日益充韌，幾十年便恢復到北宋水平。時任秘書少監的陳騤（1128—1203）上奏朝廷，乞仿《崇文總目》編修新目。淳熙五年（1178）三月書成，即《中興館閣書目》。全書共七十卷，著録書目四萬四千多卷，比《崇文總目》多出一萬餘卷。《中興館閣書目》大約亡佚於元明之際，《玉海》等收録多條記録③。

　　《群書治要》不見於北宋《崇文總目》，説明北宋國家書庫中已無此書。但却收録在南宋《中興館閣書目》中，且明確説明秘閣所藏爲“唐人墨跡”，乾道七年（1171）抄寫副本，存第十一至二十卷。筆者認爲，這説明《群書治要》是南宋大規模尋訪搜集圖書時依《唐書·藝文志》而得，是重建館閣的新獲之書。這也説明，《群書治要》在此之前就已經流傳於民間。

　　乾道七年（1171）抄寫的《群書治要》副本可稱爲“南宋秘閣藏本”，惜所存只剩十卷。保留的第十一至二十卷主要爲《史記》和《漢書》，由於删削，相比原典自然文辭簡要。《群書治要》本爲資政之書，但由於殘缺不全，使得當時人們對《群書治要》的性質和作

---

① 龔延明《宋代崇文院雙重職能探析——以三館秘閣官實職、貼職爲中心》，載《北京大學學報（哲學社會科學版）》2016年第4期。
② 翟新明《〈崇文總目〉見存抄本、輯本系統考述》，載《版本目録學研究》2019年第10輯。
③ 李静《〈中興館閣書目〉成書與流傳考》，載《山東圖書館學刊》2011年第5期。

用不甚瞭解。表 1.1 第 19 條《玉海·藝文·承詔撰述》云："《群書理要》事止興衰則病乎簡。"由於不明刪削的目的,不知《群書治要》的作用,難免出現如此的評價。由此推測,南宋時期,真正了解此書並閱讀此書的人在當時已經很少了。

一個現象值得注意。在兩《唐書》中,《群書治要》屬雜家類。在南宋的著錄中,鄭樵《通志》及章如愚《群書考索》將《群書治要》歸入子書;而王應麟《玉海》則將《群書治要》歸入類書。由子書移入類書也說明了時人對《群書治要》的作用及價值已經模糊不清。唐太宗詔令魏徵等人編纂之《群書治要》,乃是一部"鑒戒史學""帝王學"之書。魏徵等人在輯錄時,以"務乎政術""本求治要"爲原則,"採摭群書,翦截淫放""棄彼春華,採茲秋實,一書之內,牙角无遺,一事之中,羽毛咸盡""欲令見本知末,原始要終",用以"光昭訓典"。《群書治要》是一部"用之當今,足以鑒覽前古;傳之來葉,可以貽厥孫謀"的資政之書。因此,將《群書治要》歸入子書是合適的。由於《群書治要》輯錄的典籍原文經過了刪削,並非按類書編纂,如果按照類書使用,恐會產生偏差。當然,這並不妨礙《群書治要》在清末被廣泛用於輯佚和校勘,但這主要是《群書治要》"佚存書"的特點所決定的。

元人所著《宋史·藝文志》,是在宋人四種國史《藝文志》的基礎上編纂而成的,反映的是宋代藏書及著作情況。宋《志》所云"《群書治要》十卷(秘閣所錄)"(表 1.1 第 22 條)當是《中興書目》中對《群書治要》的著錄。阮元《四庫未收書提要·〈群書治要〉五十卷提要》云:"《宋史·藝文志》即不著錄,知其佚久矣。"①

---

① [清]阮元《〈群書治要〉五十卷提要》,[唐]魏徵等輯《群書治要》,《宛委別藏》影印本,總第 73 册,提要頁。

此觀點即被當時學者所採用,至今仍有不少學者沿襲。阮氏所云《宋史》不見著錄,乃其考之未詳所致。《元史》不見著錄,因此推測《群書治要》至此徹底亡佚。

明人柯維騏《宋史新編》云:"《群書治要》十卷(秘閣所録)。"(表 1.1 第 24 條)。但這當屬承襲宋《志》之説。焦竑所撰《國史經籍志》收録"《群書治要》五十卷"是沿襲歷代目録,且著録蕪雜,將《群書治要》與《群書理要》當作兩部書分置於"儒家"與"類家"之下(表 1.1 第 25、26 條),由此也看出當時人們已分辨不清此書爲同一部書了。

在清代的著作中,截止到回傳之前,《群書治要》都僅是作爲目録或史料存在於典籍之中,著録及所引史料也是承襲以前的記載。

《群書治要》在中土亡佚,但魏徵所撰《群書治要序》却得以保存。《册府元龜》卷六百七《學校部·撰集》(表 1.1 第 7 條)及《全唐文》卷一百四十一《魏徵三》(表 1.1 第 32 條)分別收有魏徵序言,兩篇略有差異。此外,清末光緒年間王灝輯《魏鄭公文集》三卷(《魏鄭公文集》後被收入《畿輔叢書》),其中第三卷收録有《群書治要序》①,文字與《全唐文》所收之序幾同,僅個別異體字相出入,因此應是據《全唐文》所録。三篇序文文字見附録一。

總之,通過梳理《群書治要》在中國典籍中的著録情況,知《群書治要》在唐朝以後開始散佚,傳至南宋只剩十卷殘帙,元朝徹底亡佚。至清末回傳中土之前,《群書治要》五十卷僅存於目録和史書之中,惟魏徵序言傳世。

---

① [唐]魏徵《群書治要序》,《魏鄭公文集》卷三,《畿輔叢書》初編,定州王氏謙德堂刊本,第 1 頁。

本章小結

本章首先對《群書治要》進行了概述，包括其編纂起因、參編人員、取材內容、編排特點，以及意義和價值等。編纂起因可以歸納爲"太宗欲覽前王得失"及"彙集精要光昭訓典"兩個方面，即作爲一部"帝王學""鑒戒史學"之書。關於編纂人員重點對兩種表述進行了駁論。其一，《唐新語》認爲編纂者之一爲褚遂良而非褚亮，通過分析褚亮與魏徵、虞世南、蕭德言在貞觀初年的任職，再將褚遂良的資歷與之對比，認爲褚亮作爲編纂者之一更爲允恰。其二，針對阮元提出"書實成於德言之手"的論斷，分析認爲阮氏結論有待商榷。本章還對取材範圍、編排特點進行了闡述，尤其說明了《群書治要》全書的整體性，與類書的編纂有明顯不同，並分析了後世典籍將《群書治要》歸於類書的兩個原因，一是由於對此書的編纂目的及編排特點考究不詳，一是由於《群書治要》不斷散佚，時人對《群書治要》的作用及價值愈發模糊不清。

本章按照時間順序，梳理了與《群書治要》有關的唐朝帝王，太宗、玄宗、德宗及憲宗。唐太宗閱讀《群書治要》手不釋卷，"致治稽古，臨事不惑"，君臣合力而成就"貞觀之治"。此外，開創"開元盛世"的唐玄宗也曾閱讀此書，而成就"元和中興"的唐憲宗很可能也閱讀過。雖不能從史料得知唐德宗是否讀過此書，但從李泌的對答來看，唐人必然很重視此書。實際上，《王政紀》《歷代君臣事跡五十條》與《群書治要》同屬"鑒戒史學"。可見，"史鑒"類之書在唐代帝王治國理政中發揮了重要作用。

本章對敦煌遺書中與《群書治要》有關的幾篇殘卷進行了分析。梳理了S.133被定名爲"《群書治要·左傳》節本"的歷史過程，根據此卷的避諱情況將其抄寫年代推至高宗顯慶二年（657）

之前,又根據當時的歷史推測其傳入西域的時間是在吐蕃切斷西域與中原聯繫之前。本章還對列入"佚名《春秋左氏經傳集解節本》"之下的 S.1443V、P.3634+3635、S.11563 和 P.2767+S.3354 進行了判定,在前人研究的基礎上,結合《群書治要》的編排特點,確認這幾篇殘卷均不屬於《群書治要·左傳》節本。但 S.133 寫卷已然證明,《群書治要·左傳》在唐朝時已流入河西走廊,在民間有了一定的傳播。同時也説明,《群書治要》成書後,其部分篇章可能很快就在士大夫乃至庶民百姓中傳抄閲讀。因此,《群書治要》思想價值的歷史影響,不僅有作爲"帝王學"參考書而助力成就盛世輝煌的方面,同樣有作爲教科書在民間傳播治道思想的方面。

　　本章梳理了《群書治要》自編纂至亡佚期間的流傳情況及産生的版本。《群書治要》編纂完成後,主要流傳於皇室、宮廷及少數臣子之間,産生的版本有"魏徵原寫本""秘書監寫本""集賢院寫本"以及"《群書治要·老子》集賢院寫本"。《群書治要》作爲一部"帝王學"之書,主要供皇帝閲讀,並未頒行天下,但在敦煌遺書中仍然發現了 S.133 寫卷,定名爲"《群書治要·左傳》節本",這説明《群書治要》(或其中的部分篇章)在唐朝時已傳入民間。《玉海》引《中興書目》知南宋尚有十卷殘帙,即"南宋秘閣藏本"。並針對不見於北宋《崇文總目》却出現在南宋《中興館閣書目》的特點,認爲《群書治要》此前已經傳入民間。《元史》不見著録,説明《群書治要》於元朝徹底亡佚。阮元云"《宋史》即不著録",實屬考之不詳。雖然《群書治要》久佚,但並沒有從著録中消失。本章最後梳理了《群書治要》回傳中土前在中國典籍中的著録情況(表 1.1)。

二、《群書治要》在日本的流傳

公元 618 年唐王朝建立,之後迅速發展成爲國力强盛、文化繁榮、制度完備的帝國,成爲衆多國家效仿的榜樣。公元 645 年(唐貞觀十九年),日本實行"大化改新",進入律令國家時期。這是日本社會制度進入新發展的時期,唐朝先進的文化成爲日本學習的目標。

遣唐使是將中國文化攜入日本的主要渠道。從 630 年(舒明天皇二年)至 894 年(宇多天皇寬平六年)間,日本共任命遣唐使十九次,其中有三次未成行,一次未到唐,故實際到唐共十五次。十五次中,一次爲迎回遣唐使,一次爲送回唐客使,因此作爲外交使節的只有十三次 ①。使團構成有大使、副使、判官、録事,及學問僧、留學生等。擔任使團要職者大多出身名門世族,且通曉唐朝文化、明經通史。前期遣唐使主要出於外交目的,後期則主要在於引進唐朝文物制度,攜回大量書籍,對日本律令制度的完善、文化水準的提高有著重大影響 ②。《群書治要》便是由遣唐使攜回日本的珍貴典籍。

---

① 戴禾《中日史籍中的日使來唐事異同考》,載《中國文化研究所學報》1984 年第 24 期。

② 吴杰主編《日本史辭典》,復旦大學出版社,1992 年,第 802 頁。

（一）《群書治要》東傳日本

　　史料没有明確記載《群書治要》東傳日本的時間及途徑。日本《國史大辭典》"群書治要條"推定《群書治要》大致是日本奈良時代由遣唐使傳來①。奈良時代（710—784）是日本派遣遣唐使的鼎盛時期,此時是唐睿宗朝至德宗朝,也是由盛唐轉向中唐的時期。尾崎康認爲《群書治要》是奈良時代至平安時代初期傳入日本②。孫猛《日本國見在書目録詳考》亦承此説③。平安時期（794—1185）由桓武天皇開創,都城由奈良遷入平安京（今京都）,此時唐朝已由盛轉衰,日本也已大致吸收了唐朝文化,因此派遣遣唐使的熱情也在下降。這一時期實際派遣的遣唐使只有第十七、第十八兩次。

　　金光一對《群書治要》東渡日本進行了分析,認爲天寶遣唐使（唐玄宗朝,日本奈良時代）和貞元遣唐使（唐德宗朝,日本平安時代）是《群書治要》東傳日本兩次可能性較大的時機:如果著重考慮中國情況,天寶遣唐使之行是最好契機,但此時離日本天皇最早閲讀《群書治要》尚有八十餘年。如果考察《群書治要》在日本的講授情況,則貞元遣唐使也是此書東渡的很好機會④。

　　筆者在前人研究的基礎上,深入史料進一步分析了兩次東傳

---

① 參見［韓］金光一《〈群書治要〉研究》,復旦大學中國古代文學專業博士論文,2010 年。

② ［日］尾崎康《〈群書治要〉とその現存本》,載《斯道文庫論集》,慶應義塾大學附屬研究所斯道文庫,1990 年第 25 輯。

③ 孫猛《日本國見在書目録詳考》,上海古籍出版社,2015 年,第 1166 頁。

④ ［韓］金光一《〈群書治要〉研究》,復旦大學中國古代文學專業博士論文,2010 年。

的歷史時機,認爲天寶遣唐使一行最有可能將《群書治要》攜回日本。分析如下:

天寶遣唐使是日本第十一批遣唐使,由孝謙天皇於日本天平勝寶二年(750)任命,藤原清河任大使,大伴胡萬和吉備真備任副使,天平勝寶四年(752,唐天寶十一年)閏三月出發,次年唐天寶十二年(753)三月藤原清河敬獻方物,六月朝見唐玄宗。天平勝寶五年(753)至六年(754)回到日本①。金光一據《東大寺》所引《延曆僧録》的記載分析,本次遣唐使受到了唐玄宗熱情隆重的接待,特別是副使吉備真備拜秘書監,並由朝衡(阿倍仲麻吕)任使團參觀嚮導,獲賜進入宮廷秘府瀏覽群書的機會,因此有了在秘府藏書中發現《群書治要》的可能②。據《玉海》引《集賢注記》,天寶十三年(754)以前,唐玄宗曾閱讀集賢院上呈的《群書治要》並讚賞有加,令抄寫十數本分賜太子以下。史料中並没有記載《群書治要》的録副工作是否在使團抵達之前完成,但此時朝衡已升任秘書監,又長期參與宮廷文獻管理,理應悉知《群書治要》之存在。又因朝衡與吉備真備同爲第九批即唐開元五年(717)遣唐留學生,關係甚篤,很可能會向吉備真備推薦《群書治要》。而作爲中國文獻專家的吉備真備,也很可能積極地將其攜回,故金光一認爲,"《群書治要》的東渡很有可能是由唐玄宗、吉備真備和朝衡的合作而成的,唐玄宗對這次使節的歡待,真備搜集和攜回中國典籍的熱

① 戴禾《中日史籍中的日使來唐事異同考》,載《中國文化研究所學報》1984年第24期;[韓]金光一《〈群書治要〉研究》,復旦大學中國古代文學專業博士論文,2010年。
② [韓]金光一《〈群書治要〉研究》,復旦大學中國古代文學專業博士論文,2010年。

情,以及朝衡對祕府藏書的知識,使得《群書治要》東傳到日本" ①。
筆者認爲金光一的上述推斷是合理的。

　　貞元遣唐使是日本第十七批遣唐使,由桓武天皇派遣,藤原葛
野麻呂任大使,菅原清公任判官。唐貞元二十年(804)十二月,藤
原葛野麻呂抵達長安,貞元二十一年(805)二月離開長安 ②。《日
本後紀》卷十二桓武天皇延曆廿四年六月詳細叙述了此次使團行
跡 ③。金光一認爲,雖然其中並無與《群書治要》相關的記載,但是
不能排除《群書治要》此時東渡日本之可能,並給出了三條主要依
據:第一,作爲紀傳博士的菅原清公非常重視中國的帝王學,如果
獲知《群書治要》的存在,很可能積極地將其攜回日本;第二,由
《鄴侯家傳》所記唐德宗與李泌對話知貞元遣唐使行時,唐祕府仍
存藏《群書治要》,而且,即使遭逢國喪,唐室對貞元遣唐使的款待
不亞於天寶遣唐使;第三,日本皇室最早閱讀《群書治要》是在日
本承和五年(838),與貞元遣唐使時間相對接近 ④。

　　在金光一所列三條依據中,第一、二條可合併爲對獲得《群書
治要》可能性的推測。筆者在查閱更多史料後認爲,雖然貞元遣唐
使存在獲取《群書治要》的可能,但實際上機會非常有限。《日本後
紀》卷十二桓武天皇延曆廿四年六月記録:

---

① [韓]金光一《〈群書治要〉研究》,復旦大學中國古代文學專業博士論文,
　　2010 年。
② 戴禾《中日史籍中的日使來唐事異同考》,載《中國文化研究所學報》1984
　　年第 24 期。
③ [日]藤原冬嗣等撰,黑板勝美、國史大系編修會編《日本後紀》,《新訂增補
　　國史大系》(普及版),吉川弘文館,1972 年,第 41—43 頁。
④ [韓]金光一《〈群書治要〉研究》,復旦大學中國古代文學專業博士論文,
　　2010 年。

廿四日國信別貢等物附監使劉昴。進於天子。劉昴歸來。宣敕云。卿等遠慕朝貢。所奉進物。極是精好。朕殊喜歡。時寒。卿等好在。

廿五日於宣化殿禮見。天子不衙。同日於麟德殿對見。所請並允。即於内裏設宴。官賞有差。別有中使。於使院設宴。酣飲終日。中使不絕。頻有優厚。

廿一年正月元日於含元殿朝賀。

二日天子不豫。

廿三日天子雍王（德宗）適崩。春秋六十四。

廿八日臣等於丞天門立仗。始着素衣冠。是日太子（順宗）即皇帝位。諒闇之中。不堪萬機。皇太后王氏。臨朝稱制。臣等三日之内。於使院朝夕舉哀。其諸蕃三日。自餘廿七日而後就吉。

二月十日監使高品宋惟澄。領答信物來。兼賜使人告身。宣敕云。卿等銜本國王命。遠來朝貢。遭國家喪事。須緩緩將息歸鄉。緣卿等頻奏早歸。因兹賜纏頭物。兼設宴。宜知之。却迴本鄉。傳此國喪。擬欲相見。緣此重喪。不得宜之。好去好去者。事畢首途。敕令内使王國文監送。至明州發遣。[1]

　　　　　　　　　　　　　——《日本後紀》卷十二

　　由上述記録知，唐貞元二十年（804，日本延曆二十三年）十二月二十五日，使團朝見唐德宗，德宗對使團一行“所請並允”，設宴、

---

[1]［日］藤原冬嗣等撰，黑板勝美、國史大系編修會編《日本後紀》，《新訂增補國史大系》（普及版），第42頁。

賞賜。貞元二十一年（805）元旦，使團參加朝賀，再次見到德宗。
正月二十三日，德宗病逝。國喪期間使團參與悼念。二月十日，
唐皇室"賜纏頭物，兼設宴"，隨後使團離開。可見，使團在長安遭
逢國喪，僅有短暫停留，未有較多活動，相比天寶遣唐使之行去之
甚遠。

　　筆者認爲，使團兩次朝見唐德宗，第二次朝見屬於元旦朝賀，
第一次是正式的使團朝見，因此更可能獲得《群書治要》。獲得的
方式有兩種，一種是使團向德宗提出請求，一種是德宗直接賞賜。

　　第一種方式的前提是日本使節預先已知《群書治要》的存在，
並且知道此書的價值，但目前尚未查得相關史料。

　　第二種方式的前提則是德宗對《群書治要》有所瞭解，且當時
朝廷有副本存在。根據《玉海》引《鄴侯家傳》，李泌上疏德宗："昔
魏徵爲太子略群書之言理道者，撰成五十卷，謂之《群書理要》，今
集賢合有本。"[1] 可知當時集賢院尚存《群書治要》，但經過"安史之
亂"，唐玄宗朝録副的《群書治要》劫後餘存數量未知，難以判斷是
否尚存副本。李泌在上疏中還提及了前朝宰相裴遵慶所撰《王政
紀》，而德宗選擇將《王政紀》上呈。因此，德宗很可能不了解《群
書治要》，主動賞賜的可能性不大。總之，第一次朝見德宗時，雖有
德宗對使團一行"所請並允"並設宴賞賜的記載，但是獲得《群書
治要》的可能性很有限。

　　金光一的第三條依據是日本皇室最早閱讀《群書治要》（日
本承和五年，838）與貞元遣唐使時間（804—805）相對接近。筆
者認爲此説有待商権。小倉慈司所著事典《日本の年号》"延曆"

---

[1]　［宋］王應麟《玉海》卷五十四《藝文·承詔撰述》，景印文淵閣《四庫全
　　書》，總第 944 册，第 449 頁下。

條云：

　　延暦の出典は不詳であるが、『群書治要』巻二六に「民
詠德政、則延期歷」とある（その原拠は『三国志』魏書二五
高堂隆伝。「歷」と「曆」とは通用。95 永暦の項参照）。①
　　　　　　　　　　　　　　　　　　　——《日本の年号》

　　據此,桓武天皇年號"延曆"有可能出自《群書治要》,那麼"延
曆"之前,《群書治要》就應該已傳入日本。而貞元遣唐使之行在
日本延曆廿三至廿四年(804—805),就不可能是首次將《群書治
要》攜回了。此外,日本承和五年(838)是史料記載的天皇最早閱
讀此書的時間,但未必就是此書被閱讀的最早時間,如果考慮"延
曆"有可能出自《群書治要》,就可能存在天皇或臣子閱讀此書而未
記載的情況。天寶遣唐使於日本天平勝寶五年至六年(753—754)
回到日本,此後不到 30 年即延曆元年(782)。而貞元遣唐使回國
的時間(805)與承和五年(838)相距却有 33 年。因此筆者認爲,
日本皇室最早閱讀《群書治要》與貞元遣唐使回國的時間相對接
近是值得商榷的。

　　結合《日本後紀》對貞元遣唐使之行的記載及日本學者對"延
曆"年號出處的推測,筆者認爲,貞元遣唐使攜回《群書治要》的可
能性很小。天寶遣唐使之行時,無論是唐皇室還是日本使團的情
況,都有利於書籍傳播,因此唐玄宗朝天寶遣唐使最有可能將《群
書治要》攜回日本,即《群書治要》於奈良時期天平勝寶五年至六
年(753—754)傳入日本。

---

① [日]小倉慈司《日本の年号》,吉川弘文館,2019 年,第 41—42 頁。

（二）天皇與《群書治要》

公元 645 年孝德天皇實行"大化改新",開啓律令制,建立了中央集權的國家。自飛鳥後期,經奈良至平安初期,文化興盛,尤其奈良朝是律令制社會的繁榮鼎盛時期。平安初期是日本文化由"唐風"向"和風"的轉換時期,同時,學習唐風的風氣也轉向學習聖人之言、治世之術①。而《群書治要》作爲彙集古代聖王治國理政精粹的"帝王學"之書,自然引起了日本皇室的重視。

1. 平安時期

《群書治要》傳入日本後,被日本皇室及大臣奉爲圭臬。律令時期,日本皇室確立了系統講授《群書治要》的傳統,《群書治要》與《貞觀政要》《孝經》一起被定爲天皇"御始書",使日本天皇瞭解中國治國理政的原則及方法②。《群書治要》包括經史子三部,因此天皇閱讀之時,召明經、紀傳博士各一人侍讀。這在《新儀式》"御讀書事"條中有所記載:

> 若有御讀書事。預定其書並博士尚復。(舊例。七經召明經博士。史書召記傳博士。群書治要或用明經記傳各一人。近代雖云可御讀七經。只以記傳道宿儒博學被聽昇殿之輩。多爲讀之人。又尚復以六位藏人昇殿人中成業者。便爲

---

① [日]佐川保子撰,楊穎譯《關於九條本〈文選〉識語的研究》,載《域外漢籍研究集刊》2017 年第 16 輯。
② [韓]金光一《〈群書治要〉研究》,復旦大學中國古代文學專業博士論文,2010 年。

都講。或爲非殿上者。）①

——《新儀式》第四

明經、紀傳、明法、算學並爲"四道"，是平安時代"大學寮"開設的四門學科。明經道主要學習經學，必讀"五經"、《孝經》《論語》《周禮》《儀禮》等，皆用漢唐注疏本；紀傳道學習《史記》《漢書》《後漢書》及《文選》、詩集等②。學生學習考試合格後授予官職，最高職位爲博士。在律令制時期，專攻經學的明經道置於首位，後來明經道與紀傳道地位互易，紀傳道出身者可身居要職，而明經道出身者只能身處下位③。大學寮成立之初，教官的聘任以人才爲中心，不爲姓氏貴賤所左右；然而平安中期以後，隨著藤原氏世襲政權的確立，大學寮四道教官逐漸世襲化，由特定氏族擔任，稱爲"博士家"，中原氏及清原氏世襲明經博士，而紀傳博士則多出自大江氏、菅原氏及藤原氏④。

在日本正史《國史大系》的記載中，有三位天皇閱讀《群書治要》，另有一位天皇閱讀《群書治要》的記載出自公卿傳記。這四位天皇均處於平安前期至前中期。

（1）仁明天皇

仁明天皇是日本第五十四代天皇，名正良，生卒年810—850，

---

① ［日］塙保己一編，［日］上田萬年等監修《新校群書類從》第四卷《公事部（一）》卷第八十《新儀式》第四，內外書籍株式會社，1931年，第282頁下。
② 吳杰主編《日本史辭典》，第424—425、535頁。
③ 王方《日本平安時代大江氏家族的貢舉參與探究》，載《日本問題研究》2020年第1期。
④ 王方《日本平安時代大江氏家族的貢舉參與探究》，載《日本問題研究》2020年第1期。

享年 41 歲。833 年 3 月 30 日（日本天長十年三月六日）—850 年
5 月 4 日（日本嘉祥三年三月十九日）在位（大約爲唐朝文宗至宣
宗時期），在位 17 年，有"承和""嘉祥"兩個年號 ①。天長十一年
（834）正月甲寅（三日），改元"承和" ②。

　　承和五年（838，唐文宗開成三年），仁明天皇在清凉殿讀《群書
治要》，直道廣公侍讀。這是日本文獻中首次記載天皇閱讀此書。
《續日本後紀》第七卷承和五年六月記載，"壬子（廿六）。天皇御清
凉殿。令助教正六位上直道宿禰廣公讀《群書治要》第一卷。有
五經文故也" ③。

　　史料記載，仁明天皇精通中國文化，在音韻、文章、書法、音樂、
醫術方面造詣很高，通覽老莊、《群書治要》、諸子百家。《續日本後
紀》第二十卷對仁明天皇有如下記載：

　　　　帝叡哲聰明。苞綜衆藝。最耽經史。講誦不倦。能練漢
　　音。辨其清濁。柱下漆園之説。群書治要之流。凡厥百家莫
　　不通覽。兼愛文藻。善書法。學淳和天皇之草書。人不能別
　　也。亦工弓射。屢御射場。至鼓琴吹管。古之虞舜。漢成兩
　　帝不之過也。留意醫術。盡諳方經。當時名醫。不敢抗論。④
　　　　　　　　　　　　　　　　　　　　——《續日本後紀》卷二十

---

① 李寅生《日本天皇年號與中國古典文獻關係之研究》，鳳凰出版社，2018
　年，第 128—131 頁。
② ［日］小倉慈司《日本の年号》，第 48 頁。
③ ［日］藤原良房等撰，黑板勝美、國史大系編修會編《續日本後紀》，《新訂增
　補國史大系》（普及版），吉川弘文館，1972 年，第 77 頁。
④ ［日］藤原良房等撰，黑板勝美、國史大系編修會編《續日本後紀》，《新訂增
　補國史大系》（普及版），第 238 頁。

正是由於仁明天皇對中國文化的熱愛，這一時期也成爲日本皇室傾向中國文化的極盛時期。

（2）清和天皇

清和天皇是日本第五十六代天皇，名惟仁，爲仁明天皇之孫，生卒年 850—880，享年 31 歲。858 年 12 月 15 日（日本天安二年十一月七日）—876 年 12 月 18 日（日本貞觀十八年十一月二十九日）在位（大約爲唐朝懿宗時期），在位 18 年，只有"貞觀"一個年號①。清和天皇仰慕唐太宗的"貞觀之治"，意欲效仿。於是踐祚翌年，天安三年（859）四月十五日庚子，改元"貞觀"②。此時距唐太宗的貞觀（627—649）有 200 多年。

據《日本三代實録》（後篇）卷廿五記載，貞觀十六年（874，唐僖宗乾符元年）閏四月廿八日丙戌，"頃年天皇讀群書治要。是日御讀竟焉"③。

貞觀十七年（875，唐僖宗乾符二年）也有天皇讀《群書治要》的詳細記載。《日本三代實録》（後篇）卷廿七記載，貞觀十七年四月廿五日丁丑：

> 先是。天皇讀群書治要。參議正四位下行勘解由長官兼式部大甫播磨權守菅原朝臣是善。奉授書中所抄納紀傳諸子之文。從五位上守刑部大輔菅野朝臣佐世奉授五經之文。從五位下行山城權介善淵朝臣愛成爲都講。從四位上行右京大夫兼但馬守源朝臣覺豫侍講席。至是講竟。帝觴群臣於綾綺

① 李寅生《日本天皇年號與中國古典文獻關係之研究》，第 133—135 頁。
② ［日］小倉慈司《日本の年号》，第 57 頁。
③ ［日］藤原時平等撰，黑板勝美、國史大系編修會編《日本三代實録》（後篇），《新訂增補國史大系》（普及版），吉川弘文館，1973 年，第 342 頁。

殿。蓋申竟宴也。大臣已下各賦詩。参議從三位行左衛門督
近江權守大江朝臣音人作都序。唤樂人一兩人。絲竹間奏。
終日樂飲。達曉而罷。賜衣被綿絹各有差。①

　　　　　　　　——《日本三代實録》（後篇）卷廿七

　　爲清和天皇講述《群書治要》中五經之文的是明經博士菅
野佐世（802—880），講述紀傳、諸子之文的是文章博士菅原是善
（812—880）。菅原是善爲平安前期的文學家、政治家，貞元遣唐使
判官，日本博士家"菅家"奠基者菅原清公之子。日本承和十二年
（845）成爲文章博士兼東宮博士，文德、清和兩天皇即位前均受其
教，故被重用。日本貞觀十四年（872）擔任参議，後任勘解由長官
兼近江守，参與撰修《文德天皇實録》，著作有《東宮切韻》《菅相公
集》等②。

　　仁明天皇即位時，有嵯峨、淳和兩位上皇輔佐，政治較爲穩定。
清和天皇在位時，雖有外戚藤原良房擅權，但政治還算清明。日本
貞觀十八年（876），受藤原良房之子藤原基經逼迫，清和天皇退位，
未能完全實現自己的理想抱負。但承和、貞觀時期，日本社會仍實
現了安泰。日本天明七年（1787）尾張藩刊刻《群書治要》時，日本
學者在兩篇序言道出了原因。細井德民《刊〈群書治要〉考例》云：
"謹考國史承和、貞觀之際，經筵屢講此書，距今殆千年。"③ 林信敬
《校正〈群書治要〉序》云："我朝承和、貞觀之間，致重雍襲熙之盛

① ［日］藤原時平等撰，黑板勝美、國史大系編修會編《日本三代實録》（後
　篇），《新訂增補國史大系》（普及版），第 361 頁。
② 吳杰主編《日本史辭典》，第 733—734 頁。
③ ［日］細井德民《刊〈群書治要〉考例》，［唐］魏徵等輯《群書治要》〔國家
　圖書館（國家古籍保護中心編）"永青文庫四種"〕，第 1 册，第 21 頁。

者,未必不因講究此書之力。則凡君民、臣君者,非所可忽也。"①這充分説明《群書治要》在成就日本平安前期繁榮局面中所起的作用,也强調了大凡領導人民、事奉國君者是不可輕忽此書的。

(3)宇多天皇

宇多天皇是日本第五十九代天皇,名定省,亦爲仁明天皇之孫,生卒年867—931,享年65歲。887年9月17日(日本仁和三年八月二十六日)—897年8月4日(日本寬平九年七月三日)在位(大約爲唐朝昭宗時期),在位10年,只有"寬平"一個年號②。仁和五年(889)四月二十七日戊子,改元"寬平"③。

宇多天皇閲讀《群書治要》的記録見於現存最早的菅原道真傳記《菅家傳》,"(寬平)四年(892)……奉敕清涼殿侍讀《群書治要》"④。菅原道真(845—903),平安中期的政治家、文學家,菅原是善之子,有"文聖"之稱。日本貞觀四年(862)成爲文章生,貞觀十二年(870)進入仕途,任少内記。後歷任兵部少輔、民部少輔、式部少輔,贊岐守、民部卿、藏人頭、内覽、右大臣等職。日本寬平六年(894)被任命爲第十九批遣唐使大使,因唐末衰亂廢除派遣,從此遣唐使時代結束。曾參與編纂《類聚國史》《三代實録》,著有《菅家文草》《菅家後集》《新撰萬葉集》等⑤。菅原道真道德文章皆爲上乘,宇多天皇對其讚賞有加,曾云"右大將菅原朝臣是鴻儒也、

---

① [日]林信敬《校正〈群書治要〉序》,[唐]魏徵等輯《群書治要》[國家圖書館(國家古籍保護中心編)"永青文庫四種"],第1册,第7—8頁。
② 李寅生《日本天皇年號與中國古典文獻關係之研究》,第139—141頁。
③ [日]小倉慈司《日本の年号》,第62頁。
④ 轉引自[韓]金光一《〈群書治要〉研究》,復旦大學中國古代文學專業博士論文,2010年。金按,"群書治要","治"原作"始",誤。
⑤ 吴杰主編《日本史辭典》,第734頁。

又深知政事、朕選爲博士、多受諫正"①。宇多天皇在藤原基經死後，重用菅原道真，整肅政綱，刷新政治，後世稱爲"寬平之治"。

寬平九年（897），迫於基經之子藤原時平的勢力，宇多天皇讓位於醍醐天皇，贈《寬平御遺誡》以爲天皇之"金科玉條"②。《寬平御遺誡》中有如下記載："天子雖不窮經史百家、而有何所恨乎、唯群書治要早可誦習、勿就雜文以消日月耳、"③由此可以看出宇多天皇非常重視《群書治要》，並告誡不可將此書僅作爲文章閱讀。菅原道真作爲文章博士"菅家"繼承者，必定悉知《群書治要》之意義，並在侍讀之時將此書的意義講給宇多天皇。因此有理由推測，宇多天皇也是將《群書治要》中的智慧和方法運用在治國理政之中，"寬平之治"與《群書治要》密不可分。

要特別指出的是，宇多天皇寬平三年（891），藤原佐世（847—897，菅原是善學生）編纂的《日本國見在書目録》成書，這是日本現存最早的一部敕編漢籍目録，其中的"雜家部"對《群書治要》進行了著録"群書治要五十（魏徵撰）"，這是《群書治要》首次出現在日本的目録學著作中。

（4）醍醐天皇

醍醐天皇是日本第六十代天皇，宇多天皇之子，是出生時爲臣籍的唯一一位天皇，初名源維城，恢復皇籍後改名敦仁，生卒年885—930，享年46歲。897年8月14日（日本寬平九年七月十三日）—930年10月16日（日本延長八年九月二十二日）在位（大約唐哀帝至五代時期），在位33年，有"昌泰""延喜""延長"三個

---

① 《寬平御遺誡》，[日]辻善之助《皇室と日本精神》修訂版，大日本出版株式會社，1944年，第45頁。
② 吳杰主編《日本史辭典》，第408頁。
③ 《寬平御遺誡》，[日]辻善之助《皇室と日本精神》修訂版，第46頁。

年號①。寬平十年（898）四月二十六日乙丑，改元“昌泰”②。自醍醐天皇“延喜”年號起，日本進入平安中期。

據《日本紀略》第三（後篇）記載，昌泰元年（898，唐昭宗光化元年③）二月廿八日戊辰，“式部大輔紀長谷雄朝臣侍清涼殿。以群書治要奉授天皇。大内記小野朝臣美材爲尚復。公卿同預席”④。紀長谷雄（845—912）爲平安初期漢學家，字寬，通稱紀納言。日本貞觀十八年（876）成爲文章生，歷任圖書頭、文章博士、大學頭、參議、權中納言，爲菅原道真的摯友。894年被任命爲遣唐副使，後此次遣唐中止派遣⑤。

金光一引醍醐天皇的第十皇子源高明私纂的儀式書《西宮記》卷十《殿上人事》云：“凡奉公之輩，可設備之書：……一、政理事。《群書治要》五十卷，《貞觀政要》十卷。已上唐書，但君臣之間事，盡此書也。”⑥由於天皇子嗣過多，平安時代天皇自嵯峨天皇起，多位天皇（仁明、清和、宇多、醍醐均在列）曾將其部分後代賜以源氏，降爲臣籍⑦。醍醐天皇之子源高明當屬降爲臣籍的皇子。源高明私纂的儀式書中記載閲讀《群書治要》之事説明，《群書治要》此時已不僅僅被日本天皇及博士閲讀，而是走出皇宮，進入京都貴族之

① 李寅生《日本天皇年號與中國古典文獻關係之研究》，第141—144頁。
② ［日］小倉慈司《日本の年号》，第63頁。
③ 898年8月，唐昭宗改年號爲“光化”，故日本昌泰元年二月當爲唐昭宗乾寧五年。
④ ［日］山崎知雄撰，黑板勝美、國史大系編修會編《日本紀略》第三（後篇），《新訂增補國史大系》（普及版），吉川弘文館，1979年，第3頁。
⑤ 吳杰主編《日本史辭典》，第425頁。
⑥ 轉引自［韓］金光一《〈群書治要〉研究》，復旦大學中國古代文學專業博士論文，2010年。
⑦ 見“源氏”條。吳杰主編《日本史辭典》，第806頁。

家。因此,金光一據此推測,到了 10 世紀,《群書治要》的普及已經超過皇室和博士家的範圍,成爲京都貴族(公家)的必備書 ①。

2. 平安以後

平安中後期,日本天皇大權旁落,開始了"攝關政治"(858—1086)及"院政時期"(1086—1185)。也正是在這一時期,《群書治要》開始了普及化過程,風靡京都貴族圈,這固然有奉公之輩必讀治國理政之書的需要。隨後,從源賴朝創立第一個武士政權鎌倉幕府(1192—1333)至江户幕府(1603—1867)末代將軍德川慶喜"大政奉還"明治天皇這段時期,天皇權利被架空,政治實權在幕府手中。直至明治維新,與《群書治要》相關的記載集中在幕府,日本皇室與《群書治要》的交集體現在年號上。

日本天皇自孝德天皇效仿唐朝皇帝開始使用"大化"年號(645)起,到目前已使用了 248 個年號。其中絕大多數年號出自中國典籍,最多的三部是《尚書》《周易》和《詩經》,而《群書治要》也曾作爲年號的出處典籍,本章第一節出現的平安時期桓武天皇之年號"延曆"就有可能出自《群書治要》。此外,日本歷史上另有兩位天皇的年號出自《群書治要》,即戰國時期正親町天皇之年號"永禄"及江户時期孝明天皇之年號"安政"。

正親町天皇是日本第一百零六代天皇,名方仁,生卒年 1517—1593,享年 77 歲。1557 年 11 月 17 日(日本弘治三年十月二十七日)—1586 年 12 月 17 日(日本天正十四年十一月三十七日)在位(大約爲明朝嘉靖至萬曆年間),在位 29 年。有"永禄""元

---

① [韓]金光一《〈群書治要〉研究》,復旦大學中國古代文學專業博士論文,2010 年。

龜”“天正”三個年號①。日本弘治四年（1558）二月二十八日丁未，
改元“永禄”，年號提出者是權中納言兼文章博士高辻長雅，出自
《群書治要》卷二十六《魏志下·王昶傳》“保世持家，永全福禄者
也”②。

孝明天皇是日本第一百二十一代天皇，名統仁，生卒年1831—
1867，享年36歲。1846年3月10日（日本弘化三年二月十三
日）—1867年1月30日（日本慶應二年十二月二十五日）在位
（大約爲清朝道光至同治年間），在位20年。有“嘉永”“安政”“萬
延”“文久”“元治”“慶應”六個年號③。日本嘉永七年（1854）
十一月二十七日壬辰，改元“安政”，年號提出者是前權大納言東坊
城聰長，出自《群書治要》卷三十八《孫卿子》“庶人安政，然後君
子安位矣”④。

雖然日本史料中只記載有四位天皇閱讀過《群書治要》，但從
年號的選取來看，《群書治要》始終被日本皇室、博士、公卿之家閱
讀並受到重視。

（三）京都貴族九條家與《群書治要》

日本皇室閱讀《群書治要》的記録始於9世紀，到了10世紀，
閱讀範圍超出皇室和博士家，京都貴族也開始傳抄閱讀。目前現
存最早的《群書治要》文本，便是保存在京都貴族之家的平安本
《群書治要》。此本抄寫於日本平安中期，目前有十三卷殘卷。原

① 李寅生《日本天皇年號與中國古典文獻關係之研究》，第314—316頁。
② ［日］小倉慈司《日本の年号》，第308頁。
③ 李寅生《日本天皇年號與中國古典文獻關係之研究》，第352—356頁。
④ ［日］小倉慈司《日本の年号》，第376頁。

藏於東京赤板九條公爵府邸,故又稱"九條家本"。

1. 九條家本的發現

據日本學者,在 1945 年(昭和二十年)的空襲中,九條公爵府邸部分變爲灰燼,幸運的是留下了一個倉庫。由於戰後混亂,管理不周,倉庫内的大部分貴重物品被盜,部分典籍却因和雜物一起堆放而倖免於盜。在倉庫架子一端散亂放置的空箱旁的板箱外,發現了兩張貼紙,一張爲"書第百十五",一張爲"群書治要"。箱内散亂放有大約十五卷無封面、無卷軸、損害嚴重的卷子。打開卷子,可見以彩色斐紙和金線書寫的《群書治要》,通過字體和紙張認定爲平安中期寫本,令人驚嘆。隨後《群書治要》殘卷被日本以國家購買的方式收入國立東京博物館,1952 年(昭和二十七年)被指定爲"日本國寶"[①]。由於損毀嚴重,東京博物館對殘卷進行了修補[②]。昭和三十年至三十二年(1955—1957),卷廿二及廿六最先修補完成[③]。卷廿六奥書有修補記録"昭和三十二年(1957)二月以國費修理了。文化財保護委員會"[④]。目前已完成七卷(卷廿二、廿六、卅

---

① ［日］尾崎康《〈群書治要〉とその現存本》,載《斯道文庫論集》,慶應義塾大學附屬研究所斯道文庫,1990 年第 25 輯。按:發現過程原載於［日］是澤恭三《〈群書治要〉について》,載《Museum》1960 年第 110 通號。尾崎康《〈群書治要〉とその現存本》進行了轉引。

② 潘銘基《日藏平安時代九條家本〈群書治要〉研究》,載《中國文化研究所學報》2018 年第 67 期。按:潘銘基於文中第 4 頁腳注對修補未能盡善之處進行了説明。

③ ［日］尾崎康《〈群書治要〉とその現存本》,載《斯道文庫論集》,慶應義塾大學附屬研究所斯道文庫,1990 年第 25 輯。

④ 平安時代九條家本《群書治要》卷廿六。e- 國寶［2021 年 6 月 20 日］https://emuseum.nich.go.jp/detail?content_base_id=100168&content_part_id=009&langId=ja&webView=null。

一、卅三、卅五至卅七），可通過日本“e-Museum”網站瀏覽[①]，剩餘的六卷（冊二、冊三、冊五、冊七至冊九）由於損毀嚴重，有待修補而尚未公開。

平安本《群書治要》是由京都貴族“五攝家”之一的九條家世代保管的。五攝家屬於藤原氏北家系統。藤原氏源自中臣鐮足（614—669）對大化改新的功績而被天智天皇（626—672）賜姓藤原朝臣，由其子不比等繼承。因此，奈良初期的公卿藤原不比等（659—720）便成爲了藤原氏的實質性始祖。不比等撰修律令，營造平城京，創下政治基礎，其女光明子後來成爲聖武天皇（701—756）的皇后，開啓日本人臣皇后之先例。不比等有四子：藤原武智麻吕（南家）、藤原房前（北家）、藤原宇合（式家）、藤原麻吕（京家），是律令制下政治勢力强大的四家。後來南家、式家、京家在争權中失勢，只有北家獨盛不衰。平安時代，藤原北家憑藉外戚的關係以及自身的政治實力，以“攝政”“關白”的名義長期左右朝政，形成“攝關政治”，是北家全盛時期。北家嫡流（攝關家）在平安末期自藤原忠通（1097—1164，藤原賴長兄長）後分爲近衛、九條兩家。忠通之子藤原兼實（1149—1207）成爲九條家始祖，故又稱九條兼實。後來九條家又分出二條、一條兩家，近衛家又分出鷹司家，合稱五攝家。日本明治維新（1868）之後，五攝家被列爲日本“華族”（貴族，僅次於皇族）之首而獲得公爵稱號。至此，藤原氏一族在日本政壇上活躍了近一千年。華族於1947年隨日本國戰後憲法生效而被廢除，1945年《群書治要》殘卷被發現時，九條家還位列公爵。

---

① 平安時代九條家本《群書治要》。e- 國寶［2021 年 6 月 20 日］https://emuseum.nich.go.jp/detail?langId=ja&webView=&content_base_id=100168&content_part_id=0&content_pict_id=0。

2. 九條家本的抄寫時間

　　關於九條家本《群書治要》的抄寫時間，學界有不同的判斷。卷卅七第一紙裏書（背面）有"此文表書之筆者之銘。尚後慈眼院殿也。判同前。廉義公"等字①。"後慈眼院"爲九條尚經（1469—1530）之號。九條尚經是室町末期至戰國初期公卿，日本文龜元年（1501）任關白，同年起任九條氏家長（第十五任），日本永正三年（1506）任左大臣，永正十一年（1514）敘從一位。九條尚經推定此卷經文由藤原賴忠（廉義公，924—989）抄寫。藤原賴忠出自藤原氏北家小野宮流，在圓融、花山兩代天皇時任關白，且爲兩代天皇外戚，藤原氏家長，日本天延二年（974）兼太政大臣，從一位，去世後贈正一位，封駿河公，謐號廉義公。藤原賴忠（廉義公）爲藤原實賴（清慎公，900—970）之子，藤原忠平（貞信公，880—949）之孫。如果繼續挖掘相關的人物關係可以發現，藤原忠平爲藤原時平（871—909）之弟、藤原基經（836—891）之子，藤原實賴的母親是宇多天皇（867—931）之女，實賴娶藤原時平之女而有賴忠（廉義公），實賴的女兒又嫁與醍醐天皇（885—930）之子源高明（914—983）。宇多天皇、醍醐天皇都有歷史記載閱讀過《群書治要》，源高明在其私撰的儀式書《西宮記》中也提到《群書治要》爲奉公之人的必備書。那麼由此可知，廉義公所處的時代，是《群書治要》被皇室、博士家、奉公之家所廣泛閱讀和傳抄的年代。尾崎康認爲，雖然廉義公的筆跡並不爲人所知，但廉義公有著世所公認"能書"的美譽和公職，因此也不當有庸碌的筆跡，在不能找到其它可以對

---

① 根據"e-Museum"網站上修復後的圖片，此貼紙卷卅七位於卷末。根據尾崎康《〈群書治要〉とその現存本》第 136 頁知此貼紙是在第一紙裏書。

比的情況下，可以姑且採用九條家本由藤原賴忠抄寫這一説法①。
也就是在公元 10 世紀抄寫的。但是島谷弘幸根據紙張與書寫風
格，推測抄寫的時間比藤原賴忠的時間稍降，很可能是 11 世紀的
作品②。

　　九條家本《群書治要》各卷 27.1cm × 721.2—1472.7cm③，金
界 20.5cm × 2.3—2.4cm④，正文每行十二至十八字。紙張爲紫、
藍、粉、茶、黄，濃淡相間的各色染紙，並穿插有飛雲花紋，配以金
泥界欄，優雅端正的和式書寫風格，各紙成衆人之手，再拼接成卷。
尾崎康認爲，這樣的用紙和抄寫風格多見於平安時代抄寫的和歌
典籍，漢籍則少見，因此推測九條家本《群書治要》是在特殊情況
下製作的，由於所用的是高貴的御用材料，那麽傳到五攝家之一的
九條家也是合適的⑤。因此，筆者認爲九條家本《群書治要》的抄寫
年代採用藤原賴忠抄寫於 10 世紀的説法也是基本可從的。

　　關於殘卷之避諱，尾崎康云“世”不缺筆，“民”字多缺末筆，有
“民”字右書“人”字者⑥。故此前學者據此認爲此殘帙是從唐本轉
抄而來。

---

① ［日］尾崎康《〈群書治要〉とその現存本》，載《斯道文庫論集》，慶應義塾
　　大學附屬研究所斯道文庫，1990 年第 25 輯。
② ［日］島谷弘幸《〈群書治要〉（色紙）》，載《日本の國寶》1997 年第 44 期。
　　按：島谷氏標注九條尚經生卒年爲 1656—1718，當誤。
③ e- 國寶網站數據。［2021 年 6 月 20 日］https://emuseum.nich.go.jp/
　　detail?langId=ja&webView=&content_base_id=100168&content_part_
　　id=0&content_pict_id=0。
④ ［日］尾崎康《〈群書治要〉とその現存本》第 135 頁對第卷廿二的數據。
⑤ ［日］尾崎康《〈群書治要〉とその現存本》，載《斯道文庫論集》，慶應義塾
　　大學附屬研究所斯道文庫，1990 年第 25 輯。
⑥ ［日］尾崎康《〈群書治要〉とその現存本》，載《斯道文庫論集》，慶應義塾
　　大學附屬研究所斯道文庫，1990 年第 25 輯。

　　爲進一步推斷其祖本傳抄年代,筆者進一步梳理了避諱用字的情況:"婚"上的"氏"作"民"字加點(卷廿六第二紙第四行);"葉"字不避;"棄"多作古字"弃"(卷廿二、廿六),偶見作"棄"(卷卅一第十二紙第十二行);"虎"作俗字形式,不缺末筆;"治"不避諱。"民"字出現較多,以卷廿二爲例進行統計,見表2.1。

表2.1　九條家本《群書治要》卷廿二"民"字避諱統計

序	經文	第幾紙①	第幾行	形式
1	農民急於務	三	一	末筆不全
2	夫欲急民所務	三	三	末筆不全
3	而爲吏民所便安者	三	十五	缺末筆,右書"人"
4	則民畏法令	三	十九	缺末筆
5	民免而無恥	四	二	缺末筆
6	所過問民疾苦	十一	十一	"民"加點
7	凡居官治民	十三	六	"民"加點
8	保宥生民	十三	九	"民"加點
9	而今牧民之吏	十三	九	"民"加點
10	民常以牛祭神	十六	二十	缺末筆,右書"人"
11	詐怖愚民	十七	三	末筆不全
12	民初恐懼	十七	四	末筆不全
13	臨民宰邑	十八	二	末筆不全
14	吏民愁怨	十八	三	末筆不全
15	使民疾耶	十九	十四	缺末筆
16	民失農時	十九	十六	末筆不全
17	但患民不安寧	十九	十七	缺末筆
18	數爲民患	二十	十九	缺末筆
19	民共祠之	廿一	七	缺末筆

① 第幾紙數目按照"e-Museum"網站現存殘帙書目計。

續表

序	經文	第幾紙	第幾行	形式
20	民不得不須	廿五	六	缺末筆
21	是後民俗和平	廿七	十一	缺末筆
22	吏民怨曠	廿八	十三	缺末筆
23	昔殷民近遷洛邑	廿九	四	缺末筆
24	愁困之民	廿九	六	缺末筆

　　卷廿二"民"字凡二十四見,缺末筆十三見,其中含"民"字右書"人"字兩例。表 2.1 中例 10 值得注意。金澤本《群書治要》此處作"人常以牛祭神",其中"人"爲旁補字,此後《群書治要》各本均作"人"。《後漢書》通行本此處作"民"。或許是金澤本校合時所用的底本此處因爲傳抄之故已由"民"作"人",而平安本此處保留了原貌作"民"。由此推測九條家本《群書治要》比金澤本傳抄的祖本古老,更接近原本。筆者還發現"民"字的最後一筆並未寫全的例子("末筆不全")凡七見,這與"民"字通行的寫法明顯不同(卷廿六可見),"末筆不全"者好似抄手已經下筆但忽然意識到忘記缺末筆,故中間停止。此外,還有"民"字加點凡四例。綜合以上信息,九條家本《群書治要》傳抄的祖本比金澤本爲早,或爲初唐寫本。

　　在公佈的七卷《群書治要》殘帙中,卷卅五至卅七無訓點,卷廿二、廿六有訓有點,卷卅三有點無訓,卷卅一有點,偶見校合或假名。小林芳規云,卷廿二的訓點與金澤本幾乎一致。金澤本《群書治要》中卷廿六無點,所以平安本此卷的訓點是《魏志下》唯一的訓點資料①。據尾崎康,訓點添加於鎌倉中期。朱色"乎古止點"是

---

① ［日］小林芳規《金澤文庫本〈群書治要〉の訓點》,金澤本《群書治要》影印版,汲古書院,1989—1991 年,第 7 冊,第 481 頁。

紀傳點，墨筆添加返點、振假名、送假名、聲點、音訓讀號符，行間有校語及反切，眉上有注釋。尾崎康認爲，平安本和金澤本屬於同一系統，二者關係非常密切①。

3. 九條家本的散佚與殘簡

由於九條家本《群書治要》高貴的用紙及精美的筆跡，九條家經常將卷子切割後作爲珍貴的禮物獻給天皇、貴族或贈與友人，這導致九條家本《群書治要》多有散佚。尾崎康論文中提到了兩次散佚：一次是九條兼孝贈與梅庵大村由己，另一次是九條道房上獻後水尾天皇。

九條兼孝（1553—1636，日本天文二十二年—寬永十三年）在安土桃山時代末期至江户初期任關白，九條氏第十七任家長。其父爲二条晴良，養父爲九條氏第十六任家長九條植通（九條尚經之子）。大村由己（1536？—1596，日本天文五年？—慶長元年）是戰國時代至安土桃山時代儒僧兼作家，號梅庵，是豐臣秀吉的御伽衆，秀吉傳記《天正記》的作者。九條家本《群書治要》卷卅七第二十三紙裏書寫有"此次一二昹程梅庵二遺之、兼孝書之畢"，第二十七紙二十七行內截斷十行，在餘下的裏書寫有"此以前三枚半別之而梅庵（号由己）二遺之、為覺如此，（兼孝書之）"②。潘銘基據此云，九條兼孝（1553—1636）將卷卅七部分（第二十四紙、第二十五紙、第二十六紙、第二十七紙之其中十行）贈與梅庵大村由

---

① ［日］尾崎康《〈群書治要〉とその現存本》，載《斯道文庫論集》，慶應義塾大學附屬研究所斯道文庫，1990 年第 25 輯。

② ［日］尾崎康《〈群書治要〉とその現存本》，載《斯道文庫論集》，慶應義塾大學附屬研究所斯道文庫，1990 年第 25 輯。按：括號內爲雙行小字。

己①。尾崎康云,在《梅庵古筆傳》(《續群書類從》所收)中有廉義公(賴忠)的名字,猜想是梅庵從九條家得到了幾張由廉義公抄寫的《群書治要》②。

　　另一次是九條道房上獻後水尾天皇。日本寬永二年(1625),九條道房(1609—1647)從《群書治要》中選擇了十紙獻給後水尾天皇(生卒 1596—1680,1611—1629 在位),道房親筆記録下了進獻的内容,各紙的顔色、行數等③。九條道房是九條兼孝之孫,江户幕府第三代征夷大將軍德川家光的外甥,九條氏家長,寬永二年(1625)時任權大納言。關於其他"獻上"的卷次及頁紙,是澤恭三對各卷現存枚數及切斷欠佚枚數進行了統計,可見有多卷標注有"獻上"字樣④。

　　除贈與梅庵及獻上後水尾天皇這兩次外,尾崎康還提到卷卅五的九張(第十二至二十紙)在之後也被送出了。這樣一來,《群書治要》的文本就失去了它原本的使命,成爲了"古筆切"一類的美術品⑤。

　　《群書治要》文本的散佚導致出現了殘簡。太田晶二郎在九條

① 潘銘基《日藏平安時代九條家本〈群書治要〉研究》,載《中國文化研究所學報》2018 年第 67 期。

② [日]尾崎康《〈群書治要〉とその現存本》,載《斯道文庫論集》,慶應義塾大學附屬研究所斯道文庫,1990 年第 25 輯。

③ [日]尾崎康《〈群書治要〉とその現存本》,載《斯道文庫論集》,慶應義塾大學附屬研究所斯道文庫,1990 年第 25 輯。

④ 尾崎康轉載了是澤恭三之統計。參見[日]尾崎康《〈群書治要〉とその現存本》,載《斯道文庫論集》,慶應義塾大學附屬研究所斯道文庫,1990 年第 25 輯。又潘銘基《日藏平安時代九條家本〈群書治要〉研究》第 6 頁腳注對卷卅五欠紙的頁數進行了分析。

⑤ [日]尾崎康《〈群書治要〉とその現存本》,載《斯道文庫論集》,慶應義塾大學附屬研究所斯道文庫,1990 年第 25 輯。

家本被公佈之前就對一些《群書治要》殘簡進行了判定,在其《〈群書治要〉の殘簡》一文中分析了平安中後期所寫之《晉書》四十二行殘簡、《孟子·告子》三行斷簡,以及《文子》的斷簡,認爲這些斷簡出自《群書治要》卷三十、卷卅七及卅五 ①。

　　《〈群書治要〉の殘簡》文中有柏林社古屋幸太郎所藏的《晉書》四十二行殘簡的照片,其上有三條西實隆題寫之"此一卷(權跡正本)吏部大王賜之可秘々々。延德二年十一月十六日亞槐拾遺郎(○実隆花押)"。此外,太田氏文章還引用了《實隆公記》延德二年(1490)十一月十六日甲午的記錄"參竹園、權跡正本一卷被下之、秘藏々々"②。三條西實隆(1455—1537)是室町後期公卿,官至正二位內大臣,三條西家是藤原北家系統閑院流的嫡流三條家的分家正親町三條家的分家,屬公家(大臣家),華族(伯爵)。三條西實隆的漢文日記《實隆公記》具有很高的史料價值。據太田晶二郎注釋,三條西實隆記錄中的"竹園""吏部大王"指伏見宮邦高親王 ③。邦高親王(1456—1532)是室町後期皇族,式部(吏部)卿,伏見宮第五代當主,與三條西實隆交流密切。據三條西實隆的記錄,筆者猜測應當是邦高親王將《群書治要》切斷的部分賜予三條西實隆,殘卷由三條西家族保存傳下。據太田晶二郎注釋,奧書中"六枚"指原來有六紙,但是有四紙不知去向。現存的兩紙(高八寸九分,第一紙長一尺六寸二分,第二紙長一尺六寸五厘),每張

① [日]太田晶二郎《〈群書治要〉の殘簡》,載《日本學士院紀要》1951年第1期。
② [日]太田晶二郎《〈群書治要〉の殘簡》,載《日本學士院紀要》1951年第1期。
③ [日]太田晶二郎《〈群書治要〉の殘簡》,載《日本學士院紀要》1951年第1期。

紙二十一行，每行十五字①。日本天理大學附屬天理圖書館現藏有
這兩紙《晉書》殘簡，但是經過剪裁再拼接的。目前，一張前十三
行爲白地有青紫色飛雲的紙，後八行爲黃茶色紙（下稱"第 1 片"）；
另一張則正好相反，前八行爲白地有青紫色飛雲的紙，後十三行爲
黃茶色紙（下稱"第 2 片"）。據尾崎康，"第 2 片"是四十二行斷簡
的中間部分，"第 1 片"則是第一紙的前十三行和第二紙的後八行
被切下後又接合在一起的②。

　　天理圖書館還藏有卷卅七《孟子》三行斷簡。斷簡紙張
26.4×6.7cm，縹緲色，金界三行（界幅分別爲 2.2、2.3、2.1cm）③。先
是萩野由之（1860—1924）收藏。萩野由之云："孟子告子篇斷簡
三行 / 平安末期の人の筆なるべし / 民の字唐太宗の諱を避けて
欠画したるによれば唐人の書を / 写せるなるべし他にも異体の
字めり論写のは往々世に存す / 孟子に至りては古筆殊に希覯と
す。"④ 後竹柏園收藏，佐佐木信綱（1872—1963，號竹柏園）所著
《竹柏園藏書志》中有著録⑤。據尾崎康，斷簡可能是卷卅七第五紙
"獻上"的一部分⑥。

---

① ［日］太田晶二郎《〈群書治要〉の残簡》，載《日本學士院紀要》1951 年第
　　1 期。
② ［日］尾崎康《〈群書治要〉とその現存本》，載《斯道文庫論集》，慶應義塾
　　大學附屬研究所斯道文庫，1990 年第 25 輯。
③ ［日］尾崎康《〈群書治要〉とその現存本》，載《斯道文庫論集》，慶應義塾
　　大學附屬研究所斯道文庫，1990 年第 25 輯。
④ ［日］尾崎康《〈群書治要〉とその現存本》，載《斯道文庫論集》，慶應義塾
　　大學附屬研究所斯道文庫，1990 年第 25 輯。
⑤ ［日］太田晶二郎《〈群書治要〉の残簡》，載《日本學士院紀要》1951 年第
　　1 期。
⑥ ［日］尾崎康《〈群書治要〉とその現存本》，載《斯道文庫論集》，慶應義塾
　　大學附屬研究所斯道文庫，1990 年第 25 輯。

　　九條家本切下的斷簡還有卷卅五《文子》。據尾崎康總結太田晶二郎及是澤恭三的論文，九條家本《文子》斷簡三行，爲黑田家舊藏，現爲酒井氏所藏，存兩行。此外，酒井氏還收藏了卷卅五的二幅斷簡，第三紙中的三行（源兼行朝臣筆經切）和第十五紙中的五行（伊經卿新千載文）①。源兼行爲平安中期貴族，書法家。

　　金光一在其論文中稱，此卷的幾片殘簡一直流傳於世，據名古屋市立鶴舞中央圖書館所藏《群書治要》寫本卷末奧書“以九條御本遂校合加朱書了”，河村秀穎於日本安永五年（1776）藉以此卷進行校勘並施加訓點②。河村秀穎（1718—1783，日本享保三年—天明三年）是江户中期尾張藩學者，侍奉第八代藩主德川宗勝和第九代藩主德川宗睦，歷任小納户、書物奉行等。因此金光一稱江户時的學者也知九條本的存在。然而尾崎康云，由於九條家本之後還有類似抄本，即近世的抄本，因此河村秀穎所言之九條家御本是否就是此本尚有疑問。尾崎康認爲，河村秀穎的校對本很可能是近世抄本，因其校對本中也抄寫了堀杏庵的點校和識語③。

4. 九條家本的價值

　　根據以上綜述及分析，筆者認爲九條家本《群書治要》有三點重要價值。首先，由京都貴族九條家代代保存的《群書治要》十三卷殘帙不僅是當前《群書治要》最古老的寫本（抄寫於平安時期），

① ［日］尾崎康《〈群書治要〉とその現存本》，載《斯道文庫論集》，慶應義塾大學附屬研究所斯道文庫，1990 年第 25 輯。
② ［韓］金光一《〈群書治要〉研究》，復旦大學中國古代文學專業博士論文，2010 年。
③ ［日］尾崎康《〈群書治要〉とその現存本》，載《斯道文庫論集》，慶應義塾大學附屬研究所斯道文庫，1990 年第 25 輯。

而且通過避諱推測此本傳抄的祖本可能爲初唐寫本，早於金澤本的祖本，因此具有很高的文獻價值。其次，由於其精美的用紙和端莊的筆法，卷子被切割並作爲高貴的禮物獻給天皇或贈送友人，成爲“古筆切”藏品。這説明平安本《群書治要》具有很高的文物價值。第三，從殘簡的散佚及奥書的記載可知，《群書治要》不僅在當時，而且在後世有著廣泛的閱讀和傳抄。可見，《群書治要》中有關治國理政的思想在日本古代獲得了廣泛的認可。這説明《群書治要》有著很高的思想價值。

（四）鐮倉幕府與《群書治要》

公元 1192 年（日本後鳥羽天皇建久三年，南宋光宗紹熙三年）源賴朝就任征夷大將軍，創立以鐮倉爲全國政治中心的武家政權——鐮倉幕府①。

幕府非常重視學問，日本仁治二年（1241），第三代執權北條泰時將學問定位爲武家治道的一環②。據佐川保子，從 11 世紀到 13 世紀（平安末期至鐮倉時期），教授天皇的漢籍有《古文尚書》《古文孝經》《後漢書》《貞觀政要》《帝範》《臣規》《白氏文集》等，教授“公卿、將軍等特定貴人”的書籍除上述典籍外，還有《春秋經傳集解》《論語》《群書治要》。若按四部分類這些書籍，則以正統經書最多，其次是與治世相關的子部（《帝範》《臣規》《群書治要》）

---

① 鐮倉幕府創立時間有 1183 年説（源賴朝取得東國行政權）、1185 年説（源賴朝掌握政權），1192 年説（源賴朝出任征夷大將軍）等，此取 1192 年説。
② ［日］福島金治《鐮倉中期の京・鐮倉の漢籍伝授とその媒介者》，載《國立歷史民俗博物館研究報告》2015 年第 198 集。

和史部(《貞觀政要》)①。

1. 北條氏與金澤文庫

鎌倉幕府的文化遺産中對後世産生深遠影響的是由北條氏家族中熱愛儒家文化的北條實時創建的金澤文庫。

北條時政輔佐源賴朝建立幕府,因功任"執權"(掌管幕府内外機要政務)。源賴朝死後,北條時政執掌幕府大權,隨後北條氏世襲職權一職,先後共有十六代執權。日本貞應三年(1224),第三代執權北條泰時(1183—1242)以"武州六浦"之地分讓其弟北條實泰(1208—1263),實泰之子北條實時(1224—1276)便還居至武藏國(鎌倉時代關東八國之一)久良岐郡六浦莊金澤鄉(今神奈川縣横濱市金澤區金澤町),成爲金澤氏,故又稱金澤實時。實時歷任小侍所別當(1234—1263)、引付衆、評定衆(1253—1276)、越後守、引付頭人(1264—1266,1269—1276)、越訴奉行(1264—1267)等幕府要職,輔佐執權掌管幕政。喜讀好學,致力於收集、整理典籍,特別是學習、訓點了《群書治要》《春秋經傳集解》等文獻②。北條實時收集漢籍一方面是出於個人愛好,同時也與擔任負責將軍御所雜務的小侍所別當這一職務密切相關③。

日本正嘉三年(1259),北條實時在六浦莊修建了阿彌陀堂爲

---

① [日]佐川保子撰,楊穎譯《關於九條本〈文選〉識語的研究》,載《域外漢籍研究集刊》2017年第16輯。

② 吳杰主編《日本史辭典》,第289頁;[日]近藤守重《右文故事》卷五《御本日記續録》卷中,《近藤正齋全集》第2册,國書刊行會,1906年,第393頁上。

③ 陳翀《兩宋時期刻本東傳日本考——兼論金澤文庫之創建經緯》,載《西華大學學報(哲學社會科學版)》2010年第3期。

菩提寺,名"稱名寺"①。日本近代學者關靖認爲,1270 年(日本文永七年,大約南宋末期),由於居所遭遇火災,北條實時將收藏典籍搬入稱名寺中,並設立文庫,此即金澤文庫之前身。陳翀認爲文庫的建立時間應早於此,根據這一時期東亞海域局勢,北條實時派船到大陸購買大批宋書及金澤文庫創建的時間應在 1258 至 1266 年間②。而這一時間與修建稱名寺的時間正好重合。陳翀認爲,日本寬元五年(1247)正月大火將北條家宅邸一燒而空,藏書也必難幸免,今存金澤文庫書籍卷末跋語所記時期最早爲《春秋經傳集解》卷五、《群書治要》卷二與卷三之建長五年(1253)便是之前藏書被燒殆盡的證明,進而推測,寬元大火後不久,熱愛儒學的北條實時就開始全力重建家族藏書了③。

　　北條實時創建金澤文庫後,其子北條顯時(1248—1301)及其孫北條貞顯(1278—1333)繼承父祖之志,繼續擴充文庫藏書,並在此開設講堂,稱"金澤學校",成爲鐮倉時代關東地區的文教中心。北條貞顯亦稱金澤貞顯,官位爲越後守、武藏守、修理權大夫,從四位上。日本永仁二年(1294)出仕,乾元元年(1302)任六波羅探題(南方),延慶二年(1309)任評定衆、引付頭,延慶三年(1310)至正和三年(1314)任六波羅探題(南方),正和四年(1315)任連署,正中三年(1326)任幕府第十五代執權,10 天後辭職出家,法名崇顯,1333 年鐮倉幕府滅亡之際在東勝寺自盡。

---

① [日]户崎哲彦《日本舊校鈔〈增廣注釋音辯唐柳先生集〉四十五卷本及南宋刻〈音注唐柳先生集〉略考》,載《文史》2014 年第 1 輯。
② 陳翀《兩宋時期刻本東傳日本考——兼論金澤文庫之創建經緯》,載《西華大學學報(哲學社會科學版)》2010 年第 3 期。
③ 陳翀《兩宋時期刻本東傳日本考——兼論金澤文庫之創建經緯》,載《西華大學學報(哲學社會科學版)》2010 年第 3 期。

在文化方面,北條貞顯大量收集和漢書籍,抄寫校合漢籍,在其努力充實之下,金澤文庫達到了藏有日本全國書籍的程度("日本國中ノ書籍ヲ收ム")。

　　一般認爲,金澤文庫是北條氏一族及稱名寺僧人的私人文庫,但是陳翀通過分析指出,金澤文庫當是幕府公家藏書機構,北條實時是奉將軍之命創建文庫。幕府追崇宋風,大批引進宋書、大力推行宋學,同時招募大批舊平安大學寮博士後裔及京都學問僧入幕,目的是希望以此建立起幕府政權在文化上的權威,與京都的皇家貴族分庭抗禮 ①。

　　日本元弘三年(1333,元朝中後期)鎌倉幕府滅亡,文庫亦衰,藏書歸稱名寺管理。15 世紀初,由室町時代的武將關東管領上衫憲實經營。因此,金澤文庫經歷了北條氏、稱名寺主持、上杉憲實三個經營時期 ②。日本戰國年代(1467—1573),群雄割據,社會動亂,金澤文庫典籍多有遺散。德川家康(1542—1616)統一日本建立江户幕府(1603—1868),所散典籍後多爲家康所收藏,包括《群書治要》《春秋經傳集解》等。近代,金澤文庫於 1930 年再興,1990 年後作爲歷史博物館和神奈川縣立圖書館對公衆開放。金澤文庫漢籍大多流失日本各地,最多的是歸於宮內廳成爲"御物",此外,日本各處被確定爲"日本國寶"和"日本重要文化財"的漢籍中有一些也是金澤文庫舊藏 ③。

---

① 陳翀《兩宋時期刻本東傳日本考——兼論金澤文庫之創建經緯》,載《西華大學學報(哲學社會科學版)》2010 年第 3 期。
② 嚴紹璗《日本藏漢籍珍本追蹤紀實——嚴紹璗海外訪書志》,上海古籍出版社,2005 年,第 233—234 頁。"金澤文庫本"的概念所包含的諸種收藏詳見第 234 頁。
③ 嚴紹璗《日本藏漢籍珍本追蹤紀實——嚴紹璗海外訪書志》,第 232 頁。

金澤文庫由其存在的時代決定了其收録的漢籍主要是宋元及明初刊本以及同時代的寫本，以及這一時期的和刊本、和寫本。其中漢籍分佛典、儒典兩大類，以金、墨分之，鈐有"金澤文庫"印記①。金澤文庫藏書中從北條實時到北條貞顯時期的手寫本是最爲古老的組成部分，金澤本《群書治要》亦是此時産生的珍貴典籍②。金澤文庫是日本中世紀武家文化之代表文庫，收有日漢典籍兩萬卷以上，素有"和漢文物之淵藪"之稱③。

2. 清原氏和藤原氏

北條實時的老師是鐮倉時代首屈一指的碩儒清原教隆（1199—1265）。清原氏以天武天皇皇子舍人親王（676—735）爲始祖，清原廣澄（934—1009）是一条天皇的御代，善經學，日本長保四年（1002）成爲清原家第一代明經博士。後歷代家長世襲明經博士一職，即使明經道地位下降，仍堅守家學。第六代明經博士清原賴業（1122—1189）是清原氏的中興之祖，此時明經道的社會地位纔有所改觀。

清原賴業是清原教隆的祖父，日本康治元年（1142）任少外記，久安六年（1150）升直講，保元元年（1156）升助教，仁安元年（1166）升任大外記，安元元年（1175）成爲明經博士，治承三年（1179）成爲高倉天皇侍讀。齋藤慎一郎認爲，在清原賴業的

---

① 嚴紹璗《日本藏漢籍珍本追蹤紀實——嚴紹璗海外訪書志》，第 233—234 頁。
② ［韓］金光一《〈群書治要〉研究》，復旦大學中國古代文學專業博士論文，2010 年。
③ ［日］衣川賢次《日本金澤文庫藏抄本〈香嚴頌〉七十六首覆校》，載《中華文史論叢》2006 年第 4 期。

政治生涯中,兩個關鍵人物是左大臣藤原賴長(1120—1156,藤原忠通之弟)及其侄子藤原兼實(1149—1207,即九條兼實)。藤原賴長出身"攝關家",喜歡學問,尤好《春秋》,是一位重視經學的政治家,而清原賴業則是藤原賴長的側近,清原賴業的學識及能力被藤原賴長所賞識,久安六年(1150)升任直講(最低級別的明經道教官)就是藤原賴長的舉薦。清原賴業晚年受藤原兼實敬重,在平安末期動亂期的朝廷中給予政治諮詢,清原氏的社會地位有了大幅度提高。由於清原賴業是清原氏的中興之祖,在清原氏傳下的漢籍古抄本中,如有清原賴業相關的"奧書"便可提高該抄本的價值①。金澤本《群書治要》子部卷四十六就是清原賴業的訓點。

　　清原賴業第四子清原良業(1164—1210)繼承家業,留在京都爲明經博士,而賴業第三子清原仲隆(1155—1225)則前往關東,仲隆第三子清原教隆(即賴業之孫)爲幕府效力②。清原仲隆及清原教隆在鎌倉時,根據清原家的家傳對《尚書》《毛詩》《春秋左氏經傳集解》《古文孝經》《論語》進行了加點,並傳授給北條實時③。可以説,漢籍文化從京都傳至幕府,一方面是由於幕府對漢籍以及漢籍文化的主動吸納,另一方面是京都博士家向幕府的主動傳

① [日]齋藤慎一郎撰,喬秀岩、葉純芳譯《師顧堂影印金澤文庫本〈春秋經傳集解〉解題》,載《版本目録學研究》2021年第12輯。
② [日]齋藤慎一郎撰,喬秀岩、葉純芳譯《師顧堂影印金澤文庫本〈春秋經傳集解〉解題》,載《版本目録學研究》2021年第12輯;小林芳規《金澤文庫本〈群書治要〉の訓點》,金澤本《群書治要》影印版,第7册,第483頁。
③ [日]尾崎康《〈群書治要〉とその現存本》,載《斯道文庫論集》,慶應義塾大學附屬研究所斯道文庫,1990年第25輯。

授①。據佐藤和夫認爲，當時京都博士家的學者前往幕府任職的不在少數②。

根據文獻記載③，清原教隆生於日本正治元年（1199），歷任權少外記、相模介外記宿宦、音博士（明經道教官，教授念誦經書）。仁治元年（1240）敘正五位下，二年（1241）三月任參河守，九月前往鎌倉。建長二年（1250）成爲幕府第五代將軍藤原賴嗣的侍講，後又兼任第六代將軍宗尊親王的侍講。建長四年（1252）成爲引付衆，與北條實時同一官階。翌年，教隆與實時一起晉升評定衆，二人交情愈加篤厚。正元元年（1259）九月，教隆任直講，弘長元年（1261）四月將直講讓位給兄長清原仲宣之子清原隆重，弘長二年（1262）辭去引付衆一職。文永二年（1265）三月任大外記，七月十八日在京都去世。

日本中世紀師徒之間傳授學問分三步，齋藤慎一郎對此有詳細介紹④:（1）"抄寫"：弟子借用老師或周圍其他人的書本對照抄寫一遍，以便日後接受傳授時師徒各持一本。（2）"準備"：對書本進行"加點"和"校合"，即添加提示原文的日語翻譯符號（"訓

---

①［日］福島金治《鎌倉中期の京・鎌倉の漢籍伝授とその媒介者》，載《國立歷史民俗博物館研究報告》2015 年第 198 集。

②［日］佐藤和夫《鎌倉武家社會における學問意識》，載《日本思想史學》1970 年第 2 號。

③［日］近藤守重《右文故事》卷五《御本日記續録》卷中，《近藤正齋全集》第 2 册，第 416 頁下；于永梅《〈本朝文萃〉傳本及其研究現狀》，載《東北亞外語研究》2019 年第 1 期；［日］宮内省圖書寮《〈群書治要〉解説》，《群書治要》，宮内省圖書寮，1941 年，解説凡例册，第 5 頁。

④［日］齋藤慎一郎撰，喬秀岩、葉純芳譯《師顧堂影印金澤文庫本〈春秋經傳集解〉解題》。

點”①），以及將抄好的書本與老師的書本進行校對。此時還會將抄寫底本以及校合所用書本的“奧書”②移録在自己抄好書本的末尾，因爲是底本的奧書，故稱“本奧書”。（3）“傳授”：準備工作完成後，老師通過一對一地對讀，即讀誦並確認“訓讀”，進行傳授。此時老師手持家傳的書本（即“證本”）進行講解，敍説家傳觀點。傳授完成後，老師在弟子所持書本末尾添加題“傳授奧書”，證明傳授完畢。

　　清原家歷代擔任明經博士。清原教隆也以明經見長，尤善《左傳》，並曾親自爲《春秋經傳集解》及《群書治要》經部諸卷添加訓點。作爲北條實時的老師，教隆在日本寬元五年（1247）和建長七

---

① 古代日本人爲便於用當時的日語理解（訓讀）漢籍，在漢字周圍添加信息，總稱“訓點”，包括“訓”和“點”。“訓”是對應每一個漢字的日語詞讀音，即漢字周圍或書眉用墨筆寫的片假名，據此“訓”理解漢字的意義及與上下字詞的語法關係。“點”是漢字周圍用朱筆添加的符號，代表日語的助詞、助動詞以及句讀，不同的位置和形狀代表不同的意義，有“星點”（只一個點，標注漢字位置的不同而有不同的意義，猶如天球上的星星，又稱“乎古止點”）、“綫點”“鈎點”等（並非一個點），理解“點”必須事先瞭解規則，規則具有隱秘性，這涉及家傳的專業性和世襲性，也與“傳授”的方法相關。參見［日］齋藤慎一郎《師顧堂影印金澤文庫本〈春秋經傳集解〉解題》，載《版本目録學研究》2021年第12輯。

② “古代將祭祀設神主或尊長居坐之處室内西南隅稱作‘奧’，也泛指室内深處。日本書誌學中把文書等書寫物左邊末尾稱爲‘奧’。這或許正是來自古漢語的本意。於是，一般把寫在這個部位的文字稱爲‘奧書’，也叫‘識語’。寫本的末尾中常常將書寫的年月、書寫者的身份姓名以及書寫的來由等寫在這個部位。所以，考察奧書就成爲寫本研究的重要内容，因爲這裏包含了很多關於書籍傳承淵源的信息，自然也包括了有關書寫者對書籍的態度與評價。”參見王曉平《近藤重藏和他的〈正齋書籍考〉》，載《域外漢學與漢籍》2015年第6期。又據［日］齋藤慎一郎《師顧堂影印金澤文庫本〈春秋經傳集解〉解題》，日本古抄本通常會移録底本所有題識，又會增加新的題識，因而“奧書”具有彙録性質。

年（1255）分别將《古文孝經》和《群書治要》傳授給實時，金澤本
《群書治要》奧書可見傳授的記載。此外，金澤本《群書治要》史部
也有一卷是清原隆重的補抄本，内有其訓點。清原教隆對鎌倉幕
府的文化興隆做出了很大貢獻。

　　另一對《群書治要》做出貢獻的是藤原氏家族。藤原氏南家、
北家日野流、式家均屬文章博士家，在朝廷内講解、點校文史漢籍。
金澤本《群書治要》史部和子部的多數卷子都是藤原氏家族的訓點。

　　史部訓點者是藤原氏南家系統的藤原茂範，以及藤原氏北家
系統内麿流日野家的藤原俊國。

　　藤原茂範（1236—？）官至右京權大夫、文章博士、式部大輔
從二位，爲文章博士、大學頭藤原孝範之孫，文章博士藤原經範
之子①。藤原茂範在宗尊親王成爲將軍的第二年（日本建長五年，
1253）成爲將軍的侍讀。宗尊親王也尤爲强調接受漢籍②。

　　藤原俊國（1212—1271）在日本寬喜二年（1230）正月補爲秀
才，歷任藏人、右少弁，官至右京兆正四位下③。藤原俊國祖父是文
章博士藤原親經，其子是藤原經雄（1249—1323）。

　　除訓點外，北條貞顯曾根據藤原經雄及藤原光經的藏本補抄
金澤本《群書治要》史部。藤原經雄日本嘉元三年（1305）敘從三
位。藤原光經（1276—？）又名九條光經，出於藤原氏北家高藤流

①　[日]小林芳規《金澤文庫本〈群書治要〉の訓點》，金澤本《群書治要》影
　　印版，第7册，第494頁。按：藤原茂範與清原教隆亦具有親屬關係。參見
　　[日]佐川保子《關於九條本〈文選〉識語的研究》。
②　[日]福島金治《鎌倉中期の京・鎌倉の漢籍伝授とその媒介者》，載《國立
　　歷史民俗博物館研究報告》2015年第198集。
③　[日]芝崎有里子《〈光源氏物語抄〉"俊国朝臣"について——鎌倉期にお
　　ける紀伝道出身者の源氏學をあぐつて》，載《中古文學》2015年第95號。

（即勸修寺流），日本正應元年（1288）續爵，正和四年（1315）任參議，建武二年（1335）任權大納言，正二位。

子部的訓點是由清原教隆根據蓮華王院寶藏御本移寫的，而蓮華王院寶藏御本訓點除卷冊六由清原賴業訓點外，其他是由藤原氏式家的宇合流的敦周、敦綱和敦經添加的。

藤原敦綱生卒年不詳，官至式部少輔正四位下。是文章博士、大内記正五位下藤原令明（1074—1143）之子，平安末期漢詩人藤原敦基（1046—1106）之孫。據小林芳規，藤原敦綱在左大臣藤原賴長講《老子》時侍奉左右，日本天養二年（1145）二月二十四日庚申，清原賴業講《老子》時，敦綱成功起到了提問者的角色①。

藤原敦周（？—1183）與藤原敦經（敦周之弟）同爲文章博士、式部少輔從四位上藤原茂明（1093—？，令明之弟）之子，藤原敦基之孫。藤原敦周爲文章博士，官至彈正大弼正四位下；藤原敦經爲文章博士，官至式部少輔從四位下（或式部大輔從四位上）。安德天皇（高倉天皇之子）的年號"養和"（1181—1182）即由藤原敦周提出，典出《後漢書》"幸得保性命、存神養和"②。

綜上可知，《群書治要》等漢籍得以從京都傳入幕府並流傳至今，成爲近世衆多《群書治要》版本的母本，北條實時及其創建的金澤文庫，以及清原氏及藤原氏家族博士及學者，特別是清源教隆等，功不可没。

3. 金澤本《群書治要》

金澤文庫本《群書治要》（下稱"金澤本《群書治要》"）多數卷

① ［日］小林芳規《金澤文庫本〈群書治要〉の訓點》，金澤本《群書治要》影印版，第 7 册，第 497 頁。
② ［日］小倉慈司《日本の年号》，第 166 頁。

子（卷十二、廿三、廿五、廿六、卅一無）附有日本建長五年（1253）至延慶元年（1308）由清原教隆、北條實時或北條貞顯題寫的"奧書"（又稱"識語"，即跋文）。此外，一些卷還録有傳抄校對底本的"奧書"（如"本奧云""點本奧云""御本奧云"等）。小林芳規《金澤文庫本〈群書治要〉の訓點》及金光一《〈群書治要〉研究》對奧書内容有簡要討論①。

　　爲進一步探究金澤本《群書治要》抄寫、訓點、校勘、閲讀，以及此書於12世紀末至14世紀在日本的流傳情況，筆者對各卷奧書②進行了深入分析。首先按經、史、子部將各卷奧書内容分類列於表2.2—2.4。

　　表2.2列出了經部十卷（卷四闕）奧書的基本信息。經部奧書没有移録底本或校本奧書的情況。

　　表2.3列出了史部諸卷奧書基本内容。史部二十卷中，卷十三、二十不存，十二、廿三、廿五、廿六無奧書，十一、廿六、廿八無訓點。

　　表2.4列出了子部諸卷奧書基本内容。子部的二十卷中，卷卅一無奧書，其餘十九卷中，有七卷移録了底本奧書。

　　由於金澤本史部曾經焚毁並重抄，史部與經、子二部情況不同，史部各卷情況也互不相同，因此在論述抄寫點校等情況時，經、史、子部將分别討論。

---

① ［日］小林芳規《金澤文庫本〈群書治要〉の訓點》，金澤本《群書治要》影印版，第7册，第480—484頁；［韓］金光一《〈群書治要〉研究》，復旦大學中國古代文學專業博士論文，2010年。

② 各卷奧書參見金澤本《群書治要》影印版第7册，第513—522頁。按：奧書中的右補小書以尖括且小字號標示。奧書原無標點，在參考金光一博士論文基礎上，筆者添加標點。在閲讀奧書時，筆者得到英國威爾士三一聖大衛大學副教授劉錫城博士的幫助，在此特别致謝。

表2.2　經部各卷奧書信息

卷	典籍	訓點或校對時間	點校者	下令人	奧書內容	題簽人/存否	讀符
1	序、周易	建長七年（1255）八月十四日	清原教隆	洒掃少尹	建長七年八月十四日，蒙洒掃少尹尊教命，加愚點了。此書非潔齋之時，有披閱之恐。仍先睡點未卷，暫致遲息，是向本書事有其煩之故耳。	前參河守清原參（原〔花押・教隆〕）	一
		建長七年（1255）九月三日			同年九月三日，即奉授洒掃少尹尊閣了。抑《周易》者，當世煩，其説欲絕。愛教隆粗續卦爻之大體，不隨訓説之相傳，雖爲芻蕘鳥之質，爭無稱雄之思哉?	同上	六次
2	尚書	建長五年（1253）七月十九日	同上	同上	建長五年七月十九日，依洒掃少尹尊閣教命，校本書，加愚點了。	同上	一
3	毛詩	建長五年（1253）十月五日	同上	同上	建長五年十月五日，點之了。蓋依洒掃員外少尹之嚴命也。	同上	五次
4	春秋左氏傳上	—	—	—		本卷缺失	一
5	春秋左氏傳中	建長六年（1254）十一月六日	同上	同上	建長六年十一月六日，蒙洒掃少尹尊閣教命，加愚點了。	同上	四次
6	春秋左氏傳下	建長七年（1255）大簇（一月）十三日	同上	同上	建長第七年大簇十三日，蒙洒掃少尹尊閣嚴命，加點了。	同上	四次
7	禮記	康元二年（1257）三月九日	同上	越州使君	康元二年三月九日，加點了。蓋依越州使君尊閣教命也。	同上	兩次

續表

卷	典籍	訓點或校對時間	點校者	下令人	奧書內容	題寫人/存否	讀符
8	周禮、周書、國語、韓詩外傳	—	同上	同上	依越州使君尊閣嚴命，加訓點畢。	同上	—
9	孝經、論語	正嘉元年（1257）四月十二日	同上	—	正嘉元年四月十二日，加點畢。	同上	兩次
10	孔子家語	建長七年（1255）十二月十三日	同上	洒掃少尹	建長七年十二月十三日，依洒掃少尹尊閣教命，詰老眼，加點畢。	同上	兩次

表2.3　史部各卷奧書信息

卷	典籍	版本情況	訓點者	抄寫或點校時間	奧書內容	移錄奧書信息選列	題寫人/存否
11	史記上	康有本的抄寫本	本卷無點	建治二年（1276）五月廿一日	建治二年五月廿一日，〈以康有之本〉令書寫也。當卷紛失之故也，抑康有本者，以子之本先年所書寫也。	本奧云：文永五年（1268）六月廿四日，校合了。本云：弘長三年（1263）十二月卅日，藤京兆披點送了。蓋是去年春之比，依誂置之也。	（實時花押）
12	史記下、吳越春秋	?	*	?	—	—	本卷無奧書
13	漢書	—	—	—	—	—	本卷缺失

續表

卷	典籍	版本情況	訓點者	抄寫或點校時間	奧書內容	移錄奧書信息選列	題寫人/存否
14	漢書二	貞顯補抄本	?	德治二年(1307)正月廿七日	德治二年正月廿七日，以左衛門權佐光經本，書寫點校訖。	一	從五位上行越後守平朝臣貞顯
				同二月八日	同二月八日，重校合畢。	一	正五位下行越後守平朝臣貞顯
15	漢書三	康有本的抄寫本	藤原茂範	建治二年(1276)八月廿五日	此書一部，先本於京都書寫了，而當卷逃右京兆加點了。爰去文永七年(1270)十二月，當卷已下，少々燒失了，然間以康有之本，重書寫點校了。康有本者，以予之燒失之本所書寫也。於時建治二年八月廿五日。	本奧云："本云：正元々年(1259)極月(十二月)廿八日，右〈京〉兆點申也。"蓋是去比依謎申也。	越州刺史（實時花押）
16	漢書四	同上	同上	文永十一年(1274)四月十日	當卷先年所持之本者，右京兆所加點也，而燒失了。仍以件本，勾勘以康有之本寫了，所補其闕者也。於時文永十一年四月十日。	一	越州刺史（實時花押）

續表

卷	典籍	版本情況	訓點者	抄寫或點校時間	奧書內容	移錄奧書信息選列	題寫人/存否
17	漢書五	同上	同上	建治元年（1275）六月二日	建治元年六月二日，以勾本書寫點校終功。抑此書一部寫大番在洛之日，子依今誂所書寫下也。而於當卷卷者，假藤三品茂範之手令加點畢。爰去文永七年（1270）極月，回祿成舋，化灰爐筆。炙上以前，以子本，勾勘令書寫之間，還又任件本，重令書寫者也。	—	越州刺史平（實時花押）
18	漢書六	同上	同上	文永十一年（1274）初夏（四月）上旬之日	當卷先年所持之本者，右京兆茂範所加點也，而件本回錄成舋。妾以當本，勾勘了，然間以康有之本，所補闕間者也。於時文永十一之曆初夏上旬之日。	—	越州刺史（實時花押）

續表

卷	典籍	版本情況	訓點者	抄寫或點校時間	輿書內容	移錄輿書信息選列	題寫人/存否
19	漢書七	同上	同上	文永十二年(1275)四月四日	當卷炎上之間，以勾勘之本書寫點校了。抑勾勘本者，炎上以前，以愚本所書寫也。於時文永十二年四月四日。	勾勘本輿云："本云：文永三年(1266)七月二日，藤原翰林被點送了。蓋是先年依謹置也。"	越後守平之
20	漢書八	—	—	—	—	—	本卷缺失
21	後漢書一	基政初抄本	藤原俊國	文永二年(1265)四月之比	當卷點事，去文永二年四月之比，誅左京兆俊國朝臣畢，而同四年三月廿五日所下遣也，且申出仙洞御書移點畢。但件本有不安事者，引勘本書直改云々。	—	越州刺史平(實時花押)
22	後漢書二	同上	同上	同上	當卷點事，子細同於第廿一卷。	—	越州刺史平(實時花押)
23	後漢書三	？	*	—	—	—	本卷無輿書
24	後漢書四	基政初抄本	藤原俊國	同上	當卷點事，子細同於第廿一卷。	—	越州刺史平(實時花押)
25	魏志上	？	*	—	—	—	本卷無輿書

續表

卷	典籍	版本情況	訓點者	抄寫或點校時間	奧書內容	移錄奧書信息選列	題寫人/存否
26	魏志下	？	本卷無點	—	—	—	本卷無奧書
27	蜀志、吳志上	**	**	—	點校了。〈以隆重手迹假表紙書之，訖所注付也。〉以仙洞御本點之。而無奧書。但先年點進卷々，或有之，或無之歟。	—	直講清原隆重
28	吳志下	貞顯補抄本	無點	延慶元年(1308)十二月十七日 同十八日	延慶元年十二月十七日，校合訖。 同十八日，重校合訖。	—	貞顯
29	晉書上	同上	藤原俊國	嘉元四年(1306)二月十八日 同廿一日	嘉元四年二月十八日，以右大辨三位經雄卿本，書寫點校畢。此書祖父越州之時，被充終一部之功之處，後年少々紛失之，仍書加之而已。 嘉元四年二月廿一日，重校合畢。	本奧云：以天書々々點訖。藤判〈俊國朝臣也〉。 合本紀傳，少々直付之，相違是多，不似餘書。判〈同上〉。 所存點直畢。文永八年(1271)四月十五日。 讀畢。藤經雄。	從五位上行越後守平朝臣貞顯 越後守(貞顯花押)

續表

卷	典籍	版本情況	訓點者	抄寫或點校時間	奧書內容	移錄奧書信息選列	題寫人/存否
30	晉書下	同上	同上	嘉元四年（1306）四月七日	嘉元四年四月七日，以右大辯三位經雄卿本，書寫點校畢。	本奧云：以御書々點訖。各々《晉書》之文，相違所々，直付之。判〈同上〉。加委點畢。判〈同上〉。受畢。藤經雄。／藤判〈後國朝臣也〉。	從五位上行越後守平朝臣貞顯
				同十七日	嘉元四年四月十七日，重校合畢。	一	越後守（貞顯花押）

*卷第十二、廿三、廿五無奧書。依小林芳規《金澤文庫本〈群書治要〉の訓點》（金澤本《群書治要》影印版，第7冊，第482頁），卷十二訓點者爲藤原茂範，卷廿三及廿五爲藤原俊國。

**小林芳規《金澤文庫本〈群書治要〉の訓點》（金澤本《群書治要》影印版，第7冊，第482頁）認爲卷廿七是由藤原俊國訓點。筆者認爲卷廿七是由清原隆重補寫本，由藤原俊國訓點。

表2.4　子部各卷奧書信息①

卷	典籍	移點時間	底本	訓點者①	內容	移錄奧書內容	題寫人	讀符
31	六韜、陰謀、鬻子	一	一	（藤原敦周）	一	一	本卷無奧書	一
32	管子	一	蓮華王院本	（藤原敦周）	以蓮華王院寶藏御本一校，並寫點了。	一	直講菁原（教隆花押）	一
33	晏子、司馬法、孫子	一	同上	（藤原敦周）	申出蓮華王院寶藏御本，加校點了。	一	同上	一
34	老子、鶡冠子、列子、墨子	文應（1260）之冬	同上	（藤原敦周）	文應之冬，參洛之次，申出蓮華王院御本，校點了。	一	同上	一
35	文子、曾子	文應之曆（1260）仲冬（十一月）之律	同上	（藤原敦周）	文應之曆仲冬之律，進上辛酉（1261）歲運動文，參華之次，申出蓮華王院寶藏御本，校合寫點了。蓋是依越州使君閣教命也。	一	同上	一

① 此欄根據小林芳規《金澤文庫本〈群書治要〉の訓點》（《群書治要》影印版，第7冊，第482—483頁）錄入。

續表

卷	典籍	移點時間	底本	訓點者	內容	移錄奧書內容	題寫人	讀符
36	吳子、商君子、尸子、申子	文應元年(1260)孟冬(十月)之候	同上	藤原教周	文應元年孟冬之候,爲進上革命勘之次,申出蓮華王院寶藏御本,校之點之了。	點本奧云:長寬二年(1164)五月十五日,正五位下行大內記藤原朝臣教周點進。	同上	一次
37	孟子、慎子、尹文子、莊子、鶡冠子	—	同上	藤原教周	爲進上辛酉勘文,參花之次,申出蓮華王院寶藏御本,加校點了。依徒州尊閣教命而已。	御本奧書云:長寬二年五月十五日,正五位下行大內記藤原朝臣敦周點進。	同上	—
38	孫卿子	—	同上	(藤原敦周同)	申出蓮華王院寶藏御本,加校寫點了。	—	同上	—
39	呂氏春秋	正元元年(1259)仲冬(十一月)之候	同上	藤原敦綱	正元元年仲冬之候,爲進覽革命勘文,參華之次,申出蓮華王院寶藏御本,校合之,又寫點了。	蓮華王院寶藏御本奧書云:長寬二年(1164)清凉八月,伏奉綸命謹以點進。恐多魚魯之疑,獨招同鼠之哂矣。河內守從五位上臣藤原朝臣敦綱。	同上	—
40	韓非子、三略、新語、賈子	—	同上	藤原敦綱	爲進辛酉(1261)勘文,參洛之次,申出蓮華王院寶藏御本,校合寫點了。	御本奧書云:課短材,點進之。於時長寬二年之秋也。河內守從五位上臣藤原朝臣敦綱。	同上	—

續表

卷	典籍	移點時間	底本	訓點者	內容	移錄奧書內容	題寫人	讀符
41	淮南子	—	同上	（藤原敦綱）	以蓮華王院寶藏御本，點校了。	—	同上	一次
42	鹽鐵論、新序	—	同上	（藤原敦綱）	依越州使君尊閣教命，申出蓮華王院御本，校點了。	—	同上	一次
43	說苑	—	同上	藤原敦經	以蓮華〈王〉院寶藏御〈本〉，校點了。	本與書云：點校了。長寬二年五月十五日。散位五位下藤原朝臣敦經點進。	同上	一次
44	栢子新論、潛夫論	—	同上	藤原敦經	以蓮華王院寶藏本，一校了。	本與書云：長寬二年五月十五日，散位五位下藤原朝臣敦經點進。	同上	—
45	崔寔政論、昌言	—	同上	（藤原敦經）	申出蓮華王院寶藏御本，加校點了。	—	同上	一次
46	申鑒、中論、典論	—	同上	清原賴業	誂參州以蓮華王院本，點校了。	本與書云：長寬二年六月三日，點進之。元來無點本之上，文字多闕經，頗離刊正，猶有不通，粗呈其所。仍加押紙，助教清原真人賴業。	越後守平（實時花押）	一次

續表

卷	典籍	移點時間	底本	訓點者	內容	移錄奧書內容	題寫人	讀符
47	劉廙政論、蔣子、政要論	—	同上	（加點者未詳，賴業カ）	申出蓮華王院寶藏御本，校點了。	—	直講清原（教隆花押）	—
48	體論、時務論、典語	—	同上	（加點者未詳，賴業カ）	申出蓮華王院寶藏御本，加校點了。	—	同上	一次
49	傅子	—	同上	（加點者未詳，賴業カ）	申出蓮華王院寶藏御本，交點了。	—	直講清原教隆	一次
50	袁子正書、抱朴子	文應（1260）應鐘（十月）上旬之候	同上	（加點者未詳，賴業カ）	文應改元之曆，應鐘上旬之候，清家末篇白地上洛。蓋是及六句之後，加五籍之末。雖無面目，不得默止，為進上革命勘文，愍所催宜。以此便宜，此書申出蓮華王院寶藏御本，校點之功者也。此御本之外，諸儒家更無此書點本云々，尤可秘者歟！	—	直講清原（教隆花押）	一次

（1）《群書治要》在 13 世紀日本的藏本

從奧書可知日本鎌倉時期有多部《群書治要》抄本，分別藏在皇室文庫及博士家。金澤本《群書治要》奧書中涉及的皇室文庫藏本如仙洞御本（卷廿一、廿七）、蓮華王院寶藏御本（子部諸卷），京都貴族藏本如藤原光經本（卷十四）、藤原經雄本（卷廿九、三十）。另外還有“天書”（卷廿九）、“御書”（卷三十）兩種，亦應指仙洞御本。

從奧書記載可推知《群書治要》在當時應是全帙。卷十五“此書一部，先年於京都書寫了”、卷十七“抑此書一部事，先年後藤壹州爲大番在洛之日，予依令誂所書寫下也”、卷廿九“此書祖父（北條實時）越州之時，被終一部之功之處”，其中的“此書一部”“此書一部事”“被終一部之功”，金光一分析認爲，“一部”並非指全書的一部分，而應該是指《群書治要》全帙五十卷①。筆者認爲此觀點可從。由於當時京都皇室及博士家藏有衆多抄本，而且根據其他奧書内容知金澤本《群書治要》也曾抄有副本，且如果發生了遺失或燒毁的情況，便會根據副本重抄補齊，故推測當時金澤本《群書治要》爲全帙是合理的。今日所缺的三卷應爲鎌倉幕府結束後至德川家康獲得金澤本之前的這段時期遺失的。

（2）金澤本《群書治要》的抄寫

根據奧書記載，金澤本《群書治要》可分爲“基政初抄本”“康有本的抄寫本”“貞顯補抄本”及“隆重補抄本”四種。

經部及子部諸卷均屬“基政初抄本”。

史部由於發生遺失或焚毁，傳抄情況複雜，有初抄的卷子，有

---

① ［韓］金光一《〈群書治要〉研究》，復旦大學中國古代文學專業博士論文，2010 年。

補抄的卷子,下面分卷解析。

第一,"基政初抄本"

卷十七奧書云:"抑此書一部事,先年後藤壹州爲大番在洛之日,予依令誂所書寫下也。"其中"予"即是奧書的題寫者北條實時本人。"後藤壹州"據尾崎康的考證是後藤基政①。又據福島金治,後藤基政(1214—1267)日本曆仁元年(1238)至建長三年(1251)任檢非違使,建長三年(1251)任壹岐守,正嘉元年(1257)四月任引付衆,弘長三年(1263)爲六波羅評定衆。而實時與基政關係密切,很可能是因爲知道其在京都有人脉,故將抄書之事委託基政②。福島金治分析道:

　　　　清原教隆は建長五(一二五三)年から『群書治要』を実時に伝授しており、基政が「大番」で上洛した時期は建長五年から正元元(一二五九)年の間となろう。さらに、基政が壱岐守だったのは建長三年八月一五日から同六年正月二二日の間で(『吾妻鏡』)、正嘉元年四月には引付衆となっているから、建長五年前後の可能性が高い。その契機となった「大番」は、後藤氏が安貞二(一二二八)年から建治前後まで越前国守護であることをみると、守護として御家人を率いて京都大番役を勤めた可能性がある。基政の京都大番役勤務での上洛に際して、実時は『群書治要』の書写を依頼した

――――――――――

① [日]尾崎康《〈群書治要〉とその現存本》,載《斯道文庫論集》,慶應義塾大學附屬研究所斯道文庫,1990 年第 25 輯。

② [日]福島金治《鎌倉中期の京・鎌倉の漢籍伝授とその媒介者》,載《國立歷史民俗博物館研究報告》2015 年第 198 集。

可能性があろう。①
　　　　——《鎌倉中期の京・鎌倉の漢籍傳授とその媒介者》

據此並結合卷十七奥書分析,後藤基政很可能是於建長五年(1253)
在京都任大番役時受北條實時委託抄寫的《群書治要》全帙。金澤
本《群書治要》除經部和子部外,史部確定屬於"基政初抄本"的有
卷廿一、廿二、廿四。卷廿三字跡雖與卷廿二、廿四相仿,但由於無
奥書,只能認爲其很可能是"基政初抄本"。

　　第二,"康有本的抄寫本"

　　除委託後藤基政抄寫《群書治要》全帙之外,北條實時還委託
三善康有(1228—1290,又稱太田康有)抄寫了副本。據福島金
治,北條實時與後藤基政和三善康有在職務上有上下級的關係,故
實時委託二人抄寫《群書治要》②。

　　三善康有之祖三善康信(1140—1221,又名善信)是鎌倉幕
府初代問注所執事,其家中的"名越文庫"承擔了幕府圖書館(將
軍家御文庫)的職能,但由於日本承元二年(1208)及承久三年
(1221)善信宅兩次失火,將名越文庫兩次燒失,康信含恨去世,三
善家也失去了幕府的信任,名越文庫退出歷史舞台。文庫的燒失
也成爲重建幕府文庫(即後來的金澤文庫)的一個原因③。弘長二
年(1262)起三善康有任幕府問注所執事及評議衆,同年又兼任勘

---

① [日]福島金治《鎌倉中期の京・鎌倉の漢籍伝授とその媒介者》,載《國立
　歷史民俗博物館研究報告》2015年第198集。
② [日]福島金治《鎌倉中期の京・鎌倉の漢籍伝授とその媒介者》,載《國立
　歷史民俗博物館研究報告》2015年第198集。
③ 陳翀《兩宋時期刻本東傳日本考——兼論金澤文庫之創建經緯》,載《西華
　大學學報(哲學社會科學版)》2010年第3期。

解由判官,在鐮倉中後期擔任幕府要職。奧書中"勾勘"即"勘解由",指三善康有。三善康有的抄寫使得《群書治要》在鐮倉保存時存有副本。事實上,也幸賴抄有副本,纔可以在發生缺失的時候再抄補充,如卷廿九奧書所云,"此書祖父越州之時,被終一部之功之處,後年少々紛失之,仍書加之而已"。

卷十一《史記上》奧書記載,此卷曾發生遺失。又據卷十五、十七奧書記載,日本文永七年(1270)十二月大火,多卷化爲灰燼。在燒毀之前,三善康有以原本爲底本抄寫副本;原本多卷燒毀後,又以康有本爲底本抄寫補充。可以確定爲康有本的再抄卷子有卷十一(1276)、十五(1276)、十六(1274)、十七(1275)、十八(1274)、十九(1275)①,這些在相應卷子的奧書中有所記載。卷十二字跡與卷十一類似,由於無奧書,只能認爲其很可能是"康有本的抄寫本"。

第三,"貞顯補抄本"

金澤本《群書治要》史部有四卷(卷十四、卷廿八至卷三十)是由北條貞顯補抄的。繼北條實時補抄之後,14世紀初,實時之孫北條貞顯發現仍有一些卷子不存,因此再次進行了補抄。卷十四《漢書二》在日本德治二年(1307)②以藤原光經的藏本爲底本抄寫點校完成,卷廿八《吳志下》在延慶元年(1308)校對完成,卷廿九《晋書上》以及卷三十《晋書下》分別在嘉元四年(1306)二月及四月以藤原經雄的藏本爲底本抄寫點校完成。這四卷便是"貞顯補抄本"。卷廿五及廿六的字跡頗似卷十四及廿八,但是由於無奧

---

① 按:括號内爲抄寫年份。文永十一年(1275)四月二十五日丙寅改元"建治",故1275年有兩個年號。參見[日]小倉慈司《日本の年号》,第209—210頁。

② 嘉元四年(1306)十二月十四日甲戌改元"德治",故1307年爲德治二年。參見[日]小倉慈司《日本の年号》,第216—217頁。

書,只能認爲其很可能是"貞顯補抄本"。

北條貞顯補抄這四卷是在 1306—1308 年之間,貞顯時任六波羅探題(鐮倉幕府設在京都的代表機構長官),住在京都,因此得以與京都貴族接觸,借出藤原光經和藤原經雄的藏本進行補抄。

北條貞顯在京都時熱衷漢籍抄寫及學習,不僅補抄《群書治要》,還學習了《左傳》。日本嘉元三年(1305)至四年(1306),當時京都清原氏宗家家長良枝、宗尚父子(即賴業的玄孫及其子)傳授貞顯《左傳》①。

第四,"隆重補抄本"

小林芳規云:"卷第二十七是清原隆重が書寫校點して補つたものである。"② 則卷廿七《蜀志》《吳志上》是根據清原隆重的抄寫本補抄的。

以上分述了四種抄寫卷子,"基政初抄本""康有本的抄寫本""貞顯補抄本""隆重補抄本"。經子二部皆屬"基政初抄本",史部則四種寫本皆有之。由於遺失及燒毀,金澤本《群書治要》從初抄到補抄歷時半個多世紀。這使得後人在閱讀時對其抄寫情況會判斷錯誤。例如,細井德民《刊〈群書治要〉考例》云:"寬永中,我敬公③ 儒臣堀正意撿此書,題其首曰:'正和年中,北條實時好居書籍,得請諸中秘,寫以藏其金澤文庫。'"④ 北條實時於建治二年

---

① 〔日〕齋藤慎一郎撰,喬秀岩、葉純芳譯《師顧堂影印金澤文庫本〈春秋經傳集解〉解題》,載《版本目録學研究》2021 年第 12 輯。

② 〔日〕小林芳規《金澤文庫本〈群書治要〉の訓點》,金澤本《群書治要》影印版,第 7 册,第 480 頁。

③ "敬公"指尾張藩首任藩主德川義直。

④ 〔日〕細井德民《刊〈群書治要〉考例》,〔唐〕魏徵等輯《群書治要》〔國家圖書館(國家古籍保護中心編)"永青文庫四種"〕,第 1 册,第 21 頁。

（1276）十月廿三日逝世，正和元年爲 1312 年，實時已經去世，斷不可能於正和年中抄寫此書。

（3）金澤本《群書治要》的訓點

金澤本《群書治要》的訓點，根據奧書的記載，是清原教隆奉北條實時之命，於日本建長五年（1253）至正嘉元年（1257）依清原家訓點規則進行加點的。奧書中"洒掃少尹尊閣""越州使君尊閣"皆指北條實時。其中卷八奧書沒有記載加點時間，但根據北條實時的官階，至建長七年（1255）十二月時仍爲"洒掃少尹"，康元二年（1257）三月爲"越州使君"，卷八奧書稱"依越州使君尊閣嚴命加訓點畢"，則卷八的加點也當在北條實時爲越州使君這一時期。

金澤本《群書治要》史部的訓點，根據奧書的記載，是北條實時在 13 世紀 50 年代末至 60 年代，委託藤原茂範及藤原俊國分別加點的。小林芳規《金澤文庫本〈群書治要〉の訓點》中認爲史部卷十一至十九的訓點者是藤原茂範，卷廿一至三十的訓點者是藤原俊國①。筆者認爲，在小林氏的結論中，有些卷的訓點者值得商榷，現分析各卷訓點情況如下：

第一，"藤原茂範訓點"

卷十一《史記上》是康有本的抄寫本，無訓點。從卷末移録的底本奧書知底本在日本弘長三年（1263）由藤原茂範加點，文永五年（1268）進行了校對。但建治二年（1276）重抄時却不知爲何沒有抄寫訓點。

卷十二《史記下》及《吳越春秋》可能是康有本的抄寫本，有訓點。小林芳規標注此卷爲"藤原茂範訓點"，並在此卷發現了若干

---

① ［日］小林芳規《金澤文庫本〈群書治要〉の訓點》，金澤本《群書治要》影印版，第 7 册，第 482、494 頁。

室町時代的補筆假名 ①。但筆者認爲，由於此卷無奧書，且字跡類似卷十一，不似原抄本，恐屬補缺的卷子，若補抄時一併抄寫了訓點（則爲藤原茂範訓點），否則難以最終確定訓點者。

　　卷十三至卷二十是《漢書》八卷，其中首尾兩卷（卷十三及二十）亡佚，現存十四至十九共六卷。綜合卷十五至卷十九的奧書可知，北條實時在 1259—1266 年間委託藤原茂範訓點《漢書》，三善康有抄寫副本時也抄寫了茂範的訓點，當以康有本爲底本再次補抄時，這些訓點也一併抄寫了。卷十五至卷十九都是康有本的抄寫本，可以確定訓點者是藤原茂範。卷十四《漢書二》是北條貞顯以藤原光經本爲底本的補抄本，奧書中未提及訓點者，小林芳規認爲是藤原茂範訓點，筆者不知其所憑依據，故認爲此卷訓點者存疑。

　　綜合現存《史記》《漢書》共八卷的情況，筆者認爲，可以確定由藤原茂範訓點的有五卷（卷十五至卷十九），具可能性者一卷（卷十二），存疑一卷（卷十四），無點一卷（卷十一）。

　　第二，"藤原俊國訓點"

　　卷廿一至廿四是《後漢書》四卷。這是史部諸卷中僅存的藤原基經原抄本，從奧書知北條實時委託藤原俊國爲其加點。藤原俊國根據皇家藏本（仙洞御書）點校了《後漢書》。卷廿二、廿四訓點情況與卷廿一相同。卷廿三無奧書，小林芳規認爲是藤原俊國訓點。筆者比較卷廿三字跡，與卷廿二、廿四相仿，則此卷當與卷廿二、廿四情況類似，可以認爲是藤原俊國訓點的。

　　卷廿五至廿八是《三國志》四卷。卷廿五《魏志上》有點，卷廿六《魏志下》無點，兩卷均無奧書。根據上文分析這兩卷可能是貞

---

① ［日］小林芳規《金澤文庫本〈群書治要〉の訓點》，金澤本《群書治要》影印版，第 7 册，第 482、494 頁。

顯補抄本。小林芳規認爲卷廿五是藤原俊國訓點。筆者不知其所憑依據,故存疑。

卷廿七《蜀志》《吴志上》見下文分析。

卷廿八《吴志下》無點,小林芳規認爲此卷亦由藤原俊國訓點①,筆者認爲這應是小林氏筆誤。

卷廿九和三十分別爲《晋書》上下,由奧書知兩卷皆由藤原俊國訓點。

綜合《後漢書》《三國志》《晋書》十卷的情況,筆者認爲可以確定由藤原俊國訓點的有五卷(卷廿一、廿二、廿四、廿九、三十),可能性較大者一卷(卷廿三),存疑一卷(卷廿五),無點兩卷(卷廿六、廿八)。

第三,"清原隆重訓點"

卷廿七《蜀志》《吴志上》的訓點者,小林芳規認爲是藤原俊國。筆者猜測小林氏的依據是"以仙洞御本點之"一句。尾崎康"卷二七の奧書には、直講清原隆重が「点校了」と「以隆重手跡仮表紙之書訖所注付也」というが、「以仙洞御本点之」ともいい、藤原俊国の点であるとされる。"② 筆者認爲,據"點校了""直講清原隆重"推測,卷廿七訓點者爲清原隆重。"以仙洞御本點之"一句雖然指明訓點者爲藤原俊國,但其所點校的應是補抄之前的卷子。日本弘長元年(1261)四月,清原教隆將直講一職讓於隆重,因此"直講清原隆重"的落款説明點校是在弘長元年四月之後。"以隆重手跡假表紙書之訖所注付也"的右補小書,可能是對本卷補抄情況的説明,但也有可能是對仙洞御書的説明。根據其他奧書,缺失的卷

---

① [日]小林芳規《金澤文庫本〈群書治要〉の訓點》,金澤本《群書治要》影印版,第 7 册,第 482 頁。

② [日]尾崎康《〈群書治要〉とその現存本》,載《斯道文庫論集》,慶應義塾大學附屬研究所斯道文庫,1990 年第 25 輯。

子多毀於文永七年（1270）大火，因此卷廿七亦有可能是被燒毀的卷子之一。奧書記載補抄燒毀的卷子是在文永十一年（1274）至建治二年（1276）之間。然而藤原俊國於 1271 年去世。即使燒毀之後立刻補抄，再由藤原俊國在抄寫本上加點，從時間上講可能性依然不大。綜合考慮，筆者認爲此卷的訓點者是清原隆重。

　　金澤本《群書治要》子部的訓點，根據奧書的記載，是日本正元元年（1259）冬至文應元年（1260）冬，清原教隆受北條實時委託，以蓮華王院寶藏御本爲底本，對金澤本《群書治要》子部進行校對並添加訓點。卷卅五、卅七、冊二、五十奧書有"依越州使君尊閣教命"或類似的文字，卷冊六"越州使君"題寫的奧書"誂参州以蓮華王院本點校了"更是直接證明，加點的下令者是北條實時。

　　加點的參照底本是蓮華王院寶藏御本，其被添加訓點大約是在 1164 年。御本藏於京都，金澤本奧書中"参洛之次""参華之次""参花之次"指明了地點。蓮華王院於日本建長元年（1249）三月二十三日焚毀，幕府於同年五月開始著手重建，將軍九條賴嗣和九條家負責營造。清原教隆正好爲上呈弘長元年（1261）正月二十九日辛酉歲運革命勘文①而進京，實時便委託教隆根據蓮華王

---

① 奧書中出現的"辛酉歲運勘文""革命勘文""辛酉勘文"，是指辛酉歲運爲避免革命而改元。清原教隆上京是爲進上辛酉年改元"弘長"的勘文。關於"辛酉革命"可參見：孫英剛《"辛酉革命"說與龍朔改革：7～9 世紀的緯學思想與東亞政治》，載《史學月刊》2013 年第 7 期。日本平安時代三善清行（847—918）所著的《革命勘文》，用讖緯、曆法和天命學說解釋政治的起伏，總結爲：戊午革運、辛酉革命、甲子革政（令）。即在某些特定時間點，革命的力量非常強大，君主需要修德禳災，進行政治改革，以避免革命。又，日本年號改元的理由可分爲五種：代始改元、辛酉革命、甲子革令、祥瑞紀念和災禍厭勝五種。從天應元年（781）至文久元年（1861）共有 19 個辛酉年，改元 16 次。"弘長"就是因辛酉革命而改元的年號。

院寶藏御本對《群書治要》子部進行校對並移寫添加了訓點①。

關於底本的加點者，移録了底本奧書的七卷分別是由藤原敦周（卷卅六、卅七）、敦綱（卷卅九、四十）、敦經（卷卌三、卌四）以及清原賴葉（卷卌六）於日本長寬二年（1164）加點的。對於其餘諸卷來説，由於没有移録的奧書，很難判斷加點者。小林芳規在其文中對每一卷的訓點者都進行了標注，並在無移録奧書諸卷的訓點者名字上添加了括號②。筆者不知判斷訓點者的依據爲何，但從添加括號來看，小林氏對訓點者恐怕也不完全肯定。

另據移録奧書卷卅九"伏奉綸命""恐多魯魚之疑，獨招周鼠之哂"，卷四十"課短材，點進之"，卷卌六"元來無點本之上，文字多闕繆，頗雖刊正，猶有不通"等記録可知，此御本原來在文字上有闕繆錯誤，需要勘正，同時又因缺少閱讀材料，故諸位博士依照天皇之命對御本進行了校對訓點。

值得注意的是卷五十奧書有云"此御本之外，諸儒家更無此書點本云々，尤可秘者歟"，由此知截止到日本文應元年（1260），蓮華王院寶藏御本都還是《群書治要》唯一的訓點本。史部奧書中出現的"仙洞御本"，筆者猜測，其訓點是在清原教隆之後由他人完成的。

（4）閱讀與傳授

關於經部的閱讀和傳授，卷一奧書云："同年九月三日即奉授洒掃少尹尊閣了。"這説明日本建長七年（1255）八月十四日加點完畢後，九月三日即開始教授此卷。據小林芳規《金澤文庫本〈群

①［日］福島金治《鎌倉中期の京・鎌倉の漢籍伝授とその媒介者》，載《國立歷史民俗博物館研究報告》2015年第198集。
②［日］小林芳規《金澤文庫本〈群書治要〉の訓點》，金澤本《群書治要》影印版，第7册，第482—483頁。

書治要〉の訓點》，傳授並不僅限於九月三日這一次，各卷末類似備
忘録風格的横線表示傳授或解讀的次數①。由此可知經部各卷中，
卷一解讀六次，卷三五次，卷五、六各四次，卷七、九、十各兩次。

　　從經部奥書亦可看出清原教隆的爲人以及對後輩的勉勵。教
隆爲人謙虚，對北條實時皆稱官名加"尊閣"敬語，對其命令稱"教
命"或"嚴命"，而對於自己所加訓點則稱"愚點"以自謙。從卷十
奥書"詰老眼"還可看出教隆希望後輩努力學習不負自己年邁辛
苦之深意。而卷一奥書"抑《周易》者，當世頗，其説欲絶。爰教隆
粗慣卦爻之大體，不墮訓説之相傳，雖爲窮鳥之質，争無稱雄之思
哉"②，則更展現了教隆對經學之衰的擔憂、對家傳之學的堅守，即
使處境艱難，也要奮力拼搏的意志。

　　關於金澤本《群書治要》史部的閲讀和傳授，由於史部多卷是
重抄的，北條實時當時是否學習過已不得而知。但從移録底本奥
書的内容知對底本（非金澤本《群書治要》，而是《群書治要》的其
他藏本）的閲讀與傳授情況，如卷廿九奥書記載，文永八年（1271）
藤原經雄閲讀了此卷，卷三十奥書記載藤原經雄傳授了此卷。這
也説明在當時對《群書治要》的學習是比較普遍的。

　　關於金澤本《群書治要》子部的閲讀和傳授，根據奥書的記録，
卷卅六、冊一至冊三、冊五至冊六、冊八至五十，卷末皆有一條"讀
符"（即一條横線），説明清源教隆分別將這些卷的内容傳授給北條
實時，各傳授了一次。除以上諸卷外，卷卅一雖無奥書，筆者在此卷
第一紙紙背發現類似的横線一條，但是否爲"讀符"尚難判斷。

---

① [日] 小林芳規《金澤文庫本〈群書治要〉の訓點》，金澤本《群書治要》影
　　印版，第 7 册，第 485 頁。
② 按：此奥書原文作"當世頗"，似少一字。[韓] 金光一《〈群書治要〉研究》
　　第 61 頁録爲"當世頗（微）"。

（5）校對與注釋

金澤本《群書治要》在抄寫中難免出現誤、脱、衍、倒，因此有必要進行校對。在經部諸卷奧書中，只有卷二《尚書》有校對記録"校本書"。

在史部"基經初抄本"諸卷中，卷廿一奧書云："但件本有不安事者，引勘本書直改云云。"由此知仙洞御本有不妥之處，藤原俊國根據校勘本修改了金澤本，即卷廿一也進行了校改。三善康有抄寫的副本中，卷十一在日本文永五年（1268）六月廿四日完成了校對。四卷"貞顯補抄本"則都經過了兩次校對，而且校對時間都相對較快。卷十四在抄寫完成後的第十一天完成再次校對；卷廿八速度最快，校對完的次日便完成了二次校對；卷廿九、三十抄寫點校與再次校對的相隔時間分別爲三天和十天。

在子部諸卷中，除卷卅一無奧書外，其他諸卷皆有校對的記録，如"一校""校點""校合""校之""加校""點校"等，説明子部諸卷都經過了校對。

在注釋方面，由《晋書》兩卷奧書知藤原俊國在加點時對這兩卷也進行了注解，同時俊國也發現《群書治要·晋書》與唐修《晋書》不同，故在奧書中云"合本紀傳，少少直付之。相違是多，不似餘書""各合《晋書》之文，相違所所，直付之"。此外，金澤本《群書治要》在流傳過程中，不斷有人閱讀此書並添加注解，這些注解留存在欄上或紙背上，這種情況在經、史、子三部卷子均有出現。

（6）金澤本《群書治要》的流傳

通過上文梳理可知，在12世紀末至14世紀初（即平安中後期至鎌倉時期），日本皇室、京都貴族以及幕府有衆多《群書治要》藏本，而且從天皇、京都博士家，到幕府將軍、御家人，都對閱讀學習《群書治要》有著濃厚的興趣，不斷進行抄寫、點校、閱讀。

　　鎌倉幕府結束後,日本經歷了室町幕府及戰國時代,時局變亂,衆多《群書治要》抄本紛紛失散,朝廷秘卷及諸家舊鈔泯滅於動蕩之中,至江户幕府(1603—1868)德川家康時,就只有金澤文庫本這一海内孤本了,且卷四、卷十三、卷二十已亡佚。

　　德川家康(1543—1616)將金澤本《群書治要》收入其私人文庫富士見亭文庫[慶長七年(1602)六月建]。日本寬永十年(1633),家康後人將文庫遷至紅葉山,故又名紅葉山文庫、楓山文庫或楓山官庫①。明治維新後,紅葉山文庫藏書被轉入太政官文庫。明治十八年(1885),日本廢太政官而創内閣制,文庫改爲内閣文庫。明治二十四年(1891)三月三十日,金澤本《群書治要》與其他稀有珍稀古籍由内閣文庫入藏宫内省圖書寮(即宫内廳書陵部),由皇室永世保存②。

　　金澤本《群書治要》現藏於日本宫内廳書陵部③,闕第四、第十三、第二十,存四十七卷,抄寫於鎌倉中期。據尾崎康論文擇録版本信息如下:木質卷軸和藍色封面(29×23.3cm)爲江户初期後補,每卷紙高因卷而異,每張紙長度不等,因此行數不同,墨筆題籤"群書治要幾(卷次)",近藤守重《右文故事》卷三認爲題籤寫於慶長時期。烏絲欄界(21.1×2.4—2.5cm),每行14—17字,注解小字雙行④。每卷卷首鈐有"金澤文庫"楷書墨印及"宫内省圖書印"

---

① 嚴紹璗《日本藏漢籍珍本追蹤紀實——嚴紹璗海外訪書志》,第235—237頁。
② [日]宫内省圖書寮《〈群書治要〉解説》,《群書治要》,解説凡例册,第7頁。
③ 宫内廳書陵部收藏漢籍集覽網站可在線閱覽全文影像。宫内廳書陵部收藏漢籍集覽[2023年8月25日]https://db2.sido.keio.ac.jp/kanseki/T_bib_line_2.php。
④ [日]尾崎康《〈群書治要〉とその現存本》,載《斯道文庫論集》,慶應義塾大學附屬研究所斯道文庫,1990年第25輯。

篆書朱印。

　　昭和十六年（1941），宮内省圖書寮運用珂羅版技術複製金澤本，以卷軸裝呈現①。複製本被分贈給日本各地圖書館及研究機構收藏，金澤本《群書治要》得以全面公開②。1989—1991年，日本古典研究會以珂羅複製本爲底本，將金澤本《群書治要》影印出版③。此影印本分7册裝訂，每册最後有《不鮮明箇所判讀一覽》。每册又以卷爲單位，將紙數及行數標於頁眉。第一册卷首有《刊行の辭》《凡例》及《群書治要》（全七卷）總目録。第七册卷末有尾崎康《〈群書治要〉題解》和小林芳規《金澤文庫本〈群書治要〉の訓點》兩篇題解，以及《金澤文庫本〈群書治要〉奥書》（即各卷奥書録文）。

　　金澤本《群書治要》在日本目録學著作中多有著録（表2.5）。《群書治要》最早的著録見於平安時期藤原佐世《日本國見在書目録》。後世日本學者狩谷望之、森立之，中國學者孫猛等對《日本國見在書目録》都有詳細研究。孫猛《日本國見在書目録詳考》"群書治要五十卷"條下有《群書治要》考證及流佈論述④。此外，"群書疏廿二卷"條云："此書中國古今公私目録皆未著録。疑爲疏解魏徵《群書治要》之書，《新唐書·藝文志》雜家類有劉伯莊《群書治要音》五卷，同類書也。"⑤其中提及的《群書疏》及《群書治要音》二書，現均已亡佚。

① 複製本在日本國立國會圖書館可供在線閱覽及下載。國立國會圖書館〔2021年8月10日〕https://dl.ndl.go.jp/info:ndljp/pid/2591357?tocOpened=1。
② 〔韓〕金光一《〈群書治要〉研究》，復旦大學中國古代文學專業博士論文，2010年。
③ 金澤本《群書治要》影印版，古典研究會叢書漢籍之部9—15，汲古書院，1989—1991年。
④ 孫猛《日本國見在書目録詳考》，第1165—1167頁。
⑤ 孫猛《日本國見在書目録詳考》，第1168頁。

表2.5　《群書治要》最早的著錄及金澤本《群書治要》的著錄

序	時代	書名	篇章	作者	題錄內容
1	寬平三年(891)	日本國見在書目録	雜家	藤原佐世	群書治要五十（魏徵撰）
2①	江戶後期	近藤正齋全集	右文故事附録卷之一·現存眞本	近藤守重	群書治要四十七卷 右抄本卷事モト駿河御文庫ヨリ來ル。每卷金澤文庫ノ墨印アリ、木軸十リ、紙ハ鵰皮、擦痕顯ト×、爛脫顯セ又（按二最群輯録、通雅等二古卷勢黏接紙接縫ノ法アリ）、卷軸ノ部二出ス）。其欄二八厘ハヾカリ、標襯八紺紙、狹籖八素紙、紫ノ平眞田ノ紐、背縫繼童二八厘ハヾカリ、接行ハ上下六寸九分五厘、行間廣サ八分（解行字數木同、十四五六字、小段翻註二十三字。今頁二六行ヲ摸寫シテ、其典刑ヲ見ル。守重曰：……
3②	明治十八年(1885)	經籍訪古志	卷四·子部上·篇家類	澁江全善 森立之	群書治要五十卷（舊鈔卷子本、楓山官庫藏） 界欄長六寸九分、幅八分。每張二十行、行十三字至十四字。界欄長六寸九分、每張二十行、每行十三字至十四字、原經原訓、俊國、敦周、敦綱、敦經等校點記。卷首題"群書治要序、秘書監鉅鹿男臣魏徵等奉敕撰"。每卷末有建長、正嘉、正元、康元、文應、延慶、德治、嘉元、建治諸年校點記。又有文永中越後守顯時書寫校點記。嘉元中越後守貞顯書寫校點記。卷首親筆題署。每卷首尾有"金澤文庫"印記。

① 本段句讀，筆者得到中央黨校（國家行政學院）文史教研部潘郁紅副教授的幫助，在此特別致謝。

② 題錄中"嘗"、"顯時"應為"賞時"、"顯時"。時代欄"明治十八年(1885)"是根據森立之校訂本書後所寫《經籍訪古志跋》所記的時間"乙酉春分後三日"（明治十八年，1885），但此書寫成應在此時間之前。理由如下：森立之校訂前，由丹波元堅所撰跋文是在"丙辰歲十月之望"（安政三年，1856），小島尚眞之《經籍訪古志》三稿跋的時間爲"安政二年仲冬"（1855）。《經籍訪古志》有兩篇序文。清人徐承祖序於"大清光緒十一年"（明治十八年，1885），日人海保元備序於"安政丙辰長夏月"（安政三年，1856）。由此，《經籍訪古志》當成書於安政二年（1855），再次校訂完成於明治十八年（1885）。

續表

序	時代	書名	篇章	作者	題錄內容
4①	明治三十六年(1903)	古文舊書考	卷一	島田翰	《群書治要》云："貞觀五年九月二十七日，秘書監魏徵撰《群書治要》上之。"又云："太宗欲覽前王得失，爰自六經，訖於諸子，上始五帝，下盡晉年。書成，諸王各賜一本。"《玉海》引《集賢注記》曰："天寶十三歲，先是院中進魏文正所撰《群書政要》(唐避高宗諱，'治'改'理'，又改'政'，故《玉海》依唐本作'理要'，虞世南、褚亮、蕭德言作'政要')。上覽之，稱善，令每十數本分賜太子以下。"《唐書·蕭德言傳》云："太宗詔魏徵、虞世南、褚亮及裴矩更迭為之總裁，而德言主其撰也。書博而要，曰：'使我稽古臨事不惑者，卿等力也。'"《續日本後紀》云："仁明天皇承和五年六月，天皇御清涼殿，令助教直道宿禰廣公讀《群書治要》第一卷，有經文故也。"《三代實錄》則曰："醍醐天皇貞觀十七年四月(當唐光化元年)，武部大輔紀長谷雄朝臣侍讀清涼殿。"《日本紀略》曰："清和天皇貞泰元年村為尚復，公卿同預席。"我邦之有《群書治要》，蓋昉於仁明御宇之時。《扶桑略記》：大內記小野朝臣美村尚復，紀傳各一人。"依《新儀式》，御讀書條儀則稱：'舊例，七經召明經博士，史書召紀傳博士，《群書治要》式用周經，紀傳各一人。'是觀之，其舶載之久，蓋遺唐留學使臣所齎而來，經閱開講亦已久矣。《玉海》引《中興館閣書目》云：秘閣所錄唐人墓誌，乾道七年寫副本藏之，起第十一止二十卷，餘不存。唐劉肅《大唐新語》載，太宗宸翰，獨收魏氏也。爾來《崇文總目》、《冊府元龜》獨收魏氏，《未志》以下皆不著錄，乃知其在唐時尚未至大顯，遂泯泯於末氏也。

① 原文較長，因此進行了分段及刪節。"直道宿禰廣公"，應作"直道宿禰廣公"。"有經文故也"應作"有五經文故也"。"醍醐"原誤作"醞醐"。"昌泰元年"當為"唐昭宗乾寧五年"，因唐昭宗於是年八月纔改年號為"光化"。"卷第二十八有其孫貞顯跋"一句中，"卷第二十八"應為"卷第二十九"。"正菁"應為"正嘉"。"第二十三三卷"應為"第二十、三卷"。

續表

序	時代	書名	篇章	作者	題錄內容
					是書卷第十七末，有北條時賦，云："建治元年六月二日，以勾勘本書寫點校終功。此書先年後藤壹州爲大番在洛之日，予依今勘所書寫下也。爰丟文永七年極月，回祿成灾，化爲成章。今本重令書寫者也。越州剃史"卷第十八有其孫貞顯跋，曰："嘉元四年二月十八日，以右大辨三位經雄卿本書寫點校之時，被終一部之功之後也。後年少紛失了。"從五位上行越後守平朝臣貞顯。"蓋勾勘即勘解由，是指三善康有。今合而考之，實時當使後藤壹州就康有藏本傳鈔一通，後又鈔補之也。至貞顯始鈔補之也，則同鈔亦決不在建長之下矣。每卷末有建長、康元、正喜、正元、文應、德治、建治、嘉元、延慶、文永間，清原隆重、賴業、教隆，及藤原經雄、教國、敦周、敦綱、敦經等校點記。又有文永中越後守貞顯點校及重校記。俱係親筆題署。卷子之制，接粘楮箋，烏絲欄界，界高九寸五分强，每葉二十行，行十三、十四、十五、十六字。首有序，題云"群書治要第一"。次行記"周易"二字。又次行云"乾"字欄上横書"易經"二字。予以元和活字刊本對校秘府本卷子本，稍有異同。方其入梓時，橫葉掃塵，固不爲無功，然其同有原本未誤，却所妄改者。…… 是書所載，皆初唐舊本，可藉以訂補今本之缺者，亦甚不鮮。於《孝經》諸說誤者，《晉書》採蘷注，《吾書》則爲未修《晉書》以前十八家中之古籍，其餘桓譚《新論》、崔寔《政要論》，仲長統《昌言》，袁準《正書》，蔣濟《萬機論》，桓範《政要論》，皆當世所失傳，獨僅存十一於千百。 兹書紙質似於卷子本《左氏集解》，而結體遒勁絕倫，有率更之逸致。夫實時英明雋永，世之所仰以爲山斗，得其片楮，寶如琬琰。而班爲玉十卷，而皆經其點校，今不可識別。其出於唐時之傳鈔本乎？抑亦據唐鈔本乎？予不敏，不足以知之。雖然，每卷首尾搭"金澤文庫"圖章。鐮倉氏距今已七百年，書香醲馥，讀所書也，神彩奕奕，其精靈奕奕，光耀目下，數百歲下，感極而涕如斯，緣美文以考作者，而唐土之人讀斯書，則其尊崇戒敬之心，其不油然而興者那？學者知先哲之興也，惕今不油然而興者那？讀句守之原則可，若徒以其珍朋異書，則兩失之矣。

續表

序	時代	書名	篇章	作者	題錄內容
5①	昭和五年（1930）	圖書寮漢籍善本書目	卷三	宮内省圖書寮	群書治要（五十卷四十七軸）

唐魏徵撰。舊鈔卷子本。卷首題"群書治要"。卷首有序，秘書監鉅鹿男臣魏徵奉敕撰"。烏絲欄長六寸九分，幅八分。每張二十行，行十三字至十五字不等。書法遒勁，較諸舊鈔《春秋經傳集解》殆不可軒輊。每卷末有建長、康元、正嘉、正元、文應、德治、嘉元、建治、延慶、文永間，清原教隆、俊尚、經雄及藤原經記，又卷元一嘉元中越後守顯時書寫校點記。後守貞顯書重校記。又卷十五、十六、廿一、廿二、廿四中四有文永中越後守顯時書寫校點者，又卷廿八、廿九、卅二嘉元中越後守顯時書寫點記。此本魏然獨存天壤間，不啻魯殿靈光。惜闕第四、第十三、第二十共計三卷。是書禹城久佚，自來無著錄者，舊藏楓山文庫，每卷卷首有"金澤文庫"印記。（《經籍訪古志》《御書籍來歷志》《古文舊書考》所載本）

表2.5參考文獻：

1. [日]原田佐世《日本國見在書目録》，賈貴榮輯《日本藏漢籍善本書志書目集成》，北京圖書館出版社，2003年，第10冊，第494頁。
2. [日]近藤守重《右文故事附録》卷之一《現存真本》，《近藤正齋全集》第2冊，第360—362頁。
3. [日]澁江全善等撰，杜澤遜等點校《經籍訪古志》，上海古籍出版社，2017年，第144頁。
4. [日]島田翰撰，杜澤遜等點校《古文舊書考》，上海古籍出版社，2017年，第76—81頁。
5. 宮内省圖書寮《圖書寮漢籍善本書目》，文求堂書店，松雲堂書店，1931年，第3卷，第45—46頁。

---

① 題錄中"顯時"當爲"賓時"，"卅二"應爲"三十"。句讀爲筆者添加。

（7）金澤本祖本的抄寫年代

對金澤本《群書治要》的流傳進行梳理後，有必要對其祖本的抄寫年代也進行研究。尾崎康認爲，金澤本祖本的抄寫年代爲唐高宗或唐玄宗時期，時間在 7 世紀後半葉至 8 世紀，“金沢文庫本の卷三の尾題にも「政要」とあり、わが国に齎された祖本が高宗ないし玄宗、つまり七世紀後半から八世紀ごろの写本で、その痕跡が「民」字の欠筆とともにわずかに残ったものであろう”①。尾崎康的依據是，金澤本《群書治要》多處可見“民”字缺末筆，且卷三《毛詩》尾題作“群書政要卷第三”。“治要”改作“政要”是爲避唐高宗李治名諱。

在此基礎上，爲進一步推斷金澤本祖本的抄寫年代，筆者對金澤本《群書治要》中的避諱用字進行了梳理。

在常見的避諱用字中，可見“昬”作“昏”，或“昬”字添筆、“昏”字添筆；“婚”作“婚”，或“婚”字添筆，“婚”字添筆；“愍”字中“民”缺末筆；“棄”作“弃”；“牒”字中“世”作“云”。此外，亦可見“治”字缺末筆的情況。唐顯慶二年（657），高宗下令“昬”“葉”二字需避太宗名諱。唐人在抄寫時，對含有“世”“民”之構件的字也多避諱。以上避諱可將金澤本祖本的抄寫推測至高宗顯慶二年之後。

除以上避諱外，筆者還發現，卷一《周易》“王公涉險以守其國”句中的“國”字作“圀”。“圀”爲武周新字之一。武則天執政時期共創製頒行新字十八個②，其中“國”字以“口”中含

---

① ［日］尾崎康《〈群書治要〉とその現存本》，載《斯道文庫論集》，慶應義塾大學附屬研究所斯道文庫，1990 年第 25 輯。
② 武則天前後造字五次，共改寫 17 個字。其中“月”字前後改寫兩次，故新字十八個。參見施安昌《武周新字“圀”制定的時間——兼談新字通行時的例外》，載《故宮博物院院刊》1991 年第 1 期。

"八""方"作"囻"①。施安昌考證此字的改用在証聖元年(695)②。武周政權回歸李唐王朝後,武周新字多廢棄不用,但"囻"字仍有使用③。武周新字始於武周時期但其使用並不限於武周時期。因此,金澤本《群書治要》中出現武周新字,至少説明其祖本傳抄在武周以後。

又據史料記載,唐朝曾兩次大規模抄寫《群書治要》,分別在太宗朝貞觀時期和玄宗朝天寶時期。史料及用字綜合判斷,金澤本《群書治要》的祖本當是在唐玄宗天寶年間抄寫的。

結合本章第一節對《群書治要》東傳日本時機的分析,可以推出當時的大概情形,應是唐玄宗下令對《群書治要》進行抄寫,隨後日本遣唐使來朝,玄宗將抄好的《群書治要》贈予日本遣唐使,《群書治要》由此傳入日本。

(8)金澤本《群書治要》的價值

齋藤慎一郎認爲,日本在傳存漢籍古抄本時具有鮮明的特性:

> 即便在出現刻本之後,日本人仍認爲抄本纔是文獻的本來形體,保持了推崇抄本的文化。又因歷史上很少經歷過改朝換代等的大兵燹,所以有大量古抄本傳存到現在。在中國,今日通行的古籍文本基本上都經過宋代以後的校定,也經過木版印刷流傳。在此過程中,唐代以前流傳的文本或散佚,或經改動。

---

① 齊元濤《武周新字的構形學考察》,載《陝西師範大學學報(哲學社會科學版)》2005 年第 6 期。

② 施安昌《武周新字"囻"制定的時間——兼談新字通行時的例外》,載《故宫博物院院刊》1991 年第 1 期。

③ 張楠《武周新字"囻"在雲南的流傳考釋》,載《故宫博物院院刊》1992 年第 3 期。

與此不同,日本傳存的漢籍古抄本,或爲唐抄本,或以唐抄本爲祖本輾轉傳抄,其文本往往保留唐代以前的面貌。換言之,日本自古傳存的漢籍古抄本有時會保留中國已經失傳的文本原始面貌,這一點應該可算日傳漢籍古抄本具有的重要意義之一。①

——《師顧堂影印金澤文庫本〈春秋經傳集解〉解題》

金澤本《群書治要》便具有上述鮮明的特徵——優秀的保真性。通過將金澤本《群書治要》與敦煌遺書 S.133 "《群書治要·左傳(襄公四年—二十五年)》" 進行比對可知,金澤本《群書治要》與 S.133 具有高度一致性②。可以説,雖然自傳入日本到其抄寫之時經過了四五百年,但仍然比較忠實地保留了唐代文本的面貌。

吴金華《略談日本古寫本〈群書治要〉的文獻學價值》指出了金澤本《群書治要》文獻學價值的三點值得注意之處:①從書中採取的 66 種典籍的内容可以窺見唐初政治家的價值取向,作爲思想史、政治史的研究資料;②與傳世之宋元明清刻本對比,可以窺見唐初古籍風貌,作爲古籍版本學、校勘學研究資料;③書中保存了一些亡佚已久的古籍,是古文獻輯佚工作的資源③。此外,金澤本《群書治要》保存了六朝以來的大量異俗體字,因此在文字學研究方面也具有不可忽視的價值。這些都是由於金澤本《群書治要》

---

① [日] 齋藤慎一郎撰,喬秀岩、葉純芳譯《師顧堂影印金澤文庫本〈春秋經傳集解〉解題》,載《版本目錄學研究》2021 年第 12 輯。
② 王雨非《敦煌寫卷 S.133 補考》,載《文教資料》2019 年第 36 期。
③ 吴金華《略談日本古寫本〈群書治要〉的文獻學價值》,載《文獻》2003 年第 3 期。

具有優秀的保真性。

　　筆者認爲，金澤本《群書治要》的價值還不止於此。雖然平安本《群書治要》（即九條家本）在時間上最古，但僅剩十三卷殘帙，且尚未完全完成修復。如果同時考慮年代和保存情況，闕三卷的金澤本《群書治要》是目前"最古的全本"。如果以此本爲底本，以平安本爲主校本，其他版本爲參校本，對《群書治要》進行系統性校勘，可以獲得《群書治要》最完善，也是最接近魏徵所編原書的版本，同時也是進行《群書治要》思想價值研究的最理想的版本。

　　總之，金澤本《群書治要》是日傳漢籍中的瑰寶，在文獻學研究、文字學研究和中國古代治道修身思想研究方面，都具有極高的文獻價值。

（五）江户幕府與《群書治要》

　　公元 1333 年，鐮倉幕府滅亡，其後日本經歷了南北朝時代（1336—1392，室町幕府支持北朝）、室町幕府時代（1336—1573）、戰國時代（1467—1590）以及安土桃山時代（1573—1603，又稱織豐政權時代）。日本慶長八年（1603），後陽成天皇（1571—1617）封德川家康爲征夷大將軍，開啓江户時代。慶應三年（1867）10 月 14 日，江户幕府末代將軍德川慶喜"大政奉還"日本天皇，江户幕府結束，共歷十五代將軍，265 年。

　　德川幕府的將軍、幕僚等皆注重文治，尤其注重《群書治要》的閱讀，幾經校勘刻印，出現了慶長、元和、天明、寬政、弘化等衆多《群書治要》版本。

1. 德川家康與日本印刷出版事業

《群書治要》能够在江户時期重振光輝,與德川家康的積極推動密不可分。德川家康(1543—1616),日本戰國時代大名、江户幕府第一代征夷大將軍(1603—1605),德川家康與其同時代的織田信長、豐臣秀吉並稱"戰國三杰"。家康爲三河國(今愛知縣)岡崎城主松平廣忠長子,幼名竹千代(松平家繼承者的通稱),後稱元信、元康、家康。1568年佔領遠江(今静岡縣)後,改姓德川。1600年,經關原之戰確立霸權。1603年封征夷大將軍,於江户城(今東京都千代田區中的皇宫)開設幕府。1605年讓將軍職於三子德川秀忠後,隱退駿府城(今静岡縣),但仍掌實權。1614—1615年,滅豐臣氏,統一全國,結束了日本一百多年群雄割據的狀態。元和二年(1616)任太政大臣,不久病逝,謚號"東照大權現"[1]。

德川家康雖出身武家,但喜文翰,確立了"文治武功"的基本治國策略[2]。在文治方面,德川家康一方面禮待當時的儒學大師藤原惺窩,並聘其高足林羅山。另一方面,由於認識到印書在文治中的積極作用,退居駿府以後,便傾力於銅活字印刷,林羅山便是協助版印的重要人物[3]。

藤原惺窩(1561—1619),下冷泉家出身(父親冷泉爲純),名肅,字斂夫,號惺窩、柴立子、北肉山人等,以本姓藤原氏(藤氏)爲公稱,鎌倉初期和歌作家藤原定家(1162—1241)的十二世孫。安

---

① 吴杰主編《日本史辭典》,第412頁。
② 嚴紹璗《日本藏漢籍珍本追踪紀實——嚴紹璗海外訪書志》,第125頁。
③ [韓]金光一《〈群書治要〉研究》,復旦大學中國古代文學專業博士論文,2010年。

土桃山至江户前期儒學大師,近世儒學鼻祖。七歲入佛門,在京都
相國寺學習佛學和儒學,後向五山僧學習朱子之學。日本文禄二
年(1593)受德川家康邀請前往江户爲其講授《貞觀政要》。文禄
四年(1595)曾計劃入明朝學習,但因惡劣天氣而未能實現。後還
俗成爲一名儒者,德川家康邀請其出仕,藤原惺窩没有接受,而是
推薦了高足林羅山,自己則隱居於京都北郊,日本元和五年(1619)
去世。

　　林羅山(1583—1657),名忠、信勝,字子信,通稱又三郎,號羅
山,別號羅浮、浮山、羅洞等,祝髮後法號道春。江户前期著名儒
者,日本朱子學奠基人。林家是藤原氏後裔,加賀藩士族,在林羅
山之祖林正勝時移居京都①。林羅山18歲讀《朱子集注》爲之傾
倒,遂立志於朱子學,22歲入藤原惺窩門下學習,後經惺窩推薦入
仕德川幕府(慶長十年,1605),慶長十三年(1608)起掌管駿府御
書庫。歷仕家康、秀忠、家光、家綱四代將軍,作侍講,傳授朱子學,
參與幕府的政治和文教,起朝儀,定律令,集編史籍等。幕府的外
交文書和各種法度的草案幾乎皆經其手②。林羅山一生讀書不輟,
對德川家康書籍出版事業貢獻很大。

　　日本古代流通的文獻一直以抄本爲主,印刷出版是江户時代
纔開始盛行的。文禄元年(1592,明萬曆二十年),豐臣秀吉侵略朝
鮮,掠取朝鮮銅活字及印刷工具,翌年獻於後陽成天皇,天皇即命
用此銅活字印刷了《古文孝經》(文禄二年,1593),這是日本第一
部活字本,現不存③。後又用此活字印刷了《法華玄義序》《天台四

---

① [日]平坂謙二撰,熊慶年譯《林羅山建於上野忍岡的書院》,載《國際儒學
　研究》1999年第7輯。
② 吴杰主編《日本史辭典》,第506—507頁。
③ 張繡民等《中國活字印刷史》,中國書籍出版社,1998年,第145頁。

教義集解》（文禄四年，1595）、《標題徐狀元補注蒙求》（文禄五年，1596）等，一般稱爲“文禄敕版”①。於是，自 16 世紀末開始，日本皇室、幕府，乃至民間都開始利用活字印刷術。

後陽成天皇（1586—1611 在位）於日本慶長二年（1597）下令仿朝鮮銅活字雕木活字，並在慶長二年（1597）至慶長七年（1602）間以木活字印刷了《錦繡段》《勸學文》《日本書紀神代卷》《古文孝經》《四書》《職原抄》《長恨歌》《琵琶行》《白氏五妃曲》《忠臣祓》（“慶長敕版”）。後水尾天皇（1611—1629 在位）於元和七年（1621）以銅活字刊行了《皇朝類苑》（“元和敕版”）。此外，豐臣秀吉之子豐臣秀賴（1593—1615）印刷了《帝鑒圖説》（“秀賴版”）②。

德川家康在伏見建立了圓光寺，請三要元佶③主事，製造木活字十萬餘枚。慶長四年（1599）至十一年（1606）間，三要元佶和西笑承兑④用這些木活字出版了《標題句解孔子家語》《三略》三種、《六韜》三種、《貞觀政要》《周易》《七書》《東鏡》（“伏見版”）⑤。

---

① ［日］高橋智撰，楊洋譯《日本慶長時期漢籍活字本出版的意義——以〈四書〉爲中心》，載《北大史學》2009 年第 14 輯。
② ［日］高橋智撰，楊洋譯《日本慶長時期漢籍活字本出版的意義——以〈四書〉爲中心》，載《北大史學》2009 年第 14 輯；徐憶農《东亞活字印刷術在世界史上的價值》，載《新世紀圖書館》2016 年第 11 期。
③ 三要元佶（1548—1612），號閑室，又稱閑室和尚，閑室元佶。安土桃山末期至江户初期臨濟宗僧人，足利學校第九代庠主（校長），圓光寺開山之祖，爲伏見版出版竭盡全力。江户幕府時，與崇傳同爲德川家康智囊，擔任社寺奉行。
④ 西笑承兑（1548—1607），號月甫、南陽，安土桃山末期至江户初期臨濟宗僧人，相國寺中興之祖。曾擔任豐臣秀吉和德川家康的顧問，起草法度及外交文書等。
⑤ ［日］高橋智撰，楊洋譯《日本慶長時期漢籍活字本出版的意義——以〈四書〉爲中心》，載《北大史學》2009 年第 14 輯；張繡民等《中國活字印刷史》，第 145 頁。

伏見版木活字後由圓光寺保存，文化年間（1804—1818），圓光寺還用這批活字刊行了江户漢學學者皆川淇園的著作①。

　　慶長十年（1605），德川家康命伏見圓光寺以《後漢書》爲字本，鑄造大小銅活字 10 萬枚，翌年完工獻給後陽成天皇，這是日本歷史上第一次鑄造活字，由中國人林五官任技術指導②。慶長二十年（1615），德川家康又命金地院崇傳③和林羅山爲監督，在駿府城鑄大小銅活字 10368 字④。慶長二十年（1615）三月二十一日，林羅山等奉命以駿府原藏銅活字 89814 枚及新鑄 10368 枚版印《大藏一覽》十卷（目録共十一册）共 125 部，同年六月完成⑤。元和二年（1616）⑥刊印了《群書治要》四十七卷，此中林五官再次承擔補鑄銅活字工作。這兩部稱爲"駿河版"，是首次以日本鑄造的銅活字印製的典籍。

　　據嚴紹璗，"慶長—元和敕版""伏見版""駿河版"是近世三大官版。官版的興起，是日本國家於數百年動亂之後振興文教的

① 嚴紹璗《漢籍在日本的流佈研究》，江蘇古籍出版社，1992 年，第 160 頁。
② 張繡民等《中國活字印刷史》，第 145—146 頁。按：據張繡民，實鑄 91255 字，其中本字 55360（大字），注字 35895（小字）。
③ 金地院崇傳（1569—1633），俗姓一色氏，字以心，法名崇傳，又稱以心崇傳，因住在南禪寺金地院，又稱金地院崇傳。安土桃山末期至江户初期臨濟宗僧人。寬永三年（1626）成爲後水尾天皇師父，故授予本光國師稱號。起草了武家諸法度，建立了江户幕府法律、外交、宗教等制度。
④ ［韓］金光一《〈群書治要〉研究》，復旦大學中國古代文學專業博士論文，2010 年。按：據近藤守重《右文故事》卷五（《近藤正齋全集》第 2 册，第 206 頁），10368 含大字 8844，小字 1514，丁付字 10。
⑤ ［韓］金光一《〈群書治要〉研究》，復旦大學中國古代文學專業博士論文，2010 年；嚴紹璗《漢籍在日本的流佈研究》，第 160—161 頁。
⑥ "元和"年號的改元時間爲慶長二十年七月十三日（1615 年 9 月 5 日）。

標識之一,有人將慶長時代稱爲"日本文化的復興時代"①。

2. 慶長本《群書治要》

早在慶長年間,德川家康就已經開始重視《群書治要》。《本光國師日記》慶長十五年(1610)九月十九日記載:

> 當月十五日之尊書。同十九日辰刻拜見仕候。忝存候……群書治要と申物之本四拾六卷御座候。鎌倉僧衆并清見寺臨濟寺之僧衆呼寄。寫させ可申旨被仰出。廿餘人摠持院にて。此間書被申候。一兩日中に相澄可申候。今一部又可被仰付樣に御諚に候。其段は未定に候。②
> ——《大日本佛教全書》第一百三十八卷《本光國師日記》第一

《駿府記》慶長十九年(1614)四月記載:

> 五日群書治要、貞觀政要、續日本紀、延喜式、自御前出、五山衆、可令書拔公家武家可爲法度之所之旨被仰出、金地院崇傳、道春、承之。
> 十三日……群書治要、續日本紀、延喜式等之拔書、上于御前、金地院、道春、於御前、讀進之。③
> ——《駿府記》

① 嚴紹璗《漢籍在日本的流佈研究》,第 153 頁。
② [日]佛書刊行會編纂《大日本佛教全書》第 138 卷,佛書刊行會,1914 年,第 16 頁。
③ [日]昌平坂學問所舊藏《駿府記》寫本,國立公文書館內閣文庫藏(和 15977 號)。[2023 年 8 月 25 日]https://www.digital.archives.go.jp/img.pdf/1231778。

　　慶長十五年（1610）九月，德川家康下令將金澤本《群書治要》抄寫兩份，作爲制定公家、武家法度的參考，並按照唐太宗編纂此書的目的加以利用①。這便是慶長本《群書治要》。

　　國立公文書館內閣文庫藏有慶長寫本②。據尾崎康擇錄版本信息如下：藏青色書衣，30.8×22.2cm。書籤“群書治要第幾（卷次）”。群書治要序、群書治要目録、卷一的排列與金澤文庫本相同。烏絲欄（24.5×18cm），有界，半頁九行十八字，注解小字雙行。慶長本將金澤本中的一些異體字改爲通行字，並忠實記録了金澤本的訓點（朱筆）及返點、振送假名、音訓符、聲點、反切等（墨筆）。卷廿一抄寫有金澤本奧書，其他卷無。各卷卷首鈐有“淺草文庫”“日本政府圖書”朱印，第一册封底有“駿府御文庫本／群書治要四十七册”貼紙③。

　　慶長本《群書治要》由於其行款與元和本類似，多被誤認爲是元和本的抄寫本，相反，慶長本實爲元和二年（1616）刊印銅活字版《群書治要》的底本。日本宮內廳書陵部亦收録有元和本《群書治要》，在其出版的《圖書寮漢籍善本書目》第三卷中可見“群書治要（五十卷四十七册）”條，著録云：

　　　　元和二年，德川家康在駿府命林道春等以慶長活字排印者，每半葉八行，行十七字，舊藏楓山文庫，每册首有“秘閣圖

---

① ［日］尾崎康《〈群書治要〉とその現存本》，載《斯道文庫論集》，慶應義塾大學附屬研究所斯道文庫，1990年第25輯。

② 國立公文書館內閣文庫藏。［2021年7月10日］https://www.digital.archives.go.jp/img.pdf/1079188。

③ ［日］尾崎康《〈群書治要〉とその現存本》，載《斯道文庫論集》，慶應義塾大學附屬研究所斯道文庫，1990年第25輯。

書之章"印記(《御書籍來歷志》所載本)。①

—— 《圖書寮漢籍善本書目》卷三

也正是由於慶長本是元和本的底本,慶長本中的一些訛誤也被帶入元和本中。例如,魏徵《群書治要序》"雖辯彫萬物,愈失司契之源;術總百端,彌乖得一之旨"一句,慶長本將"彫"誤抄爲"周",脱"彌"字。這些訛誤也被帶入元和本中,作"辯周萬物""乖得一之旨",隨後的天明本、寬政本也未能改正。

3. 元和本《群書治要》

德川家康尤爲重視《群書治要》。元和本《群書治要》(即"駿河版")也是家康下令印刷的最後一部漢籍。

(1)刊印的目的

金光一據《禁中並公家諸法度》(下簡稱"《法度》")云,元和本《群書治要》的刊印有著濃厚的政治色彩②。《法度》是由金地院崇傳起草,關白二条昭實、將軍德川秀忠、前將軍德川家康於日本元和元年(1615)七月簽署的,是關於江户幕府與天皇及公家之間關係的法律,共有17條,此後江户時代未再作修改③。其中第一條爲"天皇の主務",規定"天子諸藝能之事、第一御學問也、不學則不明古道、而能政致太平者未之有也、貞觀政要明文也、寬平遺誡、雖不窮經史、可誦習群書治要云々、和歌自光孝天皇未絶、雖爲綺

---

① [日]宫内省圖書寮《圖書寮漢籍善本書目》,文求堂書店、松雲堂書店,1931年,第3卷,第46頁。按:括號内爲小字。句讀爲筆者添加。

② [韓]金光一《〈群書治要〉研究》,復旦大學中國古代文學專業博士論文,2010年。

③ 吴杰主編《日本史辭典》,第798頁。

語、我國習俗也、不可棄置云々、所載禁秘抄御習學專要候事"①。《法度》將天皇排除在政治之外,天皇及貴族的權力也受到了限制。天皇在各種技藝能力之中應當以研習學問爲先,閱讀的典籍就包括《群書治要》。然而,《群書治要》傳至德川家康時只有金澤本這一孤本,因此江户幕府要流佈《群書治要》,首先需要印書,這便有了元和本的刊印。

　　德川家康不僅命令刊印《群書治要》,還命林羅山補足《群書治要》所缺之卷。《羅山先生行狀》記載,"元和元年(乙卯),先生(林羅山)赴駿府奉命監《群書治要》等刊板之事,且補足治要闕失之數卷"②。林羅山所補三卷,一卷今不傳,見林信敬《校正〈群書治要〉序》及細井德民《刊〈群書治要〉考例》③。所傳兩卷爲卷四《春秋左氏傳上》和卷十三《漢書一》,卷二十《漢書八》不傳。據尾崎康論文載,泊園書院藏有林羅山所補之卷。尾崎康《〈群書治要〉とその現存本》最後也附錄有所補兩卷的內容④。但或許是元和本刊印之時,林羅山補缺工作尚未完成,因此元和本《群書治要》仍爲 47 卷。

---

① 〔日〕文部省宗教局編《宗教制度調查資料》第 16 輯《江户時代宗教法令集》,木島印刷所,1925 年,第 28 頁。

② 〔日〕全國東照宮連合會編著《披沙揀金:德川家康公逸話集》,八木書店,1997 年,第 459 頁。按:亦有慶長二十年春,林羅山奉命補闕卷之記載,見《近藤正齋全集》第 2 册第 205 頁上。慶長年號在 1615 年 9 月 5 日結束,改元"元和",因此 1615 年春仍屬慶長二十年。

③ 按:天明七年刊《群書治要》之林信敬《校正〈群書治要〉序》作"補其二卷其一卷不傳",誤,故寬政三年刊《群書治要》修訂爲"補其三卷而一卷不傳"。

④ 〔日〕尾崎康《〈群書治要〉とその現存本》,載《斯道文庫論集》,慶應義塾大學附屬研究所斯道文庫,1990 年第 25 輯。

　　關於元和本《群書治要》的刊印過程，崇傳《本光國師日記》中有詳細記載，近藤守重《右文故事》卷之五《御本日記續録》卷中"群書治要條"有轉述①。元和二年（丙辰）（1616）正月十九日，德川家康急令排印《群書治要》，金地院崇傳及林羅山立即籌備，從京都召集木切二人、彫手三人、植手十人、摺手五人、校合三人，共二十三人。二月七日，五山僧侣一寺二人作爲校合人。二月廿三日，於駿府收集排印《大藏一覽》所用銅活字十萬餘枚及必要器具等，制定了《群書治要板行の間諸法度》五條，開工排印。二月廿五日，命明人林五官補鑄大小銅活字。三月十日，直江山城守搜訪異本。三月十七日，林羅山委託清見寺、林濟寺、寶泰寺僧人抄寫最後十卷，以備植字對勘之用。四月廿六日，林五官鑄成大小銅活字一萬三千枚。五月下旬，印書告成。

　　刊印《群書治要》所用銅活字爲大字 67490 枚，小字 32682 枚，共計 100172 枚②。尾崎康分析，《群書治要》的卷數是《大藏一覽》的五倍，頁數也增加很多。《群書治要》平均每卷 34 頁，存 47 卷，共計約 1600 頁，每半葉 8 行，行 17 字，約 43 萬 5 千字，若按一成爲小字計算，大字不到 40 萬，小字雙行不到 10 萬。因此以簡單方法計算也最少需要五次製版，但文字使用需要重複，估計每五卷不到就需要重新組合，因此在四個多月的時間裏，應該反復進行了

---

① ［日］近藤守重《右文故事》卷五《御本日記續録》卷中，《近藤正齋全集》第 2 册，第 205—212 頁；《右文故事》卷十《御代々文事表》卷二，《近藤正齋全集》第 2 册，第 264 頁下—265 頁上。又，刊印過程亦參見尾崎康《〈群書治要〉とその現存本》及金光一《〈群書治要〉研究》。
② ［日］尾崎康《〈群書治要〉とその現存本》，載《斯道文庫論集》，慶應義塾大學附屬研究所斯道文庫，1990 年第 25 輯。

排版、校對、印刷,然後拆版再重新製版的工作①。

《群書治要》刊印只用了四個多月,相比《大藏一覽》用時三個月而言,刊印可謂是非常迅速。這固然有吸取刊印《大藏一覽》經驗的原因,但更多是由於德川家康病情日篤,因此刊印工作夜以繼日,《群書治要板行の間諸法度》第一條便規定刊印的工作時間"朝は卯刻よ被出、晚は酉之刻以後、可有休息事"②。但遺憾的是,德川家康依然未見書成。日本元和二年(1616)四月十七日,德川家康在駿府城猝然逝世,生前僅見部分刊印成果。

(2)流佈與收藏

由於德川家康倉促離世,元和本《群書治要》未得奉家康之命流佈於世,而是隨其他藏書一起,被分贈給他的兒子。元和二年(1616)十一月,掌管駿府御文庫的林羅山遵遺命從家康逾一萬册的藏書中,取舊籍及貴重書册共五十一部送往江户城楓山文庫③,金澤本《群書治要》因最爲珍貴而歸還幕府大將軍書庫即楓山文庫④,其餘分送"御三家",稱爲"駿河御讓本",蓋篆文"御本"朱印。

"御三家"指尾張德川家、紀州德川家、水户德川家,在親藩大名中具有特殊地位,可使用德川姓氏,除幕府將軍家之外擁有將軍繼承權,有保持將軍家血統、提供將軍後繼人、輔佐將軍的作用⑤。

---

① [日]尾崎康《〈群書治要〉とその現存本》,載《斯道文庫論集》,慶應義塾大學附屬研究所斯道文庫,1990年第25輯。
② [日]全國東照宮連合會編著《披沙揀金:德川家康公逸話集》,第463頁。
③ [日]平坂謙二撰,熊慶年譯《林羅山建於上野忍岡的書院》,載《國際儒學研究》1999年第7輯。
④ [日]宫内省圖書寮《〈群書治要〉解説》,《群書治要》,解説凡例册,第7頁。
⑤ 吳杰主編《日本史辭典》,第777頁。

御三家的首任藩主皆爲德川家康之子：第九子德川義直（尾張藩），第十子賴宣（紀州藩，又稱紀伊藩），第十一子賴房（水户藩）。

　　嚴紹璗《漢籍在日本的流佈研究》一書記載了元和本《群書治要》的下落。據《有德院殿御實記附録》的記載，德川家康去世後，《群書治要》"字子賜紀伊家，印本傳尾（尾張家）、紀（紀伊家）兩家"。而賜給紀伊家的銅活字，據《寬政年間紀伊家呈案》的記録爲"九萬餘字"，其印本爲"五十一部，每部四十九册"。賜給尾張家的，則文獻闕如，不得而知①。

　　尾崎康《〈群書治要〉とその現存本》中則記録了更多紀伊藩獲得藏書的信息。元和五年（1619）八月，德川賴宣被轉封，從駿府進入和歌山城（紀伊藩），將當時《群書治要》和《大藏一覽》殘部以及二者的銅活字一起運到紀伊州。尾崎康據近藤守重《右文故事》卷五引寬政八年紀府的呈案云，一起運抵的典籍包括《資治通鑒》一部（每部五十九册），《群書治要》五十一部（每部四十七册），《大藏一覽》五十五部（每部十一册），《大明律詳解》二部（每部十册）②。日本元文五年（1740）七月廿五日，德川吉宗（第八代征夷大將軍，1716—1745在位，江户幕府中興之祖）從紀伊藩取《大藏一覽》和《群書治要》各二部③收入紅葉山文庫④。近藤守重《右文故

① 嚴紹璗《漢籍在日本的流佈研究》，第162頁。按："每部四十九册"之説法恐誤，應爲每部四十七册。
② ［日］尾崎康《〈群書治要〉とその現存本》，載《斯道文庫論集》，慶應義塾大學附屬研究所斯道文庫，1990年第25輯。
③ 按：據近藤守重《右文故事》卷十三《御代々文事表》卷五（《近藤正齋全集》第2册第301—302頁），收入御文庫的是《群書治要》一部和《大藏一覽》二部。
④ ［日］尾崎康《〈群書治要〉とその現存本》，載《斯道文庫論集》，慶應義塾大學附屬研究所斯道文庫，1990年第25輯。

事》引《御文庫書籍來歷志》和《御文庫日記》云,元文五年(1740)
以前御文庫中没有此本(即元和本《群書治要》)的記載①。

　　據尾崎康介紹,現存本的銅活字本《群書治要》中,最早的一
部是元禄三年(1690)第二代紀伊藩藩主德川光貞(1627—1705)
供奉到神宮(豊宮崎)文庫的一部。其他的都是江户幕府後期至明
治時期從紀伊藩所流出的②。至於最早的元和二年(1616)刊銅活
字本,寬永十八年(1641)至十九年(1642)尾張藩堀正意③對此本
進行了點校並題寫了跋文。蓬左文庫現藏的元和三年(1617)正
月尾張藩調整後的駿河御讓本的目録中,對此本有明確著録,惜此
本在明治期間散佚④。

　　尾崎康介紹了神宮文庫藏本《群書治要》的版本信息,並擇録
了多個銅活字藏本的收藏信息及封面、題籤、印章等基本情況⑤。
國立公文書館内閣文庫藏有原藏於昌平坂學問所的一部銅活字本
《群書治要》⑥,其版本信息如下:淡紅色書衣,26.5×18.8cm。書籤

① [日]近藤守重《右文故事》卷五《御本日記續録》卷中,《近藤正齋全集》
　　第2册,第213頁。
② [日]尾崎康《〈群書治要〉とその現存本》,載《斯道文庫論集》,慶應義塾
　　大學附屬研究所斯道文庫,1990年第25輯。
③ 堀正意(1585—1642),字敬夫,號杏庵、杏隱,日本江户時代尾張藩儒官,
　　與林羅山同爲日本近代儒學開創者藤原惺窩高徒。幕府命入弘文院,編纂
　　《寬永諸家系圖傳》,又撰武家系圖數卷。
④ [日]尾崎康《〈群書治要〉とその現存本》,載《斯道文庫論集》,慶應義塾
　　大學附屬研究所斯道文庫,1990年第25輯。
⑤ [日]尾崎康《〈群書治要〉とその現存本》,載《斯道文庫論集》,慶應義塾
　　大學附屬研究所斯道文庫,1990年第25輯。
⑥ 國立公文書館内閣文庫藏。[2021年7月10日]https://www.digital.
　　archives.go.jp/img.pdf/3006720。按:尾崎康論文中稱其爲"内閣文庫
　　A"本。

"群書治要幾（卷次）"，雙郭（外圍 18.4×3.9cm）。群書治要序、群書治要目録、卷一排列。四周雙邊，半框（21.5×15.9cm），有界，半頁八行十七字，注解小字雙行。版心有"群書治要卷幾"及頁數，上下黑口，花魚尾。一卷一册，共 47 册。各卷卷首鈐有"淺草文庫""日本政府圖書"朱印，卷末鈐有"文政癸未"朱印。

　　從鈐蓋印章可知此部銅活字《群書治要》的流傳過程。"文政"爲年號，"癸未"爲紀年，"文政癸未"説明此本入藏昌平坂學問所的時間爲日本文政六年（1823）。明治五年（1872）八月，文部省在昌平坂學問所舊址上建立了書籍館，這是日本最早的公共圖書館，以昌平坂學問所及和學講談所舊藏爲主，兼有公、私捐贈書籍。明治七年（1874）廢止，書籍前往淺草①。"淺草文庫"是明治八年（1875）至十四年（1881）於東京淺草藏前開設的公立圖書館，文庫繼承了紅葉山文庫、昌平坂學問所、醫學館等的書籍。明治十七年（1884），太政官整合各官廳藏書，設立"太政官文庫"，圖書皆鈐蓋"日本政府圖書"之印②。日本廢除太政官創立内閣制度後，"太政官文庫"更名爲"内閣文庫"。内閣文庫後將約三萬册最貴重的書籍移交皇宫。1971 年，内閣文庫成爲國立公文書館第一部③。

（3）元和本的缺憾

　　要指出的是，在刊印元和本《群書治要》時，由於時間緊張，加之反復製版拆版，導致訛誤多有。島田翰《古文舊書考·舊鈔本考》"群書治要四十七卷條"云"予以元和活字刊本對校秘府卷子本，稍有異同。方其入梓時，撲葉掃塵，固不爲無功，然其間有原本

---

① 林申清《日本藏書印鑒》，北京圖書館出版社，2000 年，第 147 頁。
② 據林申清《日本藏書印鑒》第 155 頁，内閣文庫於 1886 年 2 月起鈐用此印，以代替原先的"太政官文庫"印和"秘閣圖書之章"。
③ 嚴紹璗《日本藏漢籍珍本追蹤紀實——嚴紹璗海外訪書志》，第 124 頁。

不誤,却所妄改者",並列出了部分歧異之處①。此不一一採録。

　　有些銅活字本在刊印之後進行了修訂,例如尾崎康云,神宫文庫藏本中的修正之處就多達100處以上②。筆者亦發現,現藏於國立公文書館内閣文庫的一部原紀伊藩流出的銅活字本《群書治要》也經過了點校和修改③。朱批痕跡俯拾即是,或於行間,或於眉上,各卷卷末移録有金澤本各卷奥書。此部各卷卷末鈐有"紀伊德川氏藏板記"楷書朱印,各卷卷首及卷末鈐有"大日本帝國圖書印"篆書朱印,此部爲明治藏書家寺田盛業(1849—1929)舊藏,各卷題籤下鈐"讀杜草堂"朱印,各卷卷首鈐"天下無雙""寺田盛業""字士弧号望南"朱印④。

　　元和本校勘未能盡善,爲日後天明年間尾張藩重刊《群書治要》埋下了伏筆。但元和本中的一些錯誤未能在天明本中得到更正,這些訛誤不僅隨著天明本的廣泛流通而傳播,更導致了清末學者在利用《群書治要》進行輯佚或校勘時産生了錯誤。例如,在輯佚方面,元和本將楊偉《時務論》之題名訛脱,其中的兩篇《審察計謀》《斷忠臣國》與杜恕《體論》直接相連,導致嚴可均從天明本《群書治要》中輯佚《體論》時,將《聽察》也誤收其中⑤。在校勘方面,若非金澤本《群書治要》公之於衆,一些元和本及天明本産生

①［日］島田翰撰,杜澤遜等點校《古文舊書考》,上海古籍出版社,2017年,第79—80頁。
②［日］尾崎康《〈群書治要〉とその現存本》,載《斯道文庫論集》,慶應義塾大學附屬研究所斯道文庫,1990年第25輯。
③尾崎康論文中稱此本爲"内閣文庫B"本。
④國立公文書館内閣文庫藏。［2021年7月10日］https://www.digital.archives.go.jp/img.pdf/1076439。
⑤［韓］金光一《〈群書治要〉研究》,復旦大學中國古代文學專業博士論文,2010年。

的錯誤便難以糾正。因此,從這個角度講,梳理《群書治要》各個版本並對原文進行系統性校勘,是很有必要的。

（六）江户時期尾張藩與《群書治要》

御三家中對《群書治要》的弘傳起到巨大推動作用的是尾張德川家。從首任藩主德川義直以來,尾張藩歷來極爲重視該書。天明本和寬政本《群書治要》均在尾張藩刊印。

1. 尾張藩

尾張德川家首任當主、尾張藩首任藩主德川義直,字子敬,日本慶長五年十一月二十八日（1601 年 1 月 2 日）出生於京都伏見城,幼年時與德川賴宣、賴房一起居住在駿府城,由德川家康撫養長大。元和二年（1616）家康逝世後,義直纔進入尾張國。元和三年（1617）,任權中納言,寬永三年（1626）任從二位權大納言。慶安三年（1650）逝世,謚號敬公。

德川義直篤志好學,向三要元佶、林羅山、堀正意等學習經史。進入尾張國後,於名古屋城二丸北庭建明倫堂作爲講義之所,祀孔廟,春秋行釋菜之禮①。1617 年於名古屋初創立了御文庫（現位於名古屋市東區德川町,蓬左文庫前身）,將德川家康“駿河御讓本”370 部約 2839 册藏於文庫之中②。義直鼓勵儒學,支持林羅山

---

① ［日］平坂謙二撰,熊慶年譯《林羅山建於上野忍岡的書院》,載《國際儒學研究》1999 年第 7 輯。

② ［日］平坂謙二撰,熊慶年譯《林羅山建於上野忍岡的書院》,載《國際儒學研究》1999 年第 7 輯。按:據平坂謙二,送給尾張藩的書籍均是較好的善本,雖未得緣由,但也是林羅山與德川義直相交至篤的反應。

創辦家塾。

　　在尾張藩乃至江户幕府的儒學發展史中,林氏家塾都是必須提及的,而且《群書治要》也與林氏家塾關係密切。

　　日本寬永七年(1630),林羅山在幕府第三代將軍德川家光(1604—1651)的資助下,於上野忍岡建立了私塾,即林氏家塾,發展儒學。德川義直積極捐助林羅山於家塾内建立孔廟,並贈送孔子像及祭具等[①]。寬永九年(1632)孔廟落成,義直親筆題額"先聖殿",奉祀先聖孔子,之後地方諸藩也競相建立孔子廟。

　　林羅山是林氏家塾初祖。第二代林鵝峰[②]整編林氏家塾,改稱弘文院。第三代林鳳岡[③]日本元禄四年(1691)起任"大學頭"(中文名"國子祭酒"),後大學頭一職由林家世襲[④]。這一年,幕府第五代將軍德川綱吉(1646—1709)在湯島(今東京都文京區)建立孔廟(湯島聖堂),孔子廟改稱大成殿,並將林氏家塾從忍岡移至其中,這奠定了林家朱子學官學的基礎[⑤]。日本寬政二年(1790),幕府實行"寬政異學之禁",進一步明確林家朱子學爲幕府正統思

---

① [日]平坂謙二撰,熊慶年譯《林羅山建於上野忍岡的書院》,載《國際儒學研究》1999年第7輯。

② 林鵝峰(1618—1680),名恕、春勝、又三郎,字子和、之道,號春齋、鵝峰、向陽軒。林羅山第三子。

③ 林鳳岡(1645—1732),名春常、信篤、又四郎,字直民,號鳳岡、整宇。林鵝峰之子。林氏家塾在此時達到頂峰。

④ 據高山等《淺述儒學對日本江户幕府的影響及昌平阪學問所的意義》,載《人文天下》2020年第19期,從林羅山之孫林鳳岡始,林氏纔正式被賜予"大學頭"稱號,但日本學界仍慣稱林羅山爲初代大學頭。本書按此,故第三代爲林鳳岡,第七代爲林信敬。

⑤ 吳杰主編《日本史辭典》,第415頁。

想。寬政九年（1797），第八代大學頭林述齋 [1] 時，林氏家塾（弘文院）被幕府收編，升格改建爲幕府官校昌平坂學問所（昌平黌），取名孔子所生之地魯國昌平鄉陬邑，負責教育幕臣子弟和御家人子弟 [2]。林述齋將林羅山以來的林家藏書鈐蓋"林氏藏書"朱印，移交給學問所。幕末時期，諸藩人才多聚於學問所，十分興隆。明治元年（1868），學問所轉交新政府，藏書改由大總督府管理，後來又經歷昌平學校、大學校、大學管轄，大學校即是文部省的前身 [3]。1870年停辦，翌年廢止 [4]。

2. 天明本《群書治要》

在《群書治要》諸版本中，流傳最廣的是天明七年（1787）刊印的天明本，以及寬政三年（1791）對天明本進行修訂的寬政本。天明本《群書治要》的刊印有賴尾張藩藩主德川宗睦的主張，以及其世子、幕僚之通力合作。

德川宗睦（1733—1800），尾張藩第九任藩主、德川尾張家第九代當主，江户中期大名，從二位大納言；改革藩政，爲尾張藩中興之祖；再興藩校明倫堂，普及教育；謐號明公。德川宗睦深知《群書治要》對日本平安時代繁榮做出的貢獻，然而元和本未得廣佈，

---

① 林述齋（1768—1841），即林衡，字熊蔵、叔紞、德詮，號述齋、蕉軒、蕉隱。林氏家塾中興之祖。初名松平乘衡。由於林信敬無子嗣，在幕府將軍德川家齊的命令下，美濃國岩村藩主松平乘薀第三子松平乘衡過繼，成為林家第八代大學頭，更名林衡。收集散佚漢籍，著有《佚存叢書》，此書在中國影響很大。

② 吴杰主編《日本史辭典》，第 505 頁；高山等《淺述儒學對日本江户幕府的影響及昌平阪學問所的意義》，載《人文天下》2020 年第 19 期。

③ 林申清《日本藏書印鑒》，第 148 頁。

④ 吴杰主編《日本史辭典》，第 535 頁。

且訛謬多有,因此命二世子與臣僚等校正刊印《群書治要》,便有了天明本《群書治要》。

(1)刊印起因

天明本《群書治要》卷首有日本朝散大夫林氏家塾第七代大學頭(國子祭酒)林信敬(1767—1793,號錦峰)於天明七年(1787)撰寫的《校正〈群書治要〉序》(下簡稱"林信敬《序》"),以及尾張藩校督學(校長)細井德民於天明五年撰寫的《刊〈群書治要〉考例》(下簡稱"細井德民《考例》")。兩篇序文記錄了天明本的刊印起因。細井德民《考例》中還記述了尾張藩對《群書治要》的校勘方法、校勘原則,及參校人員。下面分別論述。

林信敬《序》云:"我朝承和、貞觀之間,致重雍襲熙之盛者,未必不因講究此書之力。則凡君民、臣君者,非所可忽也。尾公有見於斯,使世子命臣僚校正而上之木。"① 細井德民《考例》云:"近世活本亦難得,如其繕本,隨寫隨誤,'勢''世'以音訛,'所''處'以訓謬,間有不可讀者。我孝、昭二世子好學,及讀此書,有志校刊。"②

林信敬《序》中"尾公"指德川宗睦,"世子"此指宗睦二子德川治休與德川治興,即細井德民《考例》中所言之"孝、昭二世子"。金光一引福井保《天明版〈群書治要〉校勘始末記》云,日本安永年間(1772—1781),二世子籌備刊行《群書治要》③。然而出師未

---

① [日]林信敬《校正〈群書治要〉序》,[唐]魏徵等輯《群書治要》〔國家圖書館(國家古籍保護中心編)"永青文庫四種"〕,第 1 册,第 7—9 頁。

② [日]細井德民《刊〈群書治要〉考例》,[唐]魏徵等輯《群書治要》〔國家圖書館(國家古籍保護中心編)"永青文庫四種"〕,第 1 册,第 22 頁。

③ [韓]金光一《〈群書治要〉研究》,復旦大學中國古代文學專業博士論文,2010 年。

捷,治休、治興先後於1773、1776年去世。細井德民《考例》云:
"業未成,不幸皆早逝。今世子深悼之,請繼其志,勖諸臣相與卒其
業。"① "今世子"指德川治行。安永六年(1777),支藩美濃國高須
藩德川治行(1760—1793)過繼成爲尾張藩世子,治行繼承前二世
子遺志,繼續刊行《群書治要》。

(2)參校人員

細井德民《考例》中列出的參校人員有:人見黍、深田正純、
大塚長幹、宇野久恒、角田明、野村昌武、岡田挺之、關嘉、中西衛、
小河鼎、南宮齡,以及細井德民。在此,筆者據《尾張名家誌》(初
編)② 簡介部分學者:

人見黍(1729—1797),字子魚,號璣邑,通稱彌右衛門。德川
治休的侍講。主持治水工程,主導農業改革,振興藩校明倫堂,與
細井德民定學規,後總管《群書治要》版印,任勘定奉行,是推進尾
張藩改革的重臣。

深田正純(1714—1784),字美之,號厚齋,通稱佐市。第八代
藩主德川宗勝侍臣,第九代藩主德川宗睦長子治休等人的伴讀。

岡田挺之(1737—1799),名宜生,號新川,通稱仙太郎。岡田
氏爲尾張藩世臣,歷任明倫堂教授、繼述館總裁。寬政四年(1792)
繼細井德民任明倫堂督學(校長)。據《群書治要》校輯出《鄭注孝
經》,傳入中土後被鮑廷博編入《知不足齋叢書》第二十一集。

關嘉(1753—1806),字公德,號元洲。受細井德民知遇之恩
而前往尾張藩,後任明倫堂都講、教授。

---

① [日]細井德民《刊〈群書治要〉考例》,[唐]魏徵等輯《群書治要》[國家
　圖書館(國家古籍保護中心編)"永青文庫四種"],第1冊,第23頁。
② [日]細野要齋《尾張名家誌》(初編),安政四年(1857)皓月堂刊本。

　　南宮齡(1765—1791),字大年,號龍湫、藍川,通稱大助。被細井德民撫養繼承家學,明倫堂教授,德川宗睦侍讀。

　　細井德民(1728—1801),字世馨,號平洲,平安初期漢學家紀長谷雄的後人。德川宗睦侍讀,世子侍讀,明倫堂督學。光緒朝中國駐日本使館參贊黃遵憲於其《日本雜事詩》中記載"更有古學家專治漢唐注疏共六十人,尤者曰細井德民……"①

　　以上列出的校勘人員皆爲尾張藩重臣、藩主侍讀、藩校明倫堂督學或教授。可見,尾張藩爲保證校勘質量,集中了整個藩國最有學問的學者參與刊印《群書治要》。此外,據福井保及東條耕的研究,從事天明本《群書治要》的人員不止此十二人,例如片山世璠就曾在尾張藩繼述館參與《群書治要》的校勘②。

　　(3)校勘方法及原則

　　細井德民《考例》云:"幸魏氏所引原書,今存者十七八,乃博募異本於四方,日與侍臣照對是正。""我公(即德川宗睦)上自內庫之藏,旁至公卿大夫之家,請以比之,借以對之。"③"內庫之藏""公卿大夫之家"當指江戶楓山文庫所藏金澤文庫本及九條家所藏平安時期寫卷,四方博募之異本指魏徵所引原典的傳世本。故校勘是以元和本爲底本,與金澤本、九條家本進行校合,再與傳世原典相互對照④。

---

① [清]黃遵憲著《日本雜事詩》卷一,朝華出版社,2017年,第74頁。
② 參見[韓]金光一《〈群書治要〉研究》,復旦大學中國古代文學專業博士論文,2010年。
③ [日]細井德民《刊〈群書治要〉考例》,[唐]魏徵等輯《群書治要》〔國家圖書館(國家古籍保護中心編)"永青文庫四種"〕,第1冊,第22—23頁。
④ [韓]金光一《〈群書治要〉研究》,復旦大學中國古代文學專業博士論文,2010年。

關於校勘原則,《考例》云,"是非不疑者就正之,兩可者共存。又與所引錯綜大異者,疑魏氏所見,其亦有異歟? 又有彼全備而此甚省者,蓋魏氏之志,唯主治要,不事修辭。亦足以觀魏氏經國之器,規模宏大,取捨之意,大非後世諸儒所及也。今逐次補之,則失魏氏之意,故不爲也。不得原書者,則敢附臆考,以待後賢"①。其中提到的傳世之本與《群書治要》所引之文相比對時出現的兩種情況,一種爲"錯綜大異者",一種爲"彼全備而此甚省者"。對於後者,當是魏徵等人在輯録時特意删削所致,故尾張藩的校勘者並未添補。然對於"錯綜大異者",校勘者懷疑魏徵當時所見之本與傳世之本有異。筆者認爲,一種可能是典籍本身存在異本,但更可能是傳世之本在流傳中與古本出現了偏差。《考例》中並未就此説明當時的校勘者是如何處理這種情況的,但從實際結果看,天明本《群書治要》有多處根據傳世本修改《群書治要》原本的情況。此外,從"不得原書者,則敢附臆考,以待後賢"一句來看,校勘過程中亦出現了無法解決的問題。金光一認爲,這也是尾張藩的學者們積極將《群書治要》傳回中國的原因,就是不抛棄尋找另外《群書治要》傳本的希望②。

《群書治要》校勘工作於日本天明六年(1786)十月完成,從安永年間德川治休、治興開始校勘,至天明六年十月,校勘工作歷時約 10 年③。

---

① [日]細井德民《刊〈群書治要〉考例》,[唐]魏徵等輯《群書治要》〔國家圖書館(國家古籍保護中心編)"永青文庫四種"〕,第 1 册,第 24—25 頁。
② [韓]金光一《〈群書治要〉研究》,復旦大學中國古代文學專業博士論文,2010 年。
③ [日]尾崎康《〈群書治要〉とその現存本》,載《斯道文庫論集》,慶應義塾大學附屬研究所斯道文庫,1990 年第 25 輯。

（4）出版

校勘完成後，尾張藩委託書肆風月堂將《群書治要》雕版印刷，天明七年（1787）九月中旬完成。據尾崎康統計，天明本《群書治要》初次印刷數量有五六十部（據細井平洲書簡）和三百部（據《名古屋市史》）兩種說法。刊印完成後，藩國重臣、校勘者、有關人員各賜一部。第二年，又有七十多位藩臣申請獲得此書。隨後多次少量補印。寬政三年（1791），尾張藩再次組織學者對原文進行了校勘，並進行了補印，此次印量較大，由江戶書肆須原屋茂兵衛和尾張書肆風月堂聯名刻印（即"寬政本《群書治要》"）。後享和、文化、文政年間，尾張藩又多次補印《群書治要》①。

日本國立公文書館內閣文庫藏有一部原林家舊藏天明本《群書治要》，可供在線閱覽及下載②。其版本信息如下：深藍色書衣，28.5×19.7cm，書籤"群書治要幾　幾（卷次）"，雙郭（外圍19.3×4.3cm）。校正群書治要序（文末鈐"國子祭酒"陽文墨印、"林信敬印"陰文墨印），刊群書治要考例、群書治要序、群書治要目錄，卷一排列。四周雙邊，半框（20.4×14.8cm），有界，半頁九行十八字，注解小字雙行。書眉爲校語欄，單邊1.8cm。版心有"群書治要卷之幾"及頁數，上下白口，單（黑）魚尾。兩卷一冊，共25冊，其中卷三、卷十四、卷十九單卷裝訂。各卷卷首鈐有"林氏藏書""闊齋圖書""大學校圖書之印""淺草文庫""日本政府圖書"朱印，卷末鈐有"昌平坂學問所"墨印。

由"林氏藏書"藏印知此部《群書治要》原爲林家舊藏，後入藏

---

① ［日］尾崎康《〈群書治要〉とその現存本》，載《斯道文庫論集》，慶應義塾大學附屬研究所斯道文庫，1990年第25輯。

② 國立公文書館內閣文庫藏。［2021年8月2日］https://www.digital.archives. go.jp/img.pdf/3610733。

昌平坂學問所。"昌平坂學問所"藏印有朱、墨二色,墨色爲學問所舊藏,包括原林家藏書,朱色爲各家進獻之書,學生不得閱覽①。由"大學校圖書之印""淺草文庫""日本政府圖書"知此部《群書治要》後分別由大學校、淺草文庫、太政官文庫收藏。

　　天明本《群書治要》還有一種帶圓印的版本,即在細井德民《刊〈群書治要〉考例》的結尾處有"尾張國校藏板"朱色圓印。尾崎康推測無此圓印的版本或許較早②。有圓印的版本在内閣文庫、慶應義塾圖書館等機構均有收藏。上海商務印書館藏書閣涵芬樓曾影印帶有圓印的天明本《群書治要》,1926 年的影印本被收入《四部叢刊》(初編)。2011 年臺灣世界書局又據四部叢刊本影印。

　　3. 寬政本《群書治要》

　　寬政三年(1791)修訂本修正了天明七年(1787)刊本中的訛誤,將難以辨識的異體字改爲了通行字,修改了句讀,亦修訂了天明本眉欄中的校語。石濱純太郎《〈群書治要〉の尾張本》中舉例説明了天明本與寬政本在文本、句讀、眉注方面的不同之處③。尾崎康對石濱氏的總結進行了分析④。筆者現將考例、目録及第一卷中寬政本在文本上異於天明本之處述列於表 2.6。

① 林申清《日本藏書印鑒》,第 143 頁。
② [日]尾崎康《〈群書治要〉とその現存本》,載《斯道文庫論集》,慶應義塾大學附屬研究所斯道文庫,1990 年第 25 輯。
③ [日]石濱純太郎《〈群書治要〉の尾張本》,《支那學論考》,全國書房,1943年,第 71—74 頁。
④ [日]尾崎康《〈群書治要〉とその現存本》,載《斯道文庫論集》,慶應義塾大學附屬研究所斯道文庫,1990 年第 25 輯。

表2.6　天明本與寬政本在考例、目錄及第一卷中的歧異

位置	相應頁碼	天明本	寬政本
刊群書治要考例	頁1b行5	羅山先生補其二卷，其一卷不傳	羅山先生補其三卷，而一卷不傳
目錄	頁1a行6	第四 春秋左氏傳上	第四 春秋左氏傳上 闕
	頁1b行7	第十三 漢書一	第十三 漢書一 闕
	頁2a行5	第二十 漢書八	第二十 漢書八 闕
卷一周易	頁10a行1夾注右列	以在其上	以存其上
	頁10a行7	斉	丞
	頁11a行6	聖人以享上帝	聖人以亨上帝

　　天明本與寬政本《群書治要》最顯著的區別是目錄中亡佚的三卷下是否有“闕”字。這也是分辨天明本與寬政本最簡單的方式。

　　早稻田大學圖書館藏有天明七年（1787）刊寬政三年（1791）修本，可在線閱讀並下載①。其中一部爲島田三郎舊藏，其版本信息如下：深藍色書衣，29.3×20.4cm，書籤“群書治要幾 幾（卷次）”，雙郭（外圍18.8×4.2cm）。校正群書治要序（文末鈐“國子祭酒”陽文墨印、“林信敬印”陰文墨印），刊群書治要考例、群書治要序、群書治要目錄，卷一排列。四周雙邊，半框（21.6×15.3cm），有界，半頁九行十八字，注解小字雙行。書眉爲校語欄，單邊1.9cm。版心有“群書治要卷之幾”及頁數，上下白口，單（黑）魚尾。兩卷一册，共25册，其中卷三、卷十四、卷十九單卷裝訂。

────────────

① 早稻田大學圖書館藏。［2021年8月6日］https://archive.wul.waseda.
　ac.jp/kosho/wa04/wa04_06314/。

　　此部《群書治要》每册第一卷卷首及第二卷卷尾鈐有"島田藏書"朱印,每册第一卷卷首鈐有"早稻田大學圖書"方形朱印,每册第二卷卷首鈐有"早稻田大學圖書"長方朱印。《校正〈群書治要〉序》前鈐有"早稻田大學圖書館紀念圖書"朱印,内寫"島田三郎氏大正十三年二月",以及"大正年 / 月 / 日 / 氏寄贈"朱印。由此知此部《群書治要》原爲島田三郎① 舊藏。島田三郎去世後(大正十二年,1923),其藏書捐贈給早稻田大學收藏。

　　寬政本《群書治要》於寬政八年(1796)回傳中國。詳細情況將在本書第三章闡述。

(七)江户時期紀伊藩與《群書治要》

　　御三家中的紀州德川家也積極推動《群書治要》的弘傳。紀伊藩繼承了日本元和二年(1616)刊印《群書治要》的銅活字,並將其秘藏在和歌山城天守閣② 。在駿河版《群書治要》刊印 230 年後,弘化三年(1846),紀伊藩用元和二年(1616)的銅活字再次刊印了《群書治要》。從山本元恒③ 所撰之《活字銅版〈群書治要〉序》可知弘化本《群書治要》刊印情況。

　　德川家康統一海内,注重文治,尤其重視《貞觀政要》及《群

① 島田三郎(1852—1923),幼名鐘三郎,號沼南,明治至大正時期記者、政治家。出生於江户幕府家臣鈴木家,後成爲橫浜每日新聞社員總代島田豐寬養子。曾就讀於昌平黌、沼津兵學校。其子島田孝一曾任第六代早稻田大學總長(1946—1954)。
② [日]尾崎康《〈群書治要〉とその現存本》,載《斯道文庫論集》,慶應義塾大學附屬研究所斯道文庫,1990 年第 25 輯。
③ 山本元恒(1795—1857),字龜卿,號亨齋,山本東籬養子,藩校學習館督學。

書治要》,紀州德川家欲繼承德川家康祖訓,使國老、諸司知書中大意,以有裨益於政治,故刊印二書。日本文化年間(1804—1817),藩主德川治寶(1789—1824 在位)曾下令取秘府所藏之銅版活字印刷《貞觀政要》,命山本惟恭①主事,未果。文政元年(1818),督學山本惟孝②刊印了《貞觀政要》。天保十四年(1843)秋,兩代藩主德川治寶及德川齊順(1824—1846 在位)再次計劃用銅活字印刷《群書治要》。翌年(弘化元年,1844)③,山本元恒奉二公之命,著手準備刊印,其間參與者涉及講官、執事、通官、助教等,弘化三年(1846)仲春竣工。弘化本《群書治要》刊印四個月後,天守閣遭遇雷火,多數銅活字化爲灰燼④。

　　由於林羅山所補闕卷不存,弘化本《群書治要》仍按原本所存的 47 卷刊印,刊印時也進行了校勘。山本元恒《活字銅版〈群書治要〉序》敘述了校勘原則,"且魏氏所引之本書全備而原本省約,有其義難通者,此全脱誤,則就本書而補正之。如其異同無害於義,則存舊不敢妄改。本書今不存者,雖有義之難通,亦沿舊而不臆考焉"⑤。即使進行了校勘,弘化本仍然産生了新的訛誤。例如,魏徵《群書治要序》"咸襲纓冕"句,弘化本作"咸襲冕纓","纓""冕"二字倒置。

---

① 山本惟恭(1745—1807),本姓倉地,字子謙,號東籬。江户中後期儒者,藩校學習館督學。文化三年(1807)十二月二十一日去世。

② 山本惟孝(1764—1841),字元礼,號樂所,通稱源吾,後改爲源五郎。師從山本東籬,江户中後期儒者,藩校學習館督學。

③ 天保十五年(1844)十二月二日甲午,改元"弘化"。參見[日]小倉慈司《日本の年号》,第 370—372 頁。

④ [日]尾崎康《〈群書治要〉とその現存本》,載《斯道文庫論集》,慶應義塾大學附屬研究所斯道文庫,1990 年第 25 輯。

⑤ 引自日本國立國會圖書館所藏弘化本《群書治要》。

　　尾崎康指出,弘化本在排印時新鑄了一些銅活字,因此文中一些字的墨跡不同,形體稍異①。弘化本目前現存本很少,有 48 册和 25 册兩種裝訂形式②。且現存本上都没有紀伊德川氏和幕府末期至明治初期的藏印③。

　　日本國立國會圖書館藏有弘化本《群書治要》,可供閱覽及下載④。其版本信息如下:黄緑色書衣,26.4 × 18.7cm。書籤“群書治要幾　幾(卷次)”,雙郭(外圍 19.3 × 3.7cm)。活字銅版群書治序、群書治要序、群書治要目録、卷一排列。四周雙邊,半框(21.5 × 15.9cm),有界,半頁八行十七字,注解小字雙行。版心有“群書治要卷幾”及頁數,上下黑口,黑魚尾。各卷卷首鈐有“内田所藏之記”“小汀氏藏書”朱印,内封有“國合圖”朱印,卷末鈐有“國立國會圖書館”朱印。木匣裝,兩卷一册,共 25 册,其中卷三、卷十四、卷十九單卷裝訂。此本的木匣上有昭和戊寅(1938)九月漢學學者多紀仁之助(1869—1946)題寫的識語,從識語知此書原爲富岡鐵齋⑤舊藏,後歸於三尾氏。此外,從“小汀氏藏書”知此本也曾屬小汀利得⑥。此本現藏於日本國立國會圖書館。

---

① [日]尾崎康《〈群書治要〉とその現存本》,載《斯道文庫論集》,慶應義塾大學附屬研究所斯道文庫,1990 年第 25 輯。
② [日]尾崎康《〈群書治要〉とその現存本》,載《斯道文庫論集》,慶應義塾大學附屬研究所斯道文庫,1990 年第 25 輯。
③ [日]尾崎康《〈群書治要〉とその現存本》,載《斯道文庫論集》,慶應義塾大學附屬研究所斯道文庫,1990 年第 25 輯。
④ 國立國會圖書館藏。[2021 年 7 月 11 日]https://dl.ndl.go.jp/pid/2605229。
⑤ 富岡鐵齋(1836—1924),名百練,字無倦,號鐵齋,日本明治至大正年間文人畫家、儒學學者。別號鐵人、鐵史、鐵崖等。
⑥ 小汀利得(1889—1972),日本記者、時事評論家、藏書家。

（八）近現代日本與《群書治要》

1867 年（慶應三年）1 月，明治天皇（1852—1912）即位。明治維新是日本近代化的開端。此後日本政府大興教育，統一管理原官家及衆多私家藏書，建立圖書館，向公衆開放。《群書治要》如元和本、天明本、寬政本等，皆有多部，分藏在各文庫，隨著文庫的開放進入公衆視線，相關研究也日漸興起。

1. 昭和本《群書治要》

金澤文庫本《群書治要》入藏宫内省圖書寮（即宫内廳書陵部）後，昭和十六年（1941），宫内省圖書寮以金澤本爲底本，精細校勘，整理出版了鉛字版《群書治要》，即"昭和本《群書治要》"。

與之前的各《群書治要》版本所不同的是，昭和本《群書治要》在卷一册①前增加了解説凡例册，包含《〈群書治要〉解説》及《凡例》，附《一覽表》及《正誤表》。

《〈群書治要〉解説》一文介紹了《群書治要》的編纂、意義、在中國典籍中的著録、日本天皇的閲讀，以及幕府對《群書治要》的傳播，即金澤本、元和本、天明本、弘化本《群書治要》的抄寫或刊印，其中重點介紹了金澤本《群書治要》的抄寫、流傳、版本信息、點校情況，最後分析了各個版本的難點或未盡之處，並簡要説明了《群書治要》回傳中國。從文中可總結出宫内廳圖書寮出版昭和本《群書治要》的起因有三：

其一，《群書治要》是一部治世寶典，不僅李唐之治有賴此書，日本歷代皇室及公卿都極爲重視此書。

---

① 按：卷一册包含魏徵《群書治要序》、目録、卷一《周易》。

李唐三百年の治は、職として太宗の定範に由る、而して
其の根柢を成せるものは、實に本書なりとす、我が國列聖黎
民を撫育して、天下の昇平を望みたまひ、異域の政績と雖も、
採つて以て治資と爲すに足るべきものは、悉く包羅して之
を海内に流施せらる、群書治要の夙に我が國に傳來して、永
く廟堂に實重せられたる所以のもの、洵に偶然に非ざるな
り。①

　　　　　　　　——《群書治要》解説凡例《〈群書治要〉解説》

其二，金澤文庫所藏古寫本是《群書治要》珍貴的版本，也是
海内孤本。

爾来世局の變亂に遭ふて、朝廷の秘卷、及び諸家の鈔本
は、盡く泯滅に歸し、復た隻影を留めざるに、金澤本獨り天
下の孤本として、巋然猶ほ今日に存せり。②

　　　　　　　　——《群書治要》解説凡例《〈群書治要〉解説》

其三，金澤本《群書治要》中存在大量異俗體字，而其他《群書
治要》版本又因校勘訛誤而未盡人意。

原卷軸は、唐鈔本より傳寫せしものなれば唐代通用の古
字、異字、通字等多く、後世の參考に資する所極めて大なり、

---

① ［日］宮內省圖書寮《〈群書治要〉解説》，《群書治要》，解説凡例冊，第 1 頁。
② ［日］宮內省圖書寮《〈群書治要〉解説》，《群書治要》，解説凡例冊，第 5—
　　6 頁。

又鈔寫の際、誤寫遺脱せるもの少からず、此等の錯謬は、唐鈔本已に之有りしか、將た我が國に入りて後、生ぜし所か，今にして一々之を究明すること難し、後年開版の元和本、天明本、弘化本は、孰れも儒員の手に依りて、補訂せられし所多きも、往々妄改に陥りしのあり、元和本は、活版至難の時代に、僅々數箇月を以て、成れる事業なれば、其の誤謬ある、固より已むを得ざる所ならん、天明本の如きは、内庫の本を以て校訂すと稱するも、金澤本と校合せざる所あり、弘化本は，元和本を底本として、却つて誤を滋くしたる跡あり。①

　　　　——《群書治要》解説凡例《〈群書治要〉解説》

　　正是由於《群書治要》對成就盛世具有重要意義，金澤本孤本流傳，而其他刊本又多有訛誤，宮内省圖書寮以入藏的金澤本爲底本，對《群書治要》再次校勘、整理、出版。

　　《凡例》列出了文字整理及校勘細則。《凡例》之後有《一覽表》和《正誤表》。《一覽表》梳理了金澤本《群書治要》的基本情況，按照卷次列出了每卷的長度（尺）、紙數、修改的部分，後人抄寫點校的情況，以及清原教隆講解的次數等。《正誤表》則按照卷次列出了金澤本中的訛字。昭和本照録金澤本，但在《正誤表》中列出了訛字對應的正字。表中“枚”“行”爲昭和本頁數及行數。由此二表可見宮内省圖書寮在整理金澤本時也是下了相當的功夫的。

　　日本國立國會圖書館藏有昭和本《群書治要》，可供在線閲讀

———————

① ［日］宮内省圖書寮《〈群書治要〉解説》，《群書治要》，解説凡例册，第9—10頁。

及下載 ①。其版本信息如下：深藍色書衣，22.9×15.1cm。解説凡例册書籤"群書治要解説 凡例"，自卷一册起書籤"群書治要幾（卷次）"，雙郭（外圍 14.3×2.8cm）。群書治要序、群書治要目録、卷一排列。四周單邊，半框（16.5×9.8cm），有界，半頁十行廿二字，注解小字雙行。版心有"群書治要卷幾"及頁數，上下白口，單（白）魚尾。一卷一册，合解説凡例共 48 册。

2.《群書治要》相關研究

《群書治要》雖然備受重視，但在公開之前，由於皇室及幕府的嚴格管理，一般讀者無法接近，只有幕府御文庫管理人員，如近藤守重，或是著名學者，纔有機會閲讀。

近藤守重（1771—1829），字子厚，號正齋，通稱重藏，江户後期幕臣，調查勘探日本北部蝦夷地區的探險家。通過日本國家考試"學問吟味"成爲幕府文臣。日本寬政七年（1795）出任長崎奉行手附出役（長崎地區行政長官的事務助理），此時受尾張藩主德川宗睦委託將《群書治要》傳回中國。文化五年（1808）被任命爲江户幕府紅葉山文庫書物奉行，至文政二年（1819）任大阪御弓奉行之前，擔任幕府御文庫奉行將近十年，其間對御文庫中的藏書進行了研究考證。

近藤守重《右文故事》中有多篇涉及《群書治要》。例如《右文故事》卷之三《御本日記附注》卷下《道春預リノ内》"卷本群書治要 四十七卷一箱"條論述了金澤本《群書治要》版本、抄寫、點校，以及《群書治要》編纂、著録、日本天皇閲讀等内容，並對細井德民

---

① 國立國會圖書館。［2021 年 8 月 10 日］https://dl.ndl.go.jp/info:ndljp/pid/2591404?tocOpened=1。

天明五年《刊〈群書治要〉考例》"正和中北條實時好居書籍"之
誤及原因進行了分析 ①。《右文故事》及《右文故事附録》中對其他
《群書治要》版本皆有論述 ②。

　　《群書治要》的研究大抵始於近藤守重。文獻記載,日本文政
元年(1818),近藤守重委託漢學者狩谷望之 ③ 與市野光彦 ④ 用金澤
本對校寬政本《群書治要》⑤。

---

① [日]近藤守重《右文故事》卷之三《御本日記附注》卷下,《近藤正齋全集》
　 第 2 册,第 143—145 頁。
②《右文故事》卷之四《御本日記續録》卷上《駿府御文庫本》"群書治要
　 四十七册" 條爲慶長本之説明(《近藤正齋全集》第 2 册,第 174 頁);《右
　 文故事》卷之五《御本日記續録》卷中《慶長御版本》"群書治要" 條詳
　 細記載了元和本《群書治要》的刊印及流佈,包括寬政本回傳中國的過程
　 (《近藤正齋全集》第 2 册,第 204—215 頁);《右文故事》卷之七《御寫本
　 譜》卷上《慶長御寫本》之 "慶長十五年"《本光國師日記》和 "慶長十九
　 年"《駿府記》記録了慶長本的抄寫過程和目的(《近藤正齋全集》第 2 册,
　 第 226—228 頁);《右文故事》卷之十《御代々文事表》卷二 "慶長二十
　 年" 條和 "元和二年" 條(《近藤正齋全集》第 2 册,第 262—265 頁)、《右
　 文故事》卷之十三《御代々文事表》卷五 "元文五年" 條記録了當年發生
　 的與《群書治要》相關的事件(《近藤正齋全集》第 2 册,第 301—302 頁);
　 《右文故事附録》卷之一《現存真本》"群書治要　四十七卷" 條是金澤本
　 《群書治要》題解,後有 "守重曰" 跋文(《近藤正齋全集》第 2 册,第 360—
　 361 頁)。
③ 狩谷望之(1775—1835),名望之,字卿雲,號棭齋,通稱津輕屋三右衛門,
　 別號求古樓。考據學者。
④ 市野光彦(1765—1826),字俊卿、子邦,號迷庵,通稱市野屋三右衛門。曾
　 入林述齋講席學習,中年後受狩谷棭齋影響轉向考據學。
⑤ [日]尾崎康《〈群書治要〉とその現存本》,載《斯道文庫論集》,慶應義塾
　 大學附屬研究所斯道文庫,1990 年第 25 輯。

　　此後,江户幕府後期至明治時期,著名學者森立之 ①、山井重章 ②、大矢透 ③、島田翰 ④ 等的研究中,皆有關於《群書治要》的部分,研究方向涉及書誌學、校勘學、出版及訓點。

　　森立之《經籍訪古志》卷四《子部上·儒家類》中有金澤本《群書治要》題解一篇 ⑤。此外,文政六年(1823),森立之曾抄《群書治要校本》二册,其中移録了校字、校語以及金澤本各卷末跋語,此書斯道文庫有藏 ⑥。山井重章著有《群書治要考異》二册。

　　大矢透編著,明治四十二年(1909)出版的《假名遺及假名字體沿革史料》梳理了日本古寫本中假名的歷史沿革,對金澤本《群書治要》列有概説、著者、本數、製本,以及部分摹影和識語,並對用於標注讀音、字義、語法等的假名進行了分析 ⑦。

① 森立之(1807—1885),字立夫,號枳園,通稱養真,後稱養竹。出身世醫之家,師事澀江全善、伊澤信恬、狩谷望之。曾任江户醫學館講師。日本江户後期杰出的醫學家、文獻學家與考據學家。參見[日]澀江全善等撰,杜澤遜等點校《經籍訪古志》,整理説明第4—5頁。

② 山井重章(1846—1907),字善甫,號清溪,通稱幹六。江户大儒山井鼎(崑崙)後裔,漢學者山井璞輔(介堂)養子。師從養父及安井息軒、鹽谷箕山。曾任伊予(愛媛縣)西條藩藩校擇善堂校長。廢藩後,任東京養正塾教授,明治二十九年(1896)任第一高等學校教授。

③ 大矢透(1850—1928),日本國語學家,對日本國語史研究中的訓點語研究有很大功績。

④ 島田翰(1879—1915),字彦楨,日本書誌學家。出身漢學世家,父爲漢學者島田重禮,母爲漢學家鹽谷宕陰(鹽谷箕山兄長)孫女,師從竹添光鴻。在島田翰的斡旋下,清末四大藏書樓之一歸安陸氏皕宋樓藏書被賣給日本三菱岩崎財團静嘉堂文庫,對中國文獻造成了難以估量的損失。

⑤ [日]澀江全善等撰,杜澤遜等點校《經籍訪古志》,第144頁。

⑥ 參見[日]尾崎康《〈群書治要〉與其現存本》,載《斯道文庫論集》,慶應義塾大學附屬研究所斯道文庫,1990年第25輯。

⑦ [日]大矢透《假名遺及假名字體沿革史料》,國定教科書共同販賣所,1909年,第34頁。

　　島田翰受宮內大臣田中光顯賞識而被特准進入宮內省圖書寮遍閱書籍，著《古文舊書考》，其中卷一《舊鈔本考》有金澤本《群書治要》題解，論述了《群書治要》的編纂、日本皇室的閱讀、金澤本抄寫點校的情況及版本信息，並將金澤本與元和本互校。文章最後指出了研究金澤本所應注意之處，"學者知先哲之勤懇如斯，憫今本之詭異如彼，緣異文以考作者之意、讀奇字而求制字之原，則可，若徒以其珍冊異書，則兩失之矣"①。這正是指出了金澤本的文獻價值。

　　大正至昭和前期，《群書治要》校勘方面的研究有所減少，而出版、文獻、考據方面的研究增多，且出現了訓詁和思想方面的研究論文。植松安《〈群書治要〉につきて》是較早的一篇②。其後石濱純太郎先後發表六篇③。新材出《葵文庫と駿河文庫》一文中有關於《群書治要》之論述④。高木文《好書雜載》對元和、天明、弘化本《群書治要》皆有論述，並有山井重章自筆本《群書治要考異》書影⑤。福井保《天明版〈群書治要〉校勘始末記》詳細考察了天明本的出版起因及校勘⑥，其另一部著作《江戶幕府刊行物》中第二章

①［日］島田翰撰，杜澤遜等點校《古文舊書考》，第 81 頁。

②［日］植松安《〈群書治要〉につきて》，載《東亞研究》1912 年第 10 號。

③［日］石濱純太郎《〈群書治要〉の〈論語〉鄭注》，載《東亞研究》1915 年第 6 號；［日］石濱純太郎《〈群書治要〉の〈尚書・舜典〉》，載《東亞研究》1915 年第 10、11 號；［日］石濱純太郎《〈群書治要〉の尾張本》，載《支那學》1921 年第 5 號；［日］石濱純太郎《〈群書治要〉の闕卷に就いて》，載《泊園書院學會會報》1921 年第 1 冊；［日］石濱純太郎《〈群書治要〉雜錄》，載《泊園書院學會會報》1922 年第 2 冊；［日］石濱純太郎《〈群書治要〉の史類》，《東洋學叢編》第 1 冊，刀江書院，1934 年，第 1 冊。

④［日］新材出《葵文庫と駿河文庫》，《典籍叢談》，岡書院，1925 年。

⑤［日］高木文《好書雜載》，井上書店，1932 年。

⑥［日］福井保《天明版〈群書治要〉校勘始末記》，《書誌學》第 6 卷第 3—4 號，書誌學社，1936 年。

“德川家康の刊行物”第二節“駿河版”中介紹了元和二年（1616）
刊印的《群書治要》。

　　第二次世界大戰結束後，平安本殘卷在第二次世界大戰後被
發現於九條公爵府邸，後由日本國立東京博物館對其進行修復，此
項工作仍在進行中。此外，隨著更多《群書治要》版本及存本的發
現與公開，日本學者對《群書治要》的研究逐漸升溫，在衆多研究
方向都出現了《群書治要》相關的論文。

　　在版本研究方面，太田晶二郎、是澤恭三、島谷弘幸三篇文章
皆爲與平安本《群書治要》相關的論文①。其中，太田晶二郎對殘
簡的研究尚在平安本被發現於九條公爵府之前。尾崎康《〈群書治
要〉とその現存本》系統性梳理了《群書治要》在日本的現存本，此
文是《群書治要》版本及現存本方面的綜合性論述。

　　在文獻研究方面，1976 年汲古書院出版之《和刻本經書集成》
正文之部收録了群書治要本《孝經》，而古注之部則從《群書治要》
中輯録了《鄭注孝經》。多田狷介對《群書治要》所引兩篇《中論》
佚文進行了研究②。小林芳規《宮内廳書陵部藏本群書治要經部語
彙索引》（《古典籍索引叢書》10，古典研究會，1996 年）則是研究
金澤本《群書治要》的工具書。

　　現代日本學者更多是從語言學角度研究金澤本《群書治要》的

---

① ［日］太田晶二郎《〈群書治要〉の殘簡》，載《日本學士院紀要》1951 年第
　 1 期；［日］是澤恭三《〈群書治要〉について》，載《Museum》1960 年第 110
　 通號；［日］島谷弘幸《〈群書治要〉（色紙）》，載《日本の國寶》1997 年第
　 44 期。
② ［日］多田狷介《〈群書治要〉所引の二篇の〈中論〉佚文について》，載《中
　 國古代史研究》2017 年第 8 期。

訓點和讀音。小林芳規[①]、佐佐木勇[②]在這方面皆著述豐富。此外，井上親雄、西崎亨、森岡信幸、水上雅晴等學者皆有相關論述[③]。

（九）《群書治要》在日本流傳的階段

按照時間順序，《群書治要》在日本先後出現且流傳至今的版本有八個，即平安本（九條家本）、鎌倉本（金澤文庫本）、慶長本、元和本、天明本、寬政本、弘化本、昭和本。表 2.7 彙總了諸本的基本信息。

---

① 例如：[日]小林芳規《漢籍訓読語の特徴——〈群書治要〉古点と教行信証古点、法華経古点との比較による》，載《訓點語と訓點資料》1964 年第 29 期；[日]小林芳規《金沢文庫本〈群書治要〉卷四十所收〈三略〉の訓點》，《平安鎌倉時代に於ける漢籍訓読の国語史的研究》，東京大學出版社，1967 年；[日]小林芳規《金沢文庫本〈群書治要〉の訓点——経部について》，載《金澤文庫研究》1986 年第 277 通號；[日]小林芳規《金澤文庫本〈群書治要〉の訓點》，金澤本《群書治要》影印本，古典研究會叢書漢籍之部，汲古書院，1991 年。

② 例如：[日]佐佐木勇《日本漢音における反切・同音字注の仮名音注・声点への反映について——金沢文庫本〈群書治要〉鎌倉中期点の場合》，載《國語學》2002 年第 3 期；[日]佐佐木勇《金沢文庫本〈群書治要〉と久遠寺蔵〈本朝文粋〉との漢字音の比較——鎌倉時代中期における漢籍と和化漢文との字音注の差異について》，載《音聲研究》2004 年第 2 期；[日]佐佐木勇《金沢文庫本〈群書治要〉経部鎌倉中期点の漢音——聲母について》，載《新大國語》2005 年第 30 期。

③ 例如：[日]井上親雄《宮内庁書陵部藏〈群書治要〉古点の訓読"ヲソリて"と"ヲソレて"》，《大坪併治教授退官記念国語史論集》，表現社，1976 年；[日]西崎亨《文明本節用集所引〈三略〉の訓点——群書治要本〈三略〉との比較》，載《國學院雜誌》1986 年第 8 期；[日]森岡信幸《金沢文庫本〈群書治要〉鎌倉中期点経部の文末表現をめぐって》，《小林芳規博士喜壽記念國語學論集》，汲古書院，2006 年；[日]水上雅晴《日本金澤文庫古鈔本〈群書治要〉寫入の音義注記》，《第一屆〈群書治要〉國際學術研討會論文集》，萬卷樓（臺灣），2020 年。

表2.7　日傳《群書治要》諸本信息彙總

序號	文獻中所見名稱	抄寫或刊刻時間	抄寫或刊刻地	相關機構或人員	製本	特點	現藏
1	平安本、九條家本、卷子本、古寫本	平安時代，約10—11世紀	京都	九條家、藤原賴忠	卷軸裝寫本	最古、殘卷、"日本國寶"	國立東京博物館
2	鎌倉本、金澤文庫本（金澤本）、卷子本、古寫本	1253初抄，1274—1308補抄	京都、金澤	北條實時貞顯、清原教隆隆重、藤原家博士等	卷軸裝寫本	"最古的全本"，為此後諸本的母本，後有河羅本、影印本等	原本藏於宮內廳書陵部，複製本、影印本分藏多家藏書機構
3	慶長本	慶長十五年（1610）	？	德川家康下令、鎌倉僧眾抄寫	線裝寫本	以金澤本為底本、元和本之母本	國立公文書館內閣文庫
4	元和本、銅活字本、駿河版	元和二年（1616）	駿府城	德川家康下令、林羅山等主持	線裝銅活字	以慶長本為底本、天明本之母本	宮內廳書陵部、國立公文書館、國立國會圖書館、東洋文庫、蓬左文庫等
5	天明本、尾張本	天明七年（1787）	尾張藩	德川宗睦下令、細井德民等校	線裝雕版	以元和本為底本	國立公文書館、東京大學附屬圖書館等
6	寬政本、天明刊寬政修本	寬政三年（1791）	尾張藩	尾張藩	線裝雕版	天明本的修訂本	靜嘉堂文庫、早稻田大學圖書館等
7	弘化本、紀印本	弘化三年（1846）	紀伊藩	德川治寶齊順下令、山本元恆主持	線裝銅活字	使用元和本刊印所用銅活字刊印	國立國會圖書館、和歌山大學附屬圖書館等
8	昭和本、鉛字本	昭和十六年（1941）	京都	宮內省圖書寮	線裝鉛字	以金澤本為底本	國立國會圖書館

　　根據本章梳理的《群書治要》流傳過程,可將《群書治要》在日本的流傳分爲以下幾個階段:

　　第一階段是發展階段,從《群書治要》傳入日本至平安中期,根據主要特點亦可稱爲"閱讀應用"階段。此時期《群書治要》受到皇室的極大歡迎,經筵纍講此書。史載仁明天皇、清和天皇、宇多天皇、醍醐天皇均讀過《群書治要》。皇室、公卿積極閱讀此書,運用其中的治理理念,從而成就了日本歷史上平安時期的繁榮。

　　第二階段是繁榮階段,從平安中後期至鎌倉幕府末期,根據主要特點亦可稱爲"抄寫學習"階段。平安中後期起,《群書治要》的閱讀範圍從皇室及博士家擴大至京都貴族,閱讀、傳抄,甚至饋贈《群書治要》都成爲了京都貴族的時尚。九條家所收藏的《群書治要》(即平安本《群書治要》殘卷)流傳至今。此後的鎌倉幕府也尤爲重視《群書治要》。北條實時祖孫多次下令抄寫或補抄此書,並委託清原氏、藤原氏等明經或紀傳博士對其進行點校。合衆人之力形成的金澤本《群書治要》是當今《群書治要》諸版本中"最古的全本"。

　　第三階段是衰落階段,從南北朝至德川家康建立江戶幕府,根據主要特點亦可稱爲"散佚沉寂"階段。這一時期日本戰亂頻生,衆多《群書治要》藏本在動蕩的社會中消亡。除戰國時期正親町天皇之年號"永祿"出自《群書治要》外,其他有關《群書治要》的歷史記載極少。

　　第四階段是復興階段,時間爲整個江戶幕府時期,根據主要特點亦可稱爲"刊刻傳播"階段。《群書治要》傳至德川家康手中時,僅存金澤本這一孤本。有幸家康重視《群書治要》,下令對其抄寫並銅活字印刷,產生了慶長本、元和本。此後,尾張藩、紀伊藩不遺餘力地刊印、傳播,產生了天明本、寬政本及弘化本。其中以天明本及寬政本傳播最廣。在尾張藩第九代藩主德川宗睦的大力推動下,《群書治要》也在這一時期回傳中國。

第五階段是轉型階段,從明治維新至今,根據主要特點亦可稱爲"保護研究"階段。宮內省圖書寮以珂羅版複製金澤本《群書治要》,對其進行了整理並出版了昭和本《群書治要》。二戰後,平安本殘卷被發現於九條公爵府,日本國立東京博物館對其進行修復,此工作仍在進行中。隨著《群書治要》全面公開,廣大學者得以近距離閱讀此書。《群書治要》不僅在日本學界,也在中國學界受得了廣泛關注,其相關研究論文也大量湧現。

可見,《群書治要》在日本經歷了從皇室、公卿貴族,到幕府,再到官校、研究機構、公共圖書館的流傳過程。進入現代,《群書治要》通過現代化的傳播方式,全面公開。總體來講,《群書治要》在日本經歷了從頂層逐漸向下層普及的過程,具有廣泛化、平民化的特點。

本章小結

本章首先討論了《群書治要》東傳日本的時機。《群書治要》最早由日本遣唐使攜回日本,金光一研究認爲天寶遣唐使和貞元遣唐使是兩次可能性較大的時機。本章通過分析日本史籍中對貞元遣唐使的記載,以及對日本"延曆"年號出處的推論,將《群書治要》傳入日本的可能性聚焦在天寶遣唐使之行。

本章的主體部分,是按照歷史順序梳理了《群書治要》在日本的流傳過程,以及各個時期產生的《群書治要》版本。

平安時期,日本皇室將《群書治要》奉爲圭臬,史載仁明天皇、清和天皇、宇多天皇、醍醐天皇都曾閱讀此書。自平安中期起,《群書治要》逐漸走出皇室及博士家，進入京都貴族圈，被廣泛地閱讀和傳抄，九條家本（平安本）就是這一時期產生的代表作。本章對平安本《群書治要》的發現、抄寫、版本、殘簡及價值進行了論述。

鎌倉幕府時期，在北條實時祖孫、清原教隆，及藤原氏、清原氏家諸位博士和學者的共同努力下，完成了金澤文庫本《群書治要》的抄寫和點校。本章重點對金澤本奧書進行了解讀，對金澤本的抄寫、點校、流傳的歷史進行了研究。金澤本是《群書治要》流傳至今的版本中"最古的全本"，具有極高的文獻價值和思想研究價值。

江户幕府時期，在德川家康的推動下，產生了慶長本（寫本）和元和本（銅活字本，駿河版）。天明年間，尾張藩藩主德川宗睦再次倡印《群書治要》，產生了天明本和寬政本。本章重點研究了元和本的刊印，以及天明本的刊印緣起、參校人員、校勘原則及方法、版本等內容，對比了寬政本與天明本的不同。此外還介紹了紀伊藩利用元和銅活字再次印刷的弘化本《群書治要》。

明治維新以後，《群書治要》逐漸公開。一方面是日本官方如宮內省圖書寮對金澤本進行了整理，產生了昭和本《群書治要》，另一方面是日本學者對《群書治要》展開了廣泛的研究。本章分析了昭和本《群書治要》的整理起因，並按照時間順序梳理了《群書治要》重要的研究者及研究論文。

本章最後彙總了八個日傳《群書治要》版本的基本信息，並根據《群書治要》在日本傳播的特點，劃分了流傳的階段，即發展、繁榮、衰落、復興、轉型五個時期。

三、《群書治要》回傳中土及再傳海外

《群書治要》在日本大量印刷後,日本學界注意到此書在中國已經失傳,於是便積極將《群書治要》傳回中國。《群書治要》共經歷了三次主要的回傳。第一次發生於嘉慶元年(1796),寬政本《群書治要》回傳中土,此後天明本《群書治要》也回傳,此次回傳在清朝學術界,特別是在輯佚和校勘方面,引起了巨大反響。第二次和第三次回傳均發生於新中國成立後,中日兩國之間民間或官方的交流之中。進入新世紀,《群書治要》的思想價值再次被人們所認識。《群書治要》中的重點章節,也被譯成各國文字,從中國再傳至海外。

(一)清朝首次回傳

寬政本《群書治要》於日本寬政八年即嘉慶元年(1796)首次回傳中國,不僅傳入禁中,而且在民間傳播廣泛。首次回傳的階段可以大致分爲三步,首先《群書治要》由日本傳入中土,其次阮元尋訪四庫未收書時,將《群書治要》收入其中並上呈嘉慶帝,再次,《群書治要》在民間廣泛流佈。其中阮元訪書與《群書治要》在民間的流佈應該是同時的。

1.《群書治要》回傳中土

有關《群書治要》從日本回傳中國的過程,金光一在其博士論文《〈群書治要〉研究》及論文《〈群書治要〉回傳考》中進行了論述①。

金光一認爲,人見棨和近藤守重是使《群書治要》回傳中國的兩位重要人物。據《尾州御留守日記》記載,將《群書治要》回傳中國是人見棨之主張②。近藤守重寬政七年(1795)出任長崎奉行手附出役(長崎地區行政長官的事務助理)。赴長崎路上拜訪了尾張藩藩主德川宗睦。當時江戶幕府實行鎖國體制,只有中國及荷蘭的商人被允許進入長崎港,在嚴格管制下與日本人進行貿易。因此,希望將《群書治要》傳回中國的德川宗睦便將此事委託近藤守重。

近藤守重《右文故事》卷之五《御本日記續録》卷中"群書治要"條云:

> 寬政八年,守重長崎祇役ノ時,此書西土二亡佚スルレ故ラ以テ,大納言殿ヨリ其臣人見棨ヲシテ,此書五部ヲ郵致セラレ西土二送リ致サンコトヲ令セラル。(此時,守重ニモ又外ニ一部ヲ賜フ。)守重即コレヲ時尹中川忠英二言シ謀テ,其一部ヲ長崎聖堂二,一部ヲ諏訪神社二置キ,三部ヲ唐館二與フ。③
> ——《右文故事》卷之五《御本日記續録》卷中《群書治要》

---

① [韓]金光一《〈群書治要〉研究》,復旦大學中國古代文學專業博士論文,2010 年;[韓]金光一《〈群書治要〉回傳考》,載《理論界》2011 年第 9 期。
② [韓]金光一《〈群書治要〉回傳考》,載《理論界》2011 年第 9 期。
③ [日]近藤守重《右文故事》卷五《御本日記續録》卷中,《近藤正齋全集》第 2 冊,第 214 頁。按:圓括號内爲原文小字夾注。"人見棨"原文作"人見恭",誤。句讀依金光一博士論文添加。

寬政八年（1796），當近藤守重抵達長崎的時候，《群書治要》在西土（中國）已經亡佚，大納言德川宗睦的幕臣人見桼將五部《群書治要》委託近藤守重送予中國（此時又賜給近藤守重一部）。近藤守重與當時長崎地區行政長官中川忠英商議後，將五部中的一部存長崎聖堂，一部存諏訪神社①，三部委託唐商館轉交中國。《右文故事》記錄了時長崎譯司寄給中國商人的諭單：

> 《群書治要》此宗係昔年齎來之書籍，而邇年絕不聞有此書題目，未識現今有無原版。茲幸存於本邦而在。尾張宗藩著工翻刻，乃缺三卷，甚爲可惜。特將該書三部發與爾等兩局船主，每局各一部，尚存一部，欲交府學官庫存貯。爾等候其回棹之日，一併帶回，必須斟酌料理。更且現在此書縱雖果無原板，或在縉紳故家歷世傳下至今尚存者，亦未可知。爾等細加訪問尋覓，如有則務必將其所缺之三卷抄謄帶來，得將全部以副以友輔仁之意。丙辰七月。②
>
> ——《右文故事》卷之五《御本日記續録》卷中《群書治要》

“丙辰七月”時爲寬政八年、嘉慶元年（1796）。金光一據此段記載認爲，尾張藩積極地將《群書治要》送還中國的目的有二：一

---

① 長崎聖堂即長崎孔子廟。諏訪神社，據嚴紹璗《日本藏漢籍珍本追蹤紀實——嚴紹璗海外訪書志》第 179 頁注釋，日本稱之爲“諏訪神社”的“神社”有數處，光格天皇寬政年間尾張藩主家贈書的“諏訪神社”位於今長崎市内，與當時在長崎港上陸的中國商人的幾種居住區僅咫尺之遥，是當時在長崎的中國居民禱神的主要神社。

② ［日］近藤守重《右文故事》卷五《御本日記續録》卷中，《近藤正齋全集》第 2 册，第 214 頁下。按：“每局”原文作“母局”，誤。“棹”原文作“掉”。句讀爲筆者添加。

方面是爲張揚日本學界的最新研究成果，將佚存書傳回中國滿足中國學者之需；另一方面是爲藉機尋找《群書治要》在中國流傳的版本①。

《御本日記續録》卷中還記有中國商人的答復：

> 蒙諭有《群書治要》三部，内兩部給送兩局收去，其一部可否交存館中，將來或有讀書之輩以便觀看等。因俱已領。悉仰見貴國文風大盛，歷古典籍無不畢備，寔爲叙服。謹其單上覆照論辨理可也。辰八月錢公兩局同具。②
> ——《右文故事》卷之五《御本日記續録》卷中《群書治要》

近藤守重注，兩局唐商指費肇陽和顧鳳諧③。費肇陽，字得天，號晴湖，又號耕霞使者、霞散人、苕溪隱者等，以"費晴湖"之名行於世，湖州府苕溪人，爲兼具繪畫才能的浙商，日本江户"來舶四大家"之一，對當時及後世日本繪畫界有很大影響④。中川忠英所著《清俗紀聞》跋文中記有此人⑤。據松浦章考證，費肇陽在中川忠英

---

① ［韓］金光一《〈群書治要〉研究》，復旦大學中國古代文學專業博士論文，2010 年。

② ［日］近藤守重《右文故事》卷五《御本日記續録》卷中，《近藤正齋全集》第 2 册，第 214 頁下—215 頁上。按：句讀爲筆者添加。

③ ［日］近藤守重《右文故事》卷五《御本日記續録》卷中，《近藤正齋全集》第 2 册，第 215 頁上。

④ 李寧《〈清俗紀聞〉中的清代漢語與清代民俗》，載《文化遺產》2017 年第 2 期。

⑤ ［日］中川忠英《清俗紀聞》，寬政十一年（1799）東都書林刊本，跋。按：近藤守重亦參與此書之編纂。

任長崎奉行時正在日本長崎①。

近藤守重《右文故事附録》卷之一云："寬政八年尾張大納言宗睦卿ヨリ守重ニ再版一部ヲ賜フ。"② 由此知嘉慶元年（1796，寬政八年）傳回的《群書治要》是寬政三年（1791）修訂的版本。此本或其再刊本被阮元尋訪收入《四庫未收書》。此後，又有包括天明七年（1787）刻本在內的多部《群書治要》回傳中國③。

2. 阮元訪書與《宛委別藏》

《群書治要》這部"帝王學"之書自嘉慶元年回傳中國之後，很快便再次進入皇宮，擺上帝王的案頭。這功勞首推阮文達公。

阮元（1764—1849），字伯元，號芸臺，江蘇儀徵人，歷兵、禮、戶、工部侍郎，山東、浙江學政，浙江、江西、河南巡撫及漕運總督、湖廣總督、兩廣總督、雲貴總督等職。歷乾隆、嘉慶、道光三朝，爲"三朝元老，九省疆臣"。拜體仁閣大學士，致仕前加太子太保。謚文達。任浙江學政時主持編纂《經籍纂詁》，巡撫江西時重刻宋本《十三經注疏》，兩廣總督任上刻《皇清經解》，政績學術皆昭聞於世。

嘉慶登基後，江浙一帶社會穩定，文化繁榮，藏書盛行，且《四庫全書》續繕的三部運抵已有幾年，促進了當地圖書出版，珍本秘籍相繼復現。嘉慶五年（1800）、十四年（1809），阮元兩次巡撫浙

---

① ［日］松浦章《江户時代之日中交流》，載《浙江工商大學學報》2014 年第 2 期。

② ［日］近藤守重《右文故事附録》卷之一，《近藤正齋全集》第 2 册，第 362 頁上。

③ ［韓］金光一《〈群書治要〉研究》，復旦大學中國古代文學專業博士論文，2010 年。

江時,邀請名家,悉心搜求四庫未收之精本善本,名抄舊刻,以及中土失傳的重要典籍,並仿《四庫全書總目提要》之體例,爲每部書撰寫提要一篇,隨書上呈嘉慶帝,前後持續十餘年。在阮元之弟阮亨所著《瀛舟筆談》卷十中詳記其事:

> 　　兄官學政巡撫時,留意於東南秘書,或借自江南舊家,或購之蘇州番舶,或得之書舫,或抄自友人。凡宋元以前爲《四庫》所未收,《存目》所未載者,不下百種。爲兄訪求購借者,浙之鮑以文廷博、何夢華元錫、嚴厚民杰之力爲多。丙寅丁卯間,兄奉諱家居,次第校寫,共得六十種。每種皆仿《四庫》書式,加以提要一篇。丁卯冬,服闋入覲,進呈乙覽,蒙賜披閱,獎賞有加。戊辰己巳復撫浙,續寫四十種進呈,亦各爲提要一篇。①
>
> 　　　　　　　　　　　　　　　　　——《瀛舟筆談》卷十

　　阮元三次向嘉慶帝進呈尋訪古籍②。前兩次在阮亨《瀛舟筆談》中有所記録。嘉慶十年(1805),阮元喪父,在家丁憂期間編寫提要六十種。嘉慶十二年(1807)冬,阮元居喪期滿,奉詔進京,呈上四庫未收書六十種。嘉慶帝稱讚有加,賜藏書庫額“宛委別藏”,取旨於《吳越春秋》禹“登宛委山發金簡之書”之典,爲珍貴罕見册籍之意③。並於每書頁首鈐“嘉慶御覽之寶”朱色陽文方印。嘉

① 轉引自盧仁龍《〈宛委別藏〉編纂始末》,載《文獻》1990年第1期。
② 盧仁龍《〈宛委別藏〉編纂始末》引吳哲夫《宛委別藏簡介》〔載《故宮圖書季刊》(臺灣)1970年第1卷第1期〕云“故宮原藏分三編”,故推測當爲三次進呈。
③ 俞信芳《〈宛委別藏〉提要拾補》,載《寧波師院學報(社會科學版)》1993年第1期。

慶十三年（1808）、十四年（1809），阮元再次巡撫浙江，繼續尋書並
編寫提要，再次進呈四十種。阮元第三次進呈當在阮亨記事之後。
嘉慶十六年（1811），阮元在京繼續編録整理四庫未收書，撰提要百
餘篇，隨書進呈嘉慶帝入"宛委别藏"①。

　　道光二年（1822），阮元之子阮福刻校《揅經室集》時，輯各篇
提要爲《揅經室外集》，即《四庫未收書提要》五卷，序云：

　　　　家大人在浙時，曾購得四庫未收古書進呈内府，每進一
書，必仿《四庫》提要之式奏進提要一篇。凡所考論，皆從採
訪之處，先查此書原委，繼而又屬鮑廷博、何元錫諸君子參互
審定。家大人親加改定纂寫，而後奏之。十數年久，進書一百
數十部。此提要散藏於揚州及大兄京邸。福因偕弟祐、孔厚
校刻《研經室集》，請録刊提要於集内。家大人諭：此篇半不出
於己筆，即一篇之中，創改亦復居半。文不必存，而書應存，可
别而題之曰《外集》。②

　　　　　　　　　　　　　　　　　　　——《四庫未收書提要》

　　由此知提要之撰寫亦是集合衆人之力。阮元爲有清一代樸學
大師，鮑廷博、何元錫、嚴杰之皆爲精通校勘、版本、目録的知名學
者。這些學者合力精選書籍並撰寫提要，則四庫未收書極具版本
價值和學術價值。《宛委别藏》目前存書160種，而現存《四庫未
收書提要》爲174篇。在這批四庫未收書中，有多部中土失傳的典

① 張樹忠《阮元與宛委别藏》，載《圖書館雜誌》2001年第7期。
② ［清］阮元撰，阮福編《四庫未收書提要》五卷，《續修四庫全書》，上海古籍
　出版社，2002年，總第921册，第1頁上。

籍,其中就包含有從日本傳入的寬政本《群書治要》。阮元進呈之《群書治要》,卷首無《校正〈群書治要〉序》及《刊〈群書治要〉考例》,代之以《〈群書治要〉五十卷提要》,隨後接魏徵序言及目録。

由於《揅經室外集》目次雜亂且有遺漏,光緒八年(1882),大興傅以禮按經、史、子、集四部重新排編而成《四庫未收書目提要》四卷(一名《揅經室經進書録》),並附有考證。《〈群書治要〉五十卷提要》被編入卷三子部雜家類 ①。

3.《鄭注孝經》與《群書治要》

筆者認爲,在阮元訪書並收録《群書治要》的過程中,不得不提的是《鄭注孝經》的輯佚和刊行。日本學者林秀一《〈孝經鄭注〉輯佚及刊行的歷史——以日本爲中心》一文詳細論述了日本寬政六年(1794)岡田挺之刊行《鄭注孝經》並回傳中國的歷史 ②。金光一《〈群書治要〉研究》對此也有詳細論述 ③。

《鄭注孝經》在清末學術界獲得認可,對清末學者認識《群書治要》起到了積極的作用,而鮑廷博在此過程中起了重要的作用。

鮑廷博,字以文,號淥飲,別號通介叟。安徽歙人。著名藏書家、刻書家,精校勘、版本、目録等。家世殷富,其父擲重金購名刊善本,名其室爲"知不足齋"。修《四庫全書》時,鮑廷博獻書六百二十六種,爲個人獻書最多者,乾隆帝賞賜《古今圖書集成》

① [清]傅以禮重編《四庫未收書目提要》,上海商務印書館,1955年重印,目次第2頁、第57頁。
② [日]林秀一撰,陸明波等譯《〈孝經鄭注〉輯佚及刊行的歷史——以日本爲中心》,載《中國典籍與文化論叢》2013年第1期。
③ [韓]金光一《〈群書治要〉研究》,復旦大學中國古代文學專業博士論文,2010年。

一套。《四庫》修畢還書時,鮑廷博見乾隆帝提詩而立志刊刻《知不足齋叢書》。經祖孫三代,叢書共刻三十集。

　　嘉慶六年(1801),鮑廷博《知不足齋叢書》第二十一集收入岡田挺之從《群書治要》中輯出的《鄭注孝經》。阮元《〈孝經鄭氏解輯本〉題辭》云:"往者,鮑君以文持日本《孝經鄭注》請序,余按其文辭不類漢魏人語,且與群籍所引有異,未有以應。"① 由此知鮑廷博曾邀阮元爲之寫序,但因阮元對此輯録有所懷疑而未有以應。另,鮑廷博對《鄭注孝經》寫有一篇跋文,從鮑廷博的跋文也可看出,由於其對《群書治要》不甚瞭解,因此對輯録文字的來源也是有所疑惑的②。阮元和鮑廷博二人有此態度的原因皆是由於當時未見《群書治要》原書。因此推測,阮元等人收録《群書治要》當是嘉慶六年(1801)之後的事。

　　然而阮元《〈孝經鄭氏解輯本〉題辭》又云:

　　　近見臧子東序輯録本,喜其精核,欲與新出本合刊,仍屬余序。余知東序治鄭氏學幾二十年,有手訂《周易》《論語》注等,所採皆唐以前書,爲晋宋六朝相傳,鄭注學者咸所依據。鮑君耄而好學益篤,凡有善本,靡不刊行。然則《孝經》舊引之注、新出之書,二本並行,亦奚不可? ③

　　　　　　　　　　　　——《〈孝經鄭氏解輯本〉題辭》

---

① [清]阮元《〈孝經鄭氏解輯本〉題辭》,《知不足齋叢書》第 21 集,長塘鮑氏開雕,阮序第 1a 頁。
② [清]鮑廷博《〈孝經鄭注〉跋》,《知不足齋叢書》第 21 集,長塘鮑氏開雕,鮑跋第 1a 頁。
③ [清]阮元《〈孝經鄭氏解輯本〉題辭》,阮序第 1a 頁。

由此推測阮元並非懷疑鄭注，而是懷疑岡田氏所輯鄭注。這種態
度一直持續到校刻十三經之時，即嘉慶二十年（1815）。阮元《〈孝
經注疏〉校勘記序》云：

> 《孝經》有古文，有今文，有鄭注，有孔注。孔注今不傳，
> 近出於日本國者，誕妄不可據。要之孔注即存，不過如《尚書》
> 之偽傳，決非真也。鄭注之偽，唐劉知幾辨之甚詳，而其書久
> 不存。近日本國又撰一本流入中國，此偽中之偽，尤不可據
> 者。①
>
> ——《〈孝經注疏〉校勘記序》

　　究其原因，筆者認爲有兩種可能：第一，《群書治要》之尋訪及
提要撰寫並非由阮元完成。雖然阮福云"家大人親加改定纂寫"，
但阮元未必對每部書的具體內容都詳加考訂。第二，由於《群書治
要》的夾注不著撰人，即使已見《群書治要·孝經》夾注，若不詳加
考究，難斷注者何人，更何況《鄭注孝經》在中土早已失傳，失去參
照，更難論斷。因此，即使是到了嘉慶二十年（1815），阮元依然對
日傳鄭注持否定態度。
　　與阮元態度相反的是嘉定錢侗。嘉慶七年（1802）錢侗於《重
刻〈鄭注孝經〉序》云：

> 此本與《經典釋文》《孝經正義》所述鄭注大半皆合，初
> 疑彼國稍知經學者抄撮而成。繼細讀之，如《孝治章》以昔訓

---

① 阮元《〈孝經注疏〉校勘記序》，《孝經注疏》（清嘉慶刊本"十三經注疏"），
　中華書局，2009年，第5冊，第5528頁下。

古見《公羊傳疏》,聘問天子無恙諸語見《太平御覽》,《聖治章》"上帝者,天之別名也"見《南齊書·禮志》,暨《困學紀聞》俱《釋文》《正義》之所未引,而此本秩然具載,不謀而合,恐非作僞者所能出也。惟挺之序謂"與《釋文》吻合,則不盡然"……此本廷之後跋稱,《鄭注孝經》一卷,《群書治要》所載。考《群書治要》,凡五十卷,唐魏鄭公撰,其書久佚,僅見日本天明七年刻本。前列表文亦有岡田挺之題銜,則此書即其校勘《治要》時所録而單行者。《治要》採集經子,各注不著撰人名氏,而今本竟稱鄭注,或亦彼國相承云爾。而挺之始據《釋文》定之,故太宰純、山井鼎諸人俱未言及耳。①

——《重刻〈鄭注孝經〉序》

因其對《鄭注孝經》詳加考訂,並已經見過《群書治要》,故對岡田所輯《鄭注孝經》毫不懷疑。

嘉慶十三年(1808),孫星衍《平津館鑒藏書籍記》卷三《外藩本》對《鄭注孝經》也進行了著録,並寫有提要:

《孝經鄭注》一卷影寫本,前有序文,題"癸丑之秋尾張岡田挺之撰",末有跋云"右今文《孝經鄭注》一卷,《群書治要》所載也。其經文不全者,據注疏本補之,以便讀者"。寬政癸丑之秋尾張岡田挺之職書林,片野東四郎梓,別葉有寬政六年寅正月書林題字,又書目三種。寬政六年當乾隆五十九年。《孝經鄭注》久亡,彼國此本以《經典釋文》並諸書所引較之,

---

①［清］錢侗《重刻〈鄭注孝經〉序》,《知不足齋叢書》第21集,長塘鮑氏開雕,錢序第1b、3a–3b頁。

尚多殘脫。①

　　　　　　　　——《平津館鑒藏書籍記》卷三《外藩本》

　　孫星衍是最早利用《群書治要》進行輯佚的清末學者,嘉慶十一年(1806)便從《群書治要》中輯出《尸子》,故對《鄭注孝經》亦不懷疑。

　　光緒十六年(1890),黃遵憲《日本雜事詩》卷一中亦承錢侗之説:

　　　　日本天明七年,岡田挺之得之《群書治要》中。(是書魏徵撰,久佚。天明五年,尾張藩世子命諸臣校刊。有督學細井德民識之曰,承和、貞觀之間,經筵屢講是書。正和中,北條實時請於中秘,寫藏文庫。及神祖命範金,至台廟獻之朝,是今之活字銅板也。舊五十卷,今存四十七卷,其三卷亡。是亦一佚書也。)考《治要》採書,不著撰人,其定爲鄭注者,殆相傳云爾;或挺之據陸氏《釋文》定之也。《鄭注孝經》不見於《鄭志》目録及趙商碑銘,唐人至設十二驗以疑之。然宋均《孝經緯注》引鄭《六藝論·序孝經》有云“元又爲之注”,《大唐新語》亦引鄭《孝經序》,均《春秋緯》又注云“爲《春秋》《孝經》略説”。是皆作注之證。此注既與《釋文》所引鄭注合。文貞之書,日本珍弄,具有源流,且海東學者尚無僞撰古書欺世盜名之習,決非贋鼎,可寶貴也。②

　　　　　　　　　　　　——《日本雜事詩》卷一

①［清］孫星衍《平津館鑒藏書籍記》卷三《外藩本》,《續修四庫全書》,上海古籍出版社,2002年,總第923册,第637頁下。
②［清］黃遵憲《日本雜事詩》卷一,第70—71頁。按:“日本”原作“日木”,誤,改之。“元又爲之注”中“元”爲“玄”之諱改字。

敦煌藏經洞開啓後,鄭玄《孝經注》也被發現。許建平《敦煌經籍叙録》云:"鄭玄《孝經注》至五代時亡佚,清人多有輯佚,然皆殘簡斷編,不成系統。自敦煌本發現後,局面纔得到改觀。P.3428+2674 號是鄭注《孝經》的最長卷,雖非完璧,但所存已佔鄭注的四分之三。經過林秀一《敦煌遺書孝經鄭注復原に関する研究》及陳鐵凡《孝經鄭注校證》的輯證,鄭玄《孝經注》的絶大部分已得到復原。"[1]《鄭注孝經》的真僞之爭隨著《群書治要》回傳中國及敦煌卷子《鄭注孝經》的發現而逐漸平息。

《知不足齋叢書》第二十一集將錢侗《重刻〈鄭注孝經〉序》收入補刻。説明了鮑廷博對岡田氏輯本《鄭注孝經》的認可,也間接證明了其對《群書治要》的認可。那麽,鮑氏也很可能會尋訪此書。《群書治要》這部"帝王學"之書再次流入禁中,除阮元外,應該説,鮑廷博亦功不可没。

4. 清皇室與《群書治要》

(1)嘉慶帝

阮元將尋訪得到的珍籍善本輯成四庫未收書上呈嘉慶帝後,嘉慶帝賜名"宛委别藏"。在清宮中,除專藏宋元名刊本的天禄琳琅閣外,當屬《宛委别藏》之收藏爲珍品。清代宮廷藏書宏富,地點星羅棋布,其中養心殿於乾清宮兩側,是雍正以後帝王居住、從事政治活動和文化活動的中心。《宛委别藏》便收藏在養心殿[2]。從這一收藏地點也看出嘉慶皇帝對阮元所進之書的喜愛。雖未從史料中查到嘉慶帝閱讀《群書治要》的記載,但從阮亨"進呈乙覽,

---

[1] 許建平《敦煌經籍叙録》,第 388 頁。
[2] 翁連溪《養心殿藏書——〈宛委别藏〉》,載《紫禁城》1991 年第 6 期。

蒙賜披閱"記載推測,大概率嘉慶帝也是閱讀或至少瀏覽過此書。

　　《宛委別藏》一直藏於深宮之中,外界鮮有所知,僅有所聞源自《研經室外集》(《四庫未收書提要》)。直到清室善後委員會清點故宮養心殿時,《宛委別藏》纔被發現於養心殿寶座後的書架上①。民國二十二年(1933)十月,上海商務印書館與故宮博物院訂約,影印《宛委別藏》中的四十種古籍,縮成小六開本(即三十二開本,與《四部叢刊》大小相同)②。經筆者查閱,在選印的四十種中没有《群書治要》。抗戰爆發,古物南遷。1949年,《宛委別藏》與文淵閣《四庫全書》、摘藻堂《四庫全書薈要》一起被運到臺灣,藏於臺北故宮博物院。1981年,臺灣商務印書館將整部《宛委別藏》影印出版。1988年,江蘇古籍出版社又據臺灣商務版再次影印出版,收書160種,共計120册,其中《群書治要》爲第73—77册。

(2)光緒帝

　　筆者檢索史料發現,光緒帝是與《群書治要》産生交集的另一位清代帝王。清德宗愛新覺羅·載湉(1871—1908),清朝入關後第九位皇帝,也是倒數第二位皇帝。登基時尚不滿四歲,由兩宮太后垂簾聽政,光緒十五年(1889)大婚後親政。

　　幼帝光緒在宮内受到了良好的教育。據《清實録》第52册《德宗實録(一)》卷二十三,光緒元年(1875)十二月,兩宮太后懿旨"皇帝冲齡踐阼,亟宜乘時典學。日就月將以裕養正之功,而端出治之本。著欽天監於明年四月内選擇吉期,皇帝在毓慶宮入學讀書。著派署侍郎内閣學士翁同龢、侍郎夏同善,授皇帝讀。其

---

① 《宛委別藏》被發現的時間之説有二:盧仁龍《〈宛委別藏〉編纂始末》説爲1924年;翁連溪《養心殿藏書——〈宛委別藏〉》説爲1927年。
② 王雲五《商務印書館與新教育年譜》,《王雲五文集》第五卷,江西教育出版社,2008年,上册,第424—426頁。

各朝夕納誨,盡心講貫。用收啓沃之效”①。又《德宗實錄(一)》卷
三十記載,“任午。上詣至聖先師前行禮,詣毓慶宮殿升座,受師傅
諳達御前大臣内務府大臣禮,上揖師傅入座讀書。自是日始,每日
御殿讀書,歲以爲常”②。據史料記載,光緒在“兩朝帝師”内閣學士
翁同龢的教導下,專心典學十餘年,15歲時已具備親政之資。《清
實錄》第55册《德宗實錄(四)》卷二百二十九,光緒十二年(1886)
六月,“皇帝孜孜念典,德業日新。近來披閱章奏,論斷古今,亦能
剖決是非”③。

　　光緒十二年(1886)四月,皇帝殿試策問天下貢士,其中第一
道試題便是論述《群書治要》之精義。《德宗實錄(四)》卷二百
二十七記載:

　　　　甲申,策試天下貢士劉培等三百一十九人於保和殿。制
日:“朕誕膺天命,寅紹丕基,於今十有二年矣。仰賴皇太后教
育之勤,庶政協和,四方安謐。朕朝夕典學,惟日孜孜。求之
於經史,以探治亂之原;求之於軍旅,以資控制之略;求之於地
形,以知險易之要;求之於圖法,以準輕重之宜。爾多士自田
閑來,學於古訓,究心當世,兹當臨軒發策,其敬聽朕言。帝王
誠正之學,格致爲先,若《帝範》、若《群書治要》、若《帝學》,能
言其精義歟?《貞觀政要》《太平御覽》,撰者何人?《魏徵諫

---

①《清實錄》第52册《德宗實錄(一)》卷二十三《光緒元年十二月上》,中華書局影印版,1987年,第351頁下。

②《清實錄》第52册《德宗實錄(一)》卷三十《光緒二年四月下》,第440頁下。

③《清實錄》第55册《德宗實錄(四)》卷二百二十九《光緒十二年六月》,中華書局影印版,1987年,第87頁下。

録續録》,果有裨於治歟? 此外,若《政府奏議》、若《盡言集》、若《歷代名臣奏議》,熟爲優劣歟?……夫稽古者,出政之本也;講武者,備豫之方也;設險者,立國之基也;範金者,理財之要也。爾多士條舉以陳,勿猥勿並。朕將親覽焉。"①

——《德宗實録(四)》卷二百二十七

　　據光緒朝修《大清會典》記載,鄉試、會試考官由皇帝欽定;殿試名義上由皇帝主考,不設考官,只有讀卷官。據光緒年間崑岡等奉敕修編的《欽定大清會典》卷三十三《禮部·儀制清吏司七》記載,讀卷官"於試前一日,奏請欽簡大學士二人,部院大臣六人,於是日朝服集午門,聽候宣旨。若聖駕駐蹕圓明園,即在左門外聽宣。恭擬殿試策問題目,以俟欽定"②。那麼,《德宗實録(四)》中記載的光緒皇帝殿試策問的試題便是由讀卷官所出,由光緒帝欽定。

　　筆者認爲,試題雖非皇帝親出,但《羣書治要》作爲殿試策問第一題的意義不容小覷。首先,説明此書在宮廷中,包括皇帝及臣子中已有了廣泛閲讀;其次,説明此書在民間已有了一定的傳播,考生學子對此已有研讀;第三,此書與《帝範》《帝學》並列而要求論述其精義,説明此書作爲治國理政的"帝王學"之書的價值已被認識;第四,殿試策問第一題便出現此書,説明清廷對此書的關注。

　　然而,遺憾的是,此時的清王朝已是風雨飄搖。即使光緒皇帝力圖施展政治抱負,無奈身不由己。雖然清廷及民間都已認識

①《清實録》第55册《德宗實録(四)》卷二百二十七《光緒十二年四月下》,第62頁上—64頁上。
② 影印《欽定大清會典》卷三十三《禮部·儀制清吏司七》,光緒己亥(光緒二十五年)崑岡等奉敕修。所引爲正文"殿試開列讀卷官亦如之"一句的夾注。

了《群書治要》,但也只是將其列作考題,而民間則作爲學術研究之用。如果不能將書中(或此類書中)記載的古聖賢王的教導付諸行動,那麼,這些治國理政的智慧和經驗也僅僅是故紙堆中的文字,對於王朝的興衰不能起到實際的作用。

5.《群書治要》在清朝民間的流傳

《群書治要》作爲一部治國理政的匡政巨著,雖然得以傳入宮廷並産生了一定的關注,卻沒有受到清朝君臣足够的重視和應有的實踐。然而,《群書治要》作爲一部"佚存書",其在反映初唐典籍原貌以及保存唐朝以後亡佚典籍方面具有獨特的優勢。因此,《群書治要》在民間學者中産生了極大反響,深刻影響了清朝學術界。不僅被廣泛用於輯佚和校勘,各大叢書及目錄書中也相繼收錄並刊刻出版。

(1)清朝學者的利用

《群書治要》回傳中土後,清朝學者對《群書治要》的利用主要集中在校勘和輯佚兩個方面。

在校勘方面,清代學者在其著作中多次引用《群書治要》,如王念孫《讀書雜誌》、汪繼培《潛夫論箋》、朱彬《禮記訓纂》、王引之《經義述聞》、王筠《説文解字句讀》、陳奐《詩毛氏傳疏》、劉寶楠《論語正義》、俞樾《諸子平議》、孫詒讓《周禮正義》等。王維佳《〈群書治要〉的回傳與嚴可均的輯佚成就》附錄二《部分著作引用〈群書治要〉概况》列出了部分清朝學者的學術著作中運用《群書治要》進行校勘的情况①。

---

① 王維佳《〈群書治要〉的回傳與嚴可均的輯佚成就》,復旦大學歷史學碩士論文,2013年。

　　《群書治要》共收錄亡佚典籍十五部,其中十四部集中在子部:尸佼《尸子》、申不害《申子》、桓譚《桓子新論》、崔寔《崔寔政論》、仲長統《昌言》、曹丕《典論》、劉廙《劉廙政論》、蔣濟《蔣子萬機論》、桓範《政要論》、杜恕《體論》、楊偉《時務論》、陸景《典語》、傅玄《傅子》、袁準《袁子正書》。史部之《晋書》是從未修"二十四史"之《晋書》前的十八家記載晋朝歷史的舊書中輯錄而成,其中以臧榮緒《晋書》爲主。

　　除保存佚書外,《群書治要》原文夾注還收錄了不少佚文。金光一《〈群書治要〉研究》對《群書治要》所存佚書進行了考略及整理①。

　　在輯佚方面,清朝輯佚家孫星衍、嚴可均、黄奭、王仁俊、錢熙祚、錢培名、汪繼培、錢保塘等均從《群書治要》中進行了輯佚工作,其中以孫星衍輯佚《尸子》的工作爲最早。而嚴可均的輯佚成就爲最高,從《群書治要》中輯錄了《鄭注孝經》、鶡熊《鶡子》、慎到《慎子》、申不害《申子》、陸賈《新語》、桓譚《桓子新論》、崔寔《政論》、仲長統《昌言》、曹丕《典論》、蔣濟《萬機論》、桓範《政要論》、杜恕《體論》、陸景《典語》、傅玄《傅子》、袁準《袁子正書》等先秦兩漢魏晋時期的佚籍②。

(2)《群書治要》的收錄及出版

　　隨著《群書治要》受到越來越多的關注,學界對此書的需求也逐漸增多。筆者於表 3.1 中列出了清朝中晚期至民國年間《群書

---

① [韓]金光一《〈群書治要〉研究》,復旦大學中國古代文學專業博士論文,2010 年。

② [韓]金光一《〈群書治要〉研究》,復旦大學中國古代文學專業博士論文,2010 年。亦可參見王維佳《〈群書治要〉的回傳與嚴可均的輯佚成就》,復旦大學歷史學碩士論文,2013 年。

治要》在各叢書中收錄的情況，其中對《群書治要》寫有提要者，列於表 3.2 之中。

　　從阮元將其收入《宛委別藏》(《四庫未收書》)至民國，《群書治要》被多部叢書收錄，現分述如下：

　　《連筠簃叢書》是道光咸豐年間，由山西靈石楊尚文出資、張穆主持刊刻的。刻書之初並無具體書目，鴉片戰爭後，張穆表示"刻書大意，總以有助實學爲主"，故《群書治要》入選叢書①。《群書治要》所選底本爲日傳寬政修訂本，由張穆、何秋濤、趙振祚、馮志沂、苗夔、劉傳瑩、劉翰清、吳念祖、何紹基、鄭復光、莊受祺、楊尚文重新校勘，於道光二十七年(1847)刊刻而成，並在每一卷末注明校勘人。《連筠簃叢書》雖規模不大，但選本珍善，校勘精良，具有較高的文獻價值。例如《群書治要》一書，後雖有《粵雅堂叢書》(三編)刊本，但《叢書集成》出版時仍以"連筠簃本校刊最精"而錄爲底本。

　　《粵雅堂叢書》是道光三十年(1850)至光緒元年(1875)間，由南海伍崇曜出資、譚瑩校勘編訂的。叢書共三編三十集，收書213 種，各書末均有署名伍崇曜之跋語，但實由譚瑩代筆②。其中《群書治要》收錄在三編第二十六集(總第 329—343 冊)，刊於咸豐七年(1857)，所選版本爲日傳天明本。五十卷末伍崇曜《〈群書治要〉跋》對阮元《〈群書治要〉五十卷提要》中"《宋史・藝文志》即不著錄"的錯誤進行了糾正，並且對《群書治要》在典籍中的著錄及編排特點方面多有補益。

　　《四部叢刊》是民國年間上海商務印書館在張元濟的主持下影印出版的大型叢書，共出版三編(初編、續編、三編)。初編始印於

---

① 郭麗萍《〈連筠簃叢書〉刊印始末》，載《晉陽學刊》2012 年第 2 期。
② 羅志歡《〈粵雅堂叢書〉校勘及其跋語考略》，載《文獻》1997 年第 1 期。

民國八年（1919），歷時四年於 1922 年印製完成，收經、史、子、集四部之書 323 部，共 2100 册，另有《四部叢刊書録》一册，列舉了初編所收之書，每部書附提要一篇。初編子部總第 443—458 册爲《群書治要》，據上海涵芬樓所藏日本天明七年（1787）刊本影印，從《刊〈群書治要〉考例》文末“尾張國校藏板”之印知底本原是尾張藩國校用書。1926—1929 年，商務印書館又將《四部叢刊》初編重印、修補。其中《群書治要》爲重版再刻之本①。重印時在原書名“四部叢刊”增加“初編”二字，以示與後續相區别②。1936 年，商務印書館又將《四部叢刊》初編縮印，由線裝改爲平裝，書脊印製序號，扉頁保留題名，内頁僅録各書藏版信息，删去版框尺寸，將原來兩個半頁内容合爲一頁印刷③。初編縮本第 101—104 册爲《群書治要》，内頁有“上海商務印書館縮印日本尾張藩刻本”。筆者據版本判斷此尾張藩刻本指日本天明七年（1787）刊本。

　　《叢書集成》是由王雲五主編，於 1935—1937 年間上海商務印書館排印、影印出版的大型叢書，“全部按中外圖書館統一分類法，依其内容性質，分爲五百四十一類。訂爲四千册，版式一律，定名爲叢書集成初集”④。因抗戰爆發而有 533 册未出，1985 年中華書局將未出者補齊。其中 195—204 册爲《群書治要》，鉛字排印，正文大字，夾注小字雙行，眉上有校語。據内頁文字“本館叢書集成初編所選連筠簃叢書及粤雅堂叢書皆收有此書連筠本校刊最精

---

① 周少文《〈群書治要〉研究》，臺北大學古典文獻研究所碩士論文，2007 年。
② 崔建利等《〈四部叢刊〉編纂考略》，載《山東圖書館學刊》2011 年第 6 期。
③ 鄧昉《集百爲一：張元濟與〈四部叢刊〉》，載《四川圖書館學報》2008 年第 4 期。
④ 王雲五《商務印書館與新教育年譜》，《王雲五文集》第 5 卷，上册，第 525 頁。

故據以排印並附粵雅堂本伍崇曜跋於後"①，知叢書集成版《群書治要》所用底本爲連筠簃叢書本，即以寬政本爲底本，五十卷末附有伍崇曜《〈群書治要〉跋》。

《國學基本叢書》也是在王雲五主持之下，由上海商務印書館出版的《萬有文庫》中的一套叢書。《萬有文庫》於 1929—1937 年間共出版兩集，第一集 1000 種含《國學基本叢書》100 種，第二集 700 種含《國學基本叢書》300 種。《國學基本叢書》中包括了中等以上學生必須參考或閱讀的國學基本書籍②。其中《群書治要》出版於 1937 年，分爲上中下三本。

表3.1　清朝至民國年間《群書治要》在各叢書中的收錄情況

序	叢書	年代	主編	卷首尾情況	版本
1	宛委別藏	嘉慶年間	阮元 鮑廷博	每書卷首鈐"嘉慶御覽之寶"朱色陽文方印。首錄《〈群書治要〉五十卷提要》，次爲魏徵序言及目錄，無《校正〈群書治要〉序》及《刊〈群書治要〉考例》。	據日本寬政本重刻
2	連筠簃叢書	道光二十七年（1847）	楊尚文 張穆	第一冊扉頁有"群書治要五十卷"題名，內頁有"道光廿七年夏靈石楊氏刊本道州何紹基題"字樣。首錄魏徵序言，次爲《〈群書治要〉五十卷提要》（阮元《揅經室外集》），後《校正〈群書治要〉序》，及目錄，再列《刊〈群書治要〉考例》。	據日本寬政本重刻

① 王雲五主編《叢書集成》（初編），上海商務印書館，1936 年，第 195 冊《群書治要》第一。

② 劉洪權《王雲五與商務印書館的古籍出版》，載《出版科學》2004 年第 2 期。

序	叢書	年代	主編	卷首尾情況	版本
3	粵雅堂叢書（三編）	咸豐七年（1857）	伍崇曜譚瑩	首錄魏徵序言，《校正〈群書治要〉序》次之，《刊〈群書治要〉考例》再次之，後目錄。五十卷末有伍崇曜《〈群書治要〉跋》。	據日本天明本重刻
4	四部叢刊（初編）	1919—1922（初版）	張元濟	第一册扉頁有"四部叢刊子部群書治要"題名，內頁有"上海涵芬樓景印日本天明七年刊本原書版匡高營造尺六寸五分寬"字樣。首錄《校正〈群書治要〉序》，《刊〈群書治要〉考例》次之，魏徵序言再次之，後目錄。	據日本天明七年刊本影印
5	四部叢刊初編縮本	1936	王雲五	第一册扉頁有"四部叢刊初編子部群書治要五十卷"題名，內頁有"上海商務印書館縮印日本尾張藩刻本"字樣。首錄《校正〈群書治要〉序》，《刊〈群書治要〉考例》次之，魏徵序言再次之，後目錄。	據日本尾張藩刻本縮印（天明本）
6	叢書集成（初編）	1936	王雲五	第一册扉頁有"群書治要（一）"題名，內頁有"本館叢書集成初編所選連筠簃叢書及粵雅堂叢書皆收有此書連筠本校刊最精故據以排印並附粵雅堂本伍崇曜跋於後"字樣。首錄《刊〈群書治要〉考例》，魏徵序言次之，《校正〈群書治要〉序》再次之，後《〈群書治要〉五十卷提要》（阮元《揅經室外集》），再列目錄。第十册五十卷末有伍崇曜《〈群書治要〉跋》。	以連筠簃本《群書治要》爲底本鉛字排印

續表

序	叢書	年代	主編	卷首尾情況	版本
7	國學基本叢書	1937	王雲五	首錄《刊〈群書治要〉考例》，魏徵序言次之，《校正〈群書治要〉序》再次之，後《〈群書治要〉五十卷提要》（阮元《揅經室外集》），再列目錄。第十册五十卷末有伍崇曜《〈群書治要〉跋》。	同叢書集成版《群書治要》

表3.1參考版本：

1.《宛委別藏》（江蘇古籍出版社，1988年）第73册（《群書治要》第1册）。

2.道光二十七年刊《連筠簃叢書》之《群書治要》第1册。

3.引自周少文《〈群書治要〉研究》第72頁。

4.《四部叢刊》（初編）初版影印本第443册（《群書治要》第1册）。

5.《四部叢刊》（初編縮本）第101册（《群書治要》第1册）。

6.《叢書集成》（初編）（上海商務印書館，1936年）第195、204册（《群書治要》第1、10册）。

7.國學基本叢書《群書治要》（上商務印書館，1937年）上、下册。

表3.2　各叢書收錄《群書治要》之提要內容

序	叢書	提要
1	宛委別藏	四庫未收書提要（研經室外集卷二）　群書治要五十卷提要①唐魏徵等奉敕撰。徵字元成，魏州曲城人，官至太子太師，謚文貞，事蹟具《唐書》本傳。案：宋王溥《唐會要》云："貞觀五年九月二十七日，秘書監魏徵撰《群書治要》上之。"又云："太宗欲覽前王得失，爰自六經，訖於諸子，上始五帝，下盡晉年。書成，諸王各賜一本。"又《唐書·蕭德言傳》云："太宗詔魏徵、虞世南、褚亮及德言裒次經史百氏帝王所以興衰者上之，帝愛其書博而要，曰：'使我稽古臨事不惑者，卿等力也。'"德言賫賜尤渥。然則書實成於德言之手，故《唐書》於魏徵、虞世南、褚亮傳皆不及也。是編卷帙與唐

---

① 引文據江蘇古籍出版社影印《宛委別藏》第73册提要頁錄入。按：魏徵字玄成，避康熙帝名諱而改"玄"爲"元"。

序	叢書	提要
		《志》合。《宋史·藝文志》即不著録,知其佚久矣。此本乃日本人擺印,前有魏徵序,惟闕第四、第十三、第二十,三卷。今觀所載,專主治要,不事修辭。凡有關乎政術,存乎勸戒者,莫不彙而輯之。即所採各書,並屬初唐善策,與近刊多有不同。如《晋書》二卷尚爲未修《晋書》以前十八家中之舊本,又桓譚《新論》、崔實《政要論》、仲長統《昌言》、袁準《正書》、蔣濟《萬機論》、桓範《政要論》,近多不傳,亦藉此以存其梗概,洵初唐古籍也。
2	粤雅堂叢書(三編)	伍崇曜《〈群書治要〉跋》見下"叢書集成(初編)"條①
3	四部叢刊(初編)	群書治要五十卷十六册(上海涵芬樓藏日本尾張刊本)② 唐魏徵撰。每卷皆題秘書監鉅鹿男臣魏徵等奉敕撰。卷前有自序。其書久佚,《四庫》未及著録,惟日本秘府尚藏寫本。彼國元和中(當明萬曆時)曾以活字印行。此天明七年(乾隆五十二年)尾張藩刻本也有朝散大夫國子祭酒林信敬序及尾張國校督學臣細井德氏考例。元闕卷四、卷十三、卷二十。寬政三年(乾隆五十六年)又有修改本,則不及天明本之善。吾國楊氏連筠簃翻刻者据寬政本,伍氏粤雅堂翻刻者据天明本,而皆删其句讀及眉上校語。
4	叢書集成(初編)	群書治要跋③ 右《群書治要》五十卷,原闕第四、第十三、第二十,三卷。唐魏徵等奉敕撰。徵字元成,魏州曲城人,官至太子太師,事蹟具《唐書》本傳。此《四庫》未著録。阮文達公《揅經室集》據《蕭德言傳》定爲書成於德言之手。按:王應麟《玉海》引《集賢注記》云:"天寶十三載十月,敕院内别寫《群書

---

① 《粤雅堂叢書》(三編)收録之伍崇曜《〈群書治要〉跋》,其文字見"《叢書集成》條"。

② 引文據《四部叢刊書録》第21—22頁録入,括號内爲原文夾注。按:"細井德氏"應爲"細井德民",云"修改本不及天明本之善",實則修改本更勝。

③ 引文據《叢書集成》第204册《群書治要》(一〇)第899—900頁録入。按:"起第十止二十卷",文淵閣《四庫全書》《玉海》卷五十四《藝文》此處作"起第十一止二十卷"。

序	叢書	提要
		政要》,刊出所引《道德經》文。"又李繁《鄴侯家傳》云:"上曰:'朕欲知有古政理之要,而史籍廣博,卒難尋究,讀何而可?'對曰:'昔魏徵爲太子略群書之言理道者,撰成五十卷,謂之《群書理要》。'今集賢合有本。"則唐人固甚重其書矣。沿及兩宋,傳本遂稀。考王堯臣等《崇文總目》已不載此書。惟陳騤《中興書目》云:"《群書治要》十卷,秘閣所録唐人墨蹟,乾道七年寫副本藏之,起第十止二十卷,餘不存。"今《宋史·藝文志·類事門》亦作十卷,阮文達公謂《宋史》不著録者,非也。書中所載古籍多與今本歧異,且多近所不傳。内《晋書》二卷猶是十八家中舊本,惟本紀後即繼以宗室諸王,暨劉寔等傳,而《刑法志》《百官志》乃在《虞悝傳》之後《何曾傳》之前,體例殊爲參錯。考劉知幾《史通》曰:"舊史以表、志之帙,分於紀、傳之間。降及蔚宗,肇加釐革,沈、魏繼作,相與因循。"是晋、宋人撰史,多有此例。今是書殆亦仍其舊式歟?近孫淵如觀察《平津館叢書》輯有《六韜》逸文、《尸子》二種,採摭此書,凡數十條。而歷城馬氏《玉函山房叢書》於崔寔《政論》、仲長統《昌言》、蔣濟《萬機論》、劉廙《政論》、桓範《政要論》、陸景《典語》、袁準《正書》,俱有輯本,乃轉一字不録,則馬氏亦未見此書矣。原本有日本尾張國校督學臣細井德民校勘語標於上方,自稱較金澤舊藏,互有補正,今亦姑仍其舊。至新唐《志》稱劉伯莊有《群書治要音》五卷,今不可見,疑散佚已久,俟異時或購得,當補刊之。咸豐丁巳閏端陽後二日,南海伍崇曜謹跋。

　　《群書治要》除被叢書收録外,亦被多部目録學著作收録。王維佳《〈群書治要〉的回傳與嚴可均的輯佚成就》對此有簡述①。在王維佳總結的基礎上,筆者於表 3.3 中詳細列出了《群書治要》在清朝中晚期目録書中的著録情况,凡有提要者皆附提要。

　　通過文獻梳理可以發現,《群書治要》回傳中國之後,雖然没能引起清皇室足够的重視,但是却在民間學者中産生了廣泛而深刻的影響。

①　王維佳《〈群書治要〉的回傳與嚴可均的輯佚成就》,復旦大學歷史學碩士論文,2013 年。

表3.3　《群書治要》在清末目錄書中的著錄及提要

序	年	作者	書目	篇章	著錄及提要（括號內爲原文小字）
1	嘉慶四年（1799）	錢大昕	十駕齋養新餘錄	卷下	群書治要　日本入刻《群書治要》五十卷，每卷首題"秘書監鉅鹿男臣魏徵等奉敕撰"。一周易，二尚書，三毛詩，四至六春秋左氏傳，七禮記，八周禮，周書，國語，韓詩外傳，九孝經，論語，十孔氏家語，十一至十二史記，十三至二十漢書，二十一至二十四後漢書，二十五至二十八三國志，二十九至三十晉書，三十一至三十六韜，鶡冠子，列子，墨子，三十二管子，三十三晏子，司馬法，三十四老子，三十七至四十孟子，慎子，尹文子，三十五文子，三十六吳子，商君子，尸子，申子，三十七呂氏春秋，四十一韓子，賈子，三十八體鐵論，新序，四十五說苑，中論，四十四桓子新論，潛夫論，四十二鹽鐵論，孫卿子，三十九昌氏春秋，典論，四十九傅子，五十袁子正書，抱朴子，四十三崔寔政論，四十七劉廣政論，蔣子，政要論，四十六張氏國校督學臣張細論，四十八體論，四十四桓子正言，題云"天明五年乙巳春三月"，未知當中國何年也。井德成序，題云"天明五年乙巳春正月，抱朴子。前有尾張國校督學臣張細論，未知當中國何年也。
2	嘉慶十三年（1808）	孫星衍	平津館鑒藏書籍記	卷三·外藩本	群書治要五十卷影寫本，題"秘書監鉅鹿男臣魏徵等奉敕撰"。又有天明七年國子祭酒林敬信序，天明五年尾張國徵《群書治要序》。又有天明七年國子祭酒井德忠考例，皆日本人。天明五年當乾隆五十年，多近今關佚之本。缺第四校督學臣井德忠序《群書治要》與此本同。其所引子書，多近今關佚之本。缺第四魏徵《群書治要序》，第十三第廿七共三卷。第十三第廿七共三卷。
3	光緒元年（1875）	張之洞著　范希曾補正	書目問答補正	卷三·子部·儒家類議論經濟之屬	群書治要五十卷　舊題唐魏徵。連筠簃本。闕三卷。以下二種爲子鈔之屬，附此。此書兼有經史。〔補〕闕卷四，卷十三，卷二十。連筠簃本據日本覆刻本，四部叢刊本天明本重刻，四部叢刊本據日本尾張張刻本影印。雅堂本據日本天明本重刻，四部叢刊本據日本尾張張刻本影印。

續表

序	年	作者	書目	篇章	著錄及提要（括號內爲原文小字）
4	光緒五年（1879）	劉錦藻	皇朝續文獻通考	卷二百七十二·經籍考十六·子·雜家·連筠簃叢書條	連筠簃叢書十二種一百十一卷　楊尚文編　……尚文字墨林山西靈石人　……群書治要五十卷唐魏徵……
5	光緒八年（1882）	陸心源	皕宋樓藏書志	卷五十八·子部·雜家類·雜纂之屬	群書治要五十卷（東洋刊本）唐秘書監鉅鹿男魏徵等撰　《研經堂外集》：徵字元成，魏州曲城人，官至太子太師，謚文貞，事跡具《唐書》本傳。案：宋王溥《唐會要》云："貞觀五年九月王二十七日，秘書監魏徵撰《群書治要》上之。"又云："太宗欲覽前王得失，爰自六經，訖於諸子，上始五帝，下盡五年，書成，諸王各賜一本。"又《唐書·蕭德言傳》云："太宗詔魏徵、虞世南、褚亮及德言裒次經史百氏帝王所以興衰者，曰：使我稽古臨事不惑者，卿等力也。"褚亮未著賜予之手，故《唐書·藝文志》即不著錄，知其佚不及也。然則書實成於德徵，虞世南、褚亮傳皆不及也。此編乃日本人罷印，前有魏徵序，惟闕初唐第四、第十三、第二十、三卷，莫不彙而輯之。即前所採各書，不事修辭。凡有闕平政術，並屬初唐善策，與近刊多有不同。如《晉書》、崔寔《政要論》以前十八家中之舊本，桓譚《新論》，桓範《政要論》，仲長《昌言》，袁準《正書》，蔣濟《萬機論》，近多不傳，亦藉此以存其梗概，洵初唐古籍也。

續表

序	年	作者	書目	篇章	著錄及提要（括號內爲原文小字）
6	光緒二十五年（1899）	丁仁	八千卷樓書目	卷十三·子部·雜家類·叢書之屬	群書治要五十卷（唐魏徵撰　日本刊本）
7	光緒二十六年（1900）	丁丙	善本書室藏書志	卷十九·子部九下	群書治要五十卷（日本刊本） 秘書監鉅鹿男魏州曲城人魏徵等奉敕撰 徵字元成，魏州曲城人，官至太子太師，諡文貞，《唐書》有傳。宋王之。"又云："太宗欲覽前史得失，爰自六經，上始五帝，下盡晉年。書成，諸王各賜一本。"又《唐書·蕭德言傳》載："太宗詔魏徵、虞世南、褚亮及德言裒次經史百氏帝王所以興衰者上之，帝愛其廣博而要，曰：'使我稽古臨事不惑者，卿等力也。'"德言賞賜尤渥。故是書魏徵等著錄。前有魏徵序，《玉海》所引序文與此相同。後有天明七年國子祭酒林敬信序，天明五年尾張國校督學臣細井德民考例。蓋日本人以卷子本擺印。天明五年當乾隆五十年，流入中華，儀徵阮元錄以進呈，其中子書多近今闕佚之本。惟缺第四第十三共二十第二十三卷。

表3.3參考文獻：

1.〔清〕錢大昕《十駕齋養新餘錄》，《萬有文庫》第2集，上海商務印書館，1935年，第5冊，第516頁。

2.〔清〕孫星衍《平津館鑒藏書籍記》卷三《外藩本》，《續修四庫全書》，上海古籍出版社，2002年，總第923冊，第637頁下—638頁上。

3.〔清〕張之洞撰，范希曾補正，徐鵬導讀《書目問答補正》，上海古籍出版社，2019年，第172頁。

4.〔清〕劉錦藻《皇朝續文獻通考·子部·雜家類·叢書之屬》，《續修四庫全書》，上海古籍出版社，2002年，總第819冊，第297頁上。

5.〔清〕陸心源《皕宋樓藏書志》卷五十八《子部·雜家類·雜纂之屬》，《續修四庫全書》，上海古籍出版社，2002年，總第928冊，第643頁下—644頁下。

6.〔清〕丁仁《八千卷樓書目》卷十三《子部·雜家類·叢書之屬》，《續修四庫全書》，上海古籍出版社，2002年，總第921冊，第256頁下。

7.〔清〕丁丙《善本書室藏書志》卷十九《子部九下》，《續修四庫全書》，上海古籍出版社，2002年，總第927冊，第392頁下—393頁上。

（二）建國後《群書治要》的回傳與流佈

新中國成立後，通過中日兩國官方與個人層面的交流，《群書治要》兩次回傳中國。

《群書治要》第二次回傳中國，即建國後第一次回傳，發生在20世紀90年代。1996年春，我國第二任駐日大使符浩先生通過日本皇室成員獲得一套影印天明版《群書治要》，由關學研究專家呂效祖等對其點校考譯。《群書治要考譯》的編纂受到了老一輩無產階級革命家習仲勳老先生的親切關懷。2001年2月25日，習老先生親筆爲《考譯》一書題詞"古鏡今鑒"，爲繼承和弘揚這部治世寶典提供了實踐指南，爲其在當代的弘揚和傳播揭開了新的篇章。

2011 年,該書由團結出版社正式出版。

　　爲彌補《群書治要》闕失三卷的遺憾,釋净空對《群書治要·春秋左氏傳上》進行了補録,蕭祥劍對《群書治要·漢書》首尾兩卷進行了補録。2012 年,中國書店出版了由中央黨校劉餘莉教授主編的《群書治要譯注》,這部《譯注》在《考譯》的基礎上,對全書進行了注解和翻譯,並將補録之三卷收入其中。《群書治要譯注》是迄今對《群書治要》注譯最爲詳盡之書。從此,《群書治要》的研究逐漸進入學界視野,並被廣大傳統文化愛好者悉知。

　　進入 21 世紀後,《群書治要》再次回傳中國,也是《群書治要》第三次從日本回傳中國。2018 年是《中日和平友好條約》締結 40 周年。這一年 6 月 26 日,日本前首相、日本公益財團法人永青文庫理事長細川護熙將細川家族三代珍藏的 36 部 4175 册漢籍無償捐贈給中國國家圖書館,這是新中國成立以來日本友人向中國無償捐贈漢籍規模最大的一次①。在這批珍貴的漢籍當中,《群書治要》赫然在列。

　　2019 年,國家圖書館從捐贈的漢籍中遴選出四部代表性文獻,由國家圖書館出版社影印出版,其中子部選印的即是《群書治要》。"永青文庫四種"《出版説明》云:"子部選用日本天明七年(1787)刻本《群書治要》。此書爲唐魏徵主持編纂,用史事資政。該書經由日本遣唐使帶到日本,被日本歷代天皇及大臣奉爲圭臬。由於該書在我國唐末時即已亡佚,直至九百年後的日本寬政八年

---

① 國家圖書館(國家古籍保護中心)編《書卷爲媒　友誼常青——日本永青文庫捐贈漢籍入藏中國國家圖書館特展圖録》,國家圖書館出版社,2018 年,前言頁。

（1796）纔重爲清代士人所知。"① 然而，此段《出版説明》中却出現
了兩個錯誤：第一，《群書治要》的亡佚時間非爲唐末，詳見本書第
一章。第二，經筆者比對研究，永青文庫所贈《群書治要》非日本
天明七年（1787）刻本，而是天明七年刊寬政三年修後的版本，即
日本寬政三年（1791）的刻本。理由有二：

首先，從版本上看。據尾崎康《〈群書治要〉とその現存本》，
天明七年（1787）刊本有兩種裝訂情況，一種是一卷一册共四十七
册，題籤群書治要卷幾，如"群書治要一"；一種是兩卷一册共
二十五册，題籤如"群書治要一二"，其中"一""二"橫書。寬政三
年（1791）刊本是兩卷裝訂爲一册共二十五册，題籤如"群書治要
一二"，但"一""二"竪書②。國家圖書館影印的《群書治要》題籤
如"群書治要一二"，其中"一""二"竪書，由此推斷其爲寬政本。

其次，從文本上看。將國家圖書館影印的《群書治要》卷首及
第一卷與表2.6對比，可以發現其與寬政本同，與天明本不同，由此
確認其爲寬政刊本。

筆者還發現，國家圖書館影印的《群書治要》卷首《刊〈群書治
要〉考例》頁與目録頁顛倒。寬政本卷首順序爲《校正〈群書治要〉
序》《刊〈群書治要〉考例》《群書治要序》及目録。而在國圖影印
的卷首，《刊〈群書治要〉考例》插在《群書治要序》與目録之間，這
是否爲原本在裝訂時產生的錯頁，尚待進一步考證。

除人員的往來互鑒使《群書治要》回傳並流佈之外，影印古籍
也是流佈典籍的主要方式。無論是單行還是收録於叢書之中，《群

---

① ［唐］魏徵等輯《群書治要》〔國家圖書館（國家古籍保護中心編）"永青文
庫四種"〕，出版説明頁。
② ［日］尾崎康《〈群書治要〉とその現存本》，載《斯道文庫論集》，慶應義塾
大學附屬研究所斯道文庫，1990年第25輯。

書治要》曾被多次影印,不完全統計見表 3.4。

　　除表 3.4 收録的影印本外,另有現代點校本、整理本、校訂本等多種《群書治要》版本,如中國書店出版的由馬克思主義基金會組織學者校訂的《群書治要》校訂本(劉餘莉主編,繁體豎排,線裝兩函二十册,2014 年),中華書局出版的普及本(沈錫麟整理,簡體橫排,收入《中華經典普及文庫》,2014 年)等。除《群書治要》原文有衆多版本外,還有文白對照本、導讀本等普及型讀本。衆多的《群書治要》相關版本也説明此書在當代有著廣泛的傳播。

　　近三十年來,針對《群書治要》的研究論文及著作日益增多。研究起初集中在文獻學(即校勘、輯佚、文字等)方面,隨著《群書治要》逐漸被學界認識,其思想價值(帝王學、鑒戒史學)愈發受到重視,相關研究猶如雨後春笋。還有義理學、文化學(如中日交流、唐朝文化)等方面的研究。中、日兩國是研究《群書治要》的主體。此外,英語文獻中也出現了研究《群書治要》的文章①。

表3.4　二戰後中日兩國影印刊行《群書治要》情況

序號	單行/叢書	出版方式	版本	出版社	時間
1	《四部叢刊》初編縮本②	據《四部叢刊》初編縮本重印	天明本	臺北:臺灣商務印書館	1965
2	《叢書集成》簡編③	據《叢書集成》重印	鉛字排印本	臺北:臺灣商務印書館	1965

① Fan Wang, "Chapter 2: Reading for Rule: Emperor Taizong of Tang and *Qunshu zhiyao*" in *The Edinburgh History of Reading: Early Readers*, ed. Mary Hammond, Edinburgh, Edinburgh University Press, 2020, pp31–53.
② 信息據周少文《〈群書治要〉研究》及《王雲五文集》第五卷《商務印書館與新教育年譜》録入。
③ 信息據周少文《〈群書治要〉研究》及《王雲五文集》第五卷《商務印書館與新教育年譜》録入。

續表

序號	單行/叢書	出版方式	版本	出版社	時間
3	《宛委別藏》①	據故宮養心殿藏本影印	寬政本	臺北：臺灣商務印書館	1981
4	《宛委別藏》第73—77冊	據臺灣商務印書館《宛委別藏》翻印	寬政本	南京：江蘇古籍出版社	1988
5	《四部叢刊》第76—78冊	據商務印書館1926年版《四部叢刊》初編重印	天明本	上海：上海書店	1989
6	古典研究會叢書漢籍之部9—15冊	據金澤文庫本珂羅複製本影印	金澤文庫本	東京：汲古書院	1989—1991
7	《續修四庫全書》子部雜家類	據《宛委別藏》影印	寬政本	上海：上海古籍出版社	2002
8	《群書治要》單行	據《四部叢刊》初編縮印本修版印制	天明本	臺北：世界書局	2011
9	《群書治要》單行	據日本東京大學東洋文化研究所藏本影印	元和本	北京：中國書店	2012
10	《域外漢籍珍本文庫（叢編）：和刻本四部叢刊》子部	據日本東京大學東洋文化研究所藏本影印	元和本	北京：人民出版社，重慶：西南師範大學出版社	2014
11	《永青文庫四種》子部	據永青文庫捐贈本影印	寬政本	北京：國家圖書館出版社	2019

（三）《群書治要》再傳海外

《群書治要》的流傳，以成書——在中國流傳——東傳日本——

---

① 信息據陳東輝《宛委別藏述略》（載《故宮博物院院刊》1998年第2期）錄入。

在日本流傳——回傳中土爲主線，此外還有向其他地區，如中南半島、朝鮮半島的輻射性傳播，這兩個地區在歷史上同屬於漢字文化圈。

1.《群書治要》在中南半島的傳播

中越兩國有著悠久的交流史。在整個漢文化圈中，越南是中國之外使用漢字歷史最長的國家，早在公元前，篆字就已經流傳於越南南部，後來形成了一種以漢字字形拼寫越語語音的文字——喃字，越南也因此産生並保存了一批數量可觀的漢喃古籍①。

從秦末趙陀建立南越政權至宋開寶元年（968）丁部領建立"大瞿越國"，越南曾一直作爲中國的一個行政區域②。這一時期，一方面，經過歷代地方長官的推行，儒家文化與禮樂文明逐漸浸潤到越南社會深處，儒家經典成爲越南文化之淵藪；另一方面，由罪人流放及躲避戰亂形成的流動人口也將漢籍及文化傳播至越南③。自從丁部領自稱"大勝明皇帝"（968），越南進入獨立自主的封建王朝時期。宋開寶八年（975）宋太祖封丁部領爲交趾郡王，自此越南對中國"修臣行禮"，開始了持續近千年的宗藩關係④。這時中越之間的書籍交流主要是由使節完成，使臣利用出使的機會購買書籍。此外，作爲宗主國的中國也會對越南賜書⑤。但由於戰亂和缺乏"藏諸名山"的傳統，越南古籍目録多爲後黎朝、阮朝所存的近世典籍，而且以宗教典籍和書院藏書爲編纂主要對象⑥。

---

① 劉玉珺《越南古籍目録概略》，載《文獻》2006 年第 4 期。
② 劉玉珺《中越古籍書籍交流考述》，載《文獻》2004 年第 4 期。
③ 劉玉珺《中越古籍書籍交流考述》，載《文獻》2004 年第 4 期。
④ 劉玉珺《越南使臣與中越文學交流》，載《學術研究》2007 年第 1 期。
⑤ 劉玉珺《中越古籍書籍交流考述》，載《文獻》2004 年第 4 期。
⑥ 劉玉珺《越南古籍目録概略》，載《文獻》2006 年第 4 期。

　　越南很少重刻漢籍。何仟年通過對阮朝古學院藏書目録《古學院守册》的研究發現，目録中對書籍刊刻年代的著録表明，書籍交流最盛的時期爲康熙、乾隆、嘉慶、道光四朝，而此四朝正是中越兩國朝貢外交不間斷的時期。刻本年限下至光緒（1875—1908），無宣統以後書，多者爲道光之前[①]。越南阮朝（1802—1945）內閣藏書目録《內閣書目》，現存寫本一種，卷首題"維新二年（1908）十一月初四日奉編"。此目録分爲國朝、經、史、子、集五部分，僅著録書名、部數與卷數[②]。《內閣書目》子部著録有"群書治要 壹部現貳拾五本"[③]。由於没有關於此部《群書治要》版本及流傳的説明，因此只能進行推測。

　　根據《群書治要》的流傳情況進行分析。《群書治要》成書於初唐，之後主要流傳於宮廷。雖然敦煌遺書 S.133 可以證明《群書治要·左傳》已經流傳西域，且《群書治要》很可能在玄宗朝時東傳日本，但没有證據表明《群書治要》已經廣泛流至地方官府乃至民間。唐朝時期，越南仍爲中國的一個行政區域，既然地方官府及民間鮮聞此書，而由流人攜帶至此的可能性亦微，因此《群書治要》不太可能於此時傳入越南。越南對中國"修臣行禮"後，北宋官修目録無此書，南宋雖有但已是殘帙，且對此書價值的認識已産生了偏差，因此不太可能由官方賜予或由越南使臣購回。此後《群書治要》在中土亡佚，直至從日本回傳中國前，應當是没有機會傳至越

① 何仟年《中國典籍流播越南的方式及對阮朝文化的影響》，載《清史研究》2014 年第 2 期。

② 劉玉珺《越南古籍目録概略》，載《文獻》2006 年第 4 期。

③ 劉玉珺《越南漢籍與中越文學交流研究》，中國社會科學出版社，2019 年，第 302 頁。書中附録的《內閣書目》是作者劉玉珺根據越南漢喃研究院藏本整理的。

南的。《群書治要》於嘉慶元年（1796）回傳後，在民間學術界中產生了極大反響，光緒十二年（1886）還曾作爲殿試策問的題目，這都説明在光緒十二年（1886）以前，《群書治要》在民間已有了廣泛流傳，這與中越兩國朝貢外交的時間也有所重疊，加之清朝並未對此類書籍禁止出口，越南使者購回此書的可能性很大。因此，越南《内閣書目》中記載的這部《群書治要》很可能是《群書治要》從日本回傳中土之後，再流傳至越南的。

再從《群書治要》的版本進行分析。《群書治要》現存的諸版本中，平安本直至 1945 年纔被發現，金澤本於 20 世紀纔得以公開，慶長本未有流佈的記載，元和本除分贈"御三家"外，在日本也未得流通。直到江户後期，尾張藩及紀伊藩分別刊刻出版了天明本（1787）、寬政本（1791）及弘化本（1846），《群書治要》在日本也纔得以廣泛流佈。這三個版本都有二十五册裝訂本。三個版本中，弘化本印量少，流通不廣，只有尾張藩的天明本多次再版（寬政本即天明本的修訂本）。由於江户時期日本實行閉關鎖國的政策，只有中國和荷蘭的商人允許在長崎口岸與日本通商，因此《群書治要》不太可能從日本直接傳入越南。傳入中國的《群書治要》，最早是寬政本，隨後天明本。因此，從中國傳入越南的《群書治要》很可能是這兩種版本。

綜上分析，越南《内閣書目》中記載的《群書治要》一部二十五册，很可能是 18 世紀末至 19 世紀從日本傳至中國的寬政本或天明本《群書治要》，或這兩種版本的再刻本，從中國再傳入越南的。

2.《群書治要》在朝鮮半島的傳播

中朝兩國的文化交流源遠流長。有學者認爲其歷史可追溯至商末周初。朝鮮半島上的高句麗、白齊、新羅素有"小中華"之稱，是"漢字文化圈"中古籍文獻最多的國家①。錢承軍認爲,中朝兩國因山水相連,交通相對便利,故漢籍傳入朝鮮的時間應早於日本②。中朝兩國在交通便捷的基礎上建立起了密切的政治交流。據王彩雲《中國古籍在韓國(一)》,唐朝支持新羅滅百濟與高句麗後,朝鮮成爲大唐的封國。朝鮮原來没有文字,新羅統一半島後,新羅王崇尚儒學,效仿大唐,下令使用漢字漢文,向唐朝派遣留學生。高句麗推翻新羅後,雖然改用漢字的音義標注朝鮮語,但文化交流更勝。元朝時,高句麗忠烈王熱衷漢文化。明清時期,中朝兩國都建立了宗藩關係。自唐朝至清朝,中國帝王對朝鮮使臣提出的求賜漢籍的請求,都會儘量滿足,而且還會主動饋贈。此外,朝鮮使臣也會大量購買中國漢籍③。

琴知雅在《中國漢籍傳入韓國研究》一文中提到,據《高麗史》記載,一些典籍在中國因戰亂被毀,而高麗却保存完好,宋朝向高麗索求這些書籍的複本,高麗還予以提供④。不僅漢籍傳入,印刷術也傳入了朝鮮半島。日本最早的活字印刷便是豐臣秀吉侵略朝鮮時獲得的⑤。因此,中國與朝鮮半島在歷史上的文化交流,超過世界上任何其他國家。

有關唐代貞觀治政的典籍很早就已傳入朝鮮。例如,高麗第四代君主光宗(949—975在位)便有閲讀《貞觀政要》的記録。《高麗史》卷二《光宗》記載,"(庚戌)元年(950)春正月,大風拔

① 錢承軍《古代中國與日本、朝鮮漢籍流通述評》,浙江圖書館主編《中國書寫與印刷文化遺産和圖書館工作——2006年國際圖聯(IFLA)杭州會前會論文集》,浙江古籍出版社,2009年,第344頁。
② 錢承軍《古代中國與日本、朝鮮漢籍流通述評》,第344頁。
③ 王彩雲《中國古籍在韓國(一)》,載《古籍整理研究學刊》1996年第4期。
④ [韓]琴知雅《中國漢籍傳入韓國研究》,載《國際漢學》2015年第4期。
⑤ 張繡民等《中國活字印刷史》,第145頁。

木，王問禳災之術。司天奏曰：'莫如修德。'自是常讀《貞觀政要》"[1]。目前尚未查見《群書治要》傳入朝鮮半島的歷史記録，但據朝鮮戊辰（1748）通信使從事官曹命采所撰《奉使日本時聞見録》的記載，《群書治要》曾傳入朝鮮半島。

據樓正豪《〈奉使日本時聞見録〉題解》一文，曹命采（1700—1763），字疇卿，號蘭谷或蘭齋，朝鮮昌寧人。朝鮮英祖二十三年（1747）三月二十一日，英祖李祄任命以洪啓禧爲正使，南泰耆爲副使，曹命采爲從事官的通信三使，後組成包括477名成員的龐大通信使，於十一月二十八日從漢陽出發赴日，翌年閏七月三十日復命。使行目的是爲祝賀德川家重於英祖二十一年（1745）十一月繼德川吉宗之後成爲幕府第九代將軍，並重申兩國的睦鄰友好關係[2]。

據曹命采記載，日本延享五年（1748）五月二十四日，日本林家第四代大學頭林信允（林羅山曾孫）及其子林信言，以及侍講直學士給事於中藤原明遠三人，拜訪了留在江户本願寺的朝鮮通信使一行。雙方進行了簡單的交流。

　　　明遠書示從事官（曹命采）曰："貴邦以經術爲教，而正大純雅之君子，代不乏其人。若圃隱鄭先生、晦齋李先生、退溪李先生者，最其杰出者也。每讀其書，未嘗不敬服。近世以經藝木譯於時，想亦應多有。其人其名爲誰？其所著述書有幾何？漢唐以來，典籍浩瀚，中華之既亡者，我邦多存之。若孔

① ［朝］鄭麟趾撰，［日］國書刊行會代表市島謙吉編輯《高麗史》武木印刷所，1908 年，第 1 册，第 31 頁。
② 樓正豪《〈奉使日本時聞見録〉題解》，復旦大學文史研究院編《朝鮮通信使文獻選編》第 4 册，復旦大學出版社，2015 年，第 3 頁。

安國《孝經傳》、梁皇侃《論語疏》、唐魏徵《群書治要》、宋江少虞《皇朝類苑》,不一而足。貴邦亦傳此等之典籍乎? 謹問之。"從事官答曰:"三先生遺風餘教,世所以鄒魯稱朝鮮,而儒賢輩出,代亦不乏,今非猝乍可告。其他見問諸書,並皆有之耳。"①

　　　　　　　　　　　　　　　　　　——《奉使日本時聞見録》

　　從藤原明遠與曹命采的交流知 1748 年(乾隆十三年)以前,《群書治要》就已傳入朝鮮,且被朝鮮官員熟知。日本開始大量刊刻《群書治要》並開始流通此書是始於天明七年(1787)的刻本,隨後寬政三年(1791)有寬政本,《群書治要》從日本傳回中國是在寬政八年(1796),因此曹命采所云"並皆有之"的《群書治要》版本,應當是《群書治要》在日本大量刊刻之前就已經存在於朝鮮的。但由於缺乏史料記載,無法判斷其版本和來源。金光一認爲朝鮮當時沒有藤原明遠所提的文獻②。但金光一此説仍有待考證。

　　從韓國古典籍綜合目録(KORCIS Korean Old and Rare Collection Information System)查詢,韓國學中央研究院藏書閣現存多部《群書治要》,如天明刊本(1787)、弘化銅活字本(1846)、清連筠簃叢書本(1847,1848)、粤雅堂叢書本、上海商務印書館涵芬樓本(1934)、臺北藝文社影印本(1966)、北京中華書局影印本(1985)等。其中最早的《群書治要》是天明七年(1787)刻本③:

---

① [朝]曹命采《奉使日本時聞見録》,復旦大學文史研究院編《朝鮮通信使文獻選編》第 4 册,第 83 頁。

② [韓]金光一《〈群書治要〉研究》,復旦大學中國古代文學專業博士論文,2010 年。

③ 韓國古典籍綜合目録可查詢"群書治要"條。[2021 年 12 月 8 日]https://nl.go.kr/korcis/。

50卷47冊,27.4×19.2cm,有魏徵《群書治要序》及林信敬《校正
〈群書治要〉序》,四周雙邊,半框(20.3×14.6cm),有界,半頁九行
十八字,注解小字雙行,單(黑)魚尾,紙質楮紙。目前尚未查知此
部《群書治要》是如何傳入朝鮮的。

3.《群書治要》在新時代的對外傳播

　　進入新時代,由於《群書治要》原書五十萬字,且用文言寫成,
不方便現代讀者閱讀,因此亟需將《群書治要》以適合現代人閱讀
的形式出版。在釋淨空的大力提倡下,《群書治要三六〇》系列叢
書應運而生。《群書治要三六〇》是從《群書治要》原文中精挑細
選了最契合時代需要的重點章句,並譯成簡潔的現代漢語。在中
文版的基礎上翻譯爲世界各種語言,以中外文對照的形式呈現。
臺灣世界書局自2012年起出版了《群書治要三六〇》中文版第一
冊以來,截止2020年已出版四冊(2012、2014、2015、2017)。中英
對照第一至三冊(2012、2014、2017),中法對照第一至二冊(2015、
2017),中西對照第一冊(2015),中日對照第一至四冊(2017,
2017,2017,2019)等也先後在臺灣世界書局出版。中阿對照第一
冊(華文出版社,2016年),中俄對照及中越對照第一冊(香港佛陀
教育協會,2017年),中德對照第一冊(Desina Verlag,2018年)也
完成翻譯並出版發行。

　　這套叢書言簡意賅,廣博切要,是對外宣傳中華優秀傳統文
化,使外國人理解中國歷史和文化淵源,建立普遍共識的理想讀
本。據悉,《群書治要三六〇》系列中外對照本已在海外產生了一
定的影響,被多所大學圖書館、公共圖書館所收藏,同時也被多國
政要閱讀。如果説唐朝時《群書治要》從中國傳至日本是這部書
首次走出國門,那麼《群書治要三六〇》多語種對照讀本翻譯完成

及流佈海外，則是真正使《群書治要》從中國走向了世界。

2018年日本永青文庫捐贈中國國家圖書館漢籍時，細川護熙先生曾墨書題寫“蓋文章，經國之大業，不朽之盛事”，以宣明文化典籍的重要功用①。《群書治要》作爲一部專主治要的“帝王學”之書，不僅助中國古代帝王唐太宗李世民成就了貞觀盛世，也助日本古代天皇成就了平安時代的繁榮。之所以《群書治要》在中國和外國都產生了輝煌的成就，其原因就在於書中記載的治道思想是合於“道”的思想，記載的興衰成敗的規律是歷史客觀規律，“惠迪吉，從逆凶，惟影響”，按照客觀規律，依循“道”而修身治國，成就盛世是歷史必然。這些客觀規律和治道思想是普遍規律，不以時空和條件爲轉移；文以載道，倘若記載這些治道思想的文字——《群書治要》——能够被廣泛閱讀；古鏡今鑒，書中記載的思想和規律也必然能給當今中國乃至全世界的爲政者提供啓示和借鑒，如此，就能在世界上不同國家、不同政黨、不同族群之間達成共識，進而就能化解衝突，消弭戰爭，增進瞭解，促進和平。

本章小結

本章主要研究了《群書治要》回傳中國的歷史過程。爲了張揚日本學界的最新成果，同時藉機尋找《群書治要》在中國流傳的版本，尾張藩積極地將《群書治要》通過中國商人傳回中國，推動的關鍵人物是尾張藩藩主德川宗睦、幕僚人見桼及近藤守重。最初傳回中國的《群書治要》只有兩部，此本或其再刊本被阮元訪得

---

① ［唐］魏徵等輯《群書治要》〔國家圖書館（國家古籍保護中心編）“永青文庫四種”〕，出版説明頁。

编入《四庫未收書》,上呈嘉慶帝,嘉慶帝賜名"宛委別藏"。雖無史料記載嘉慶帝閱讀過《群書治要》,但從阮亨"進呈乙覽,蒙賜披閱"記載推測,嘉慶帝至少瀏覽過此書。本章亦討論了鮑廷博在《群書治要》傳入皇室過程中所起的作用。

《群書治要》作爲一部"佚存書",在民間學者中產生了極大的反響,特別是在輯佚和校勘兩個方面,深刻影響了清末學術界。本章梳理了《群書治要》在各叢書中的收錄情況,諸家所撰寫的《群書治要》提要,以及清末目錄學著作中對《群書治要》的著錄情況。

本章研究了光緒帝與《群書治要》的關聯以及《群書治要》作爲殿試第一題的意義。《清實錄》第55冊《德宗實錄(四)》中記載,光緒十二年(1886)殿試策問第一題是論述《群書治要》之精義,這説明皇室及民間對此書已有了廣泛的閱讀,並對其價值有了相當程度的認可。同時本章也分析指出,若只作爲研學之用,不能踐行書中的經驗智慧,那麼對王朝的興衰也不能起到實質性的作用。

本章敍述了建國後《群書治要》兩次從日本回傳中國的過程,並根據版本特點指出,2019年日本永青文庫贈送中國國家圖書館的《群書治要》是寬政本而非天明本。本章總結了二戰後中日兩國影印出版的《群書治要》情況。

本章最後簡述了《群書治要》傳入朝鮮半島和中南半島,以及再次向世界傳播的情況。進入新世紀,《群書治要》的傳播呈現欣欣向榮之景象,不僅從中國流傳至海外,還被翻譯爲多種語言,被世界各大圖書機構收藏。

總　結

　　《群書治要》是一部治國理政的"帝王學"參考書,其由唐太宗李世民下令編纂,彙集了歷代帝王執政得失。魏徵等社稷之臣"採摭群書,芟截浮放",將唐前經、史、子部典籍之中有關經世治國的智慧精華輯而録之,將先王典章制度的常理常法顯揚光大。

　　本書以《群書治要》爲對象,研究了其流傳過程及産生的版本。研究初衷是鑒於學界對《群書治要》的流傳及版本存在不準確的觀點,這固然有歷史因素,但在當前《群書治要》研究日漸升温的背景下,釐清其流傳情況及版本遞嬗關係,實乃一項亟需且必要的工作。本書進行了以下幾方面的主要研究:

　　第一,本書首次全面總結了《群書治要》的流傳過程,從成書到流佈,隨後東傳並在日本流傳,又回傳中土在海内流傳,最後再次向世界傳播的過程。在此過程中,本書著重研究了《群書治要》在日本的流傳及歷史影響。通過徵引更多史料,將《群書治要》東傳時機聚焦在天寶遣唐使之行;《群書治要》在日本經歷了從皇室向民間逐漸普及的流傳過程,將其在日本的流傳分爲發展、繁榮、衰落、復興、轉型五個階段,並從國家治理到思想傳播,從漢籍出版到學術研究,《群書治要》都對日本産生了深遠影響。此外,本書還對敦煌遺書 S.133《群書治要·左傳》節本進行了分析,推測了其傳抄和流入西域的時間,彌補了《群書治要》在中國民間流傳研究的不足。

　　第二,梳理了中日歷史上與《群書治要》有關的帝王,並討論了盛世產生與這些帝王閱讀《群書治要》的關係。君主及臣子對以《群書治要》爲代表的"帝王學""鑒戒史學"這類書籍的重視程度,以及將書中治理智慧付諸實踐的行動力,與社會能否得到治理,盛世能否成就直接相關。

　　第三,深入研究了《群書治要》歷史流傳過程中産生的各種版本,特別是日傳"九條家本""金澤文庫本""元和本""天明本""寬政本"等,重點解讀了金澤文庫本奧書,對其抄寫、點校、流傳的歷史進行了研究,同時指出金澤本《群書治要》在文獻學和思想理念方面具有重要價值。《群書治要》版本系統及流傳情況見圖4.1。

　　第四,本書綜述了《群書治要》成書的基本情況,對學界幾種錯誤的表述進行了分析及更正。例如,《群書治要》作者之一是"褚亮"而非"褚遂良";《群書治要》亡佚於元朝而非宋朝等。此外,對阮元"書實成德言之手"之言也提出了質疑,認爲此論斷有待商榷。本書通過研究《群書治要》的編排特點及流傳過程,闡明了《群書治要》爲"帝王學"參考書,並非類書。後世有些典籍將《群書治要》歸入類書,一是由於對此書的編纂目的及編排特點考究不詳,亦是由於《群書治要》不斷散佚,時人對《群書治要》的作用及價值愈發模糊不清。

　　第五,本書總結了《群書治要》在中國典籍中的存録(表1.1),回傳中土後在目録學著作中的收録(表3.3),以及金澤本《群書治要》在日本目録學著作中的收録(表2.5)情況。本書還總結了清朝中晚期至民國年間《群書治要》在各叢書中的收録(表3.1)以及二戰後中日兩國影印刊行《群書治要》的情況(表3.4)。

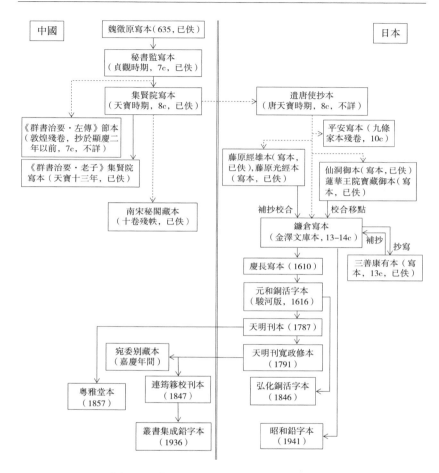

圖4.1　《群書治要》版本系統及流傳情況
注：虛線表示流傳時間及路徑不詳。

　　總之,本書是《群書治要》相關研究中的基礎性工作。釐清
《群書治要》的流傳及版本,可以爲進一步開展《群書治要》的相關
研究奠定基礎,同時也有助於《群書治要》的弘揚與傳播。

附 錄

《群書治要序》在中土典籍中的存文

1.《册府元龜》卷六百七《學校部·撰集》

　　竊維載籍之興，其來尚矣。左史右史，記事記言，皆所以昭德塞違，勸善懲惡。故作而可紀，薰風揚乎百代；動而可法，明戒垂乎千祀。是以歷觀前聖，撫運膺期，莫不懍乎馭朽，自强不息，乾乾夕惕，義在茲乎。近古皇王，時有撰述，並皆包括天地，牢籠群有，競採浮艷之詞，爭馳迂誕之說。騁末學之傳聞，師雕蟲之小伎，流宕忘返，殊途同致。雖辯周萬物，愈失司契之源；術總百端，彌乖得一之旨。皇上以天縱之多才，運生知之睿思，性與道合，動妙機神，玄德潛通，化前王之所未化；損己利物，行列聖所不能行。瀚海龍庭之野，並爲郡國；扶桑若木之域，咸襲纓冕。天地成平，外内禔福，猶且爲而不恃，雖休勿休。俯協堯舜，式遵稽古，不察貌乎止水，將取鑒乎哲人。以爲六籍紛綸，百家蹖駁，窮理盡性，則勞而少功；周覽泛觀，則博而寡要。故爰命臣等，採摭群書，剪截浮放，光昭訓典，聖思所存。務乎政術，綴敍大略，咸發神衷，雅致鉤深，規摹宏遠，網羅政體，事非一日。若乃欽明之后，屈己以救時，無道之君，樂身以亡國；

或臨難知懼,在危而獲安,或得志而驕,居成以致敗者,莫不備
其得失,以立功樹惠。貞心直道,忘軀殉國,身殞百年之中,聲
馳千載之後;或大奸巨猾,轉日迴天,社鼠城狐,反白作黑,忠
良由其放逐,邦國因以危亡者,咸亦述其終始,以顯爲臣不易。
其立德立言,作訓垂範,爲綱爲紀,經天緯地,金聲玉振,騰實飛
英,雅論徽猷,嘉言美事,可以弘獎名教,崇太平之基者,固亦片
善不遺,將以丕顯皇極。至於母儀嬪則,懿后良妃,參徽猷於十
亂,著深誠於辭輦;或傾城哲婦,亡國艷妻,候晨鷄以先鳴,待
舉烽而後笑者,時有所存,以備勸戒。自六經訖於諸子,始五帝
下盡晉年,凡爲五秩,合五十卷,本求政要,故以《政要》爲名。
但《皇覽》《遍略》,隨方類聚,名目互顯,首尾淆亂,文義斷絕,
尋究爲難。今之所撰,異乎先作,總立新名,各全舊體,欲見本
知末,原始要終。並棄彼春華,採兹秋實,一書之內,牙角無遺,
一事之中,羽毛咸盡。用之當今,足以殷鑒前古;傳之來葉,可
以貽厥孫謀。引而伸之,觸類而長,蓋亦言之者無罪,聞之者足
以自戒。庶弘兹九德,簡而易從,觀彼百王,不疾而速。崇巍巍
之盛業,開蕩蕩之王道,可久可大之功,並天地之貞觀;日用日
新之德,將金鏡以長懸矣。①

2.《欽定全唐文》卷一百四十一《魏徵三·群書治要序》

　　竊惟載籍之興,其來尚矣。左史右史,記事記言,皆所以昭
德塞違,勸善懲惡。故作而可紀,薰風揚乎百代;動而不法,炯
戒垂乎千祀。是以歷觀前聖,撫運膺期,莫不懍乎御朽,自強不
息,朝乾夕惕,義在兹乎。近古皇王,時有撰述,並皆包括天地,

---

① [宋]王欽若等編纂,周勛初等校訂《册府元龜》,第6999頁。

牢籠群有，競採浮艷之詞，爭馳迂誕之説，騁末學之傳聞，飾雕
蟲之小技，流蕩忘反，殊塗同致。雖辯周萬物，愈失司契之源，
術總百端，彌乖得一之旨。皇上以天縱之多才，運生知之睿思，
性與道合，動妙幾神。元德潛通，化前王之所未化；損己利物，
行列聖所不能行。瀚海龍庭之野，並爲郡國；扶桑若木之域，咸
襲纓冕。天地成平，外内禔福，猶且爲而不恃，雖休勿休，俯協
堯舜，式遵稽古。不察貌乎止水，將取鑒乎哲人。以爲六籍紛
綸，百家踳駁。窮理盡性，則勞而少功；周覽泛觀，則博而寡要。
故爰命臣等，採摭群書，翦截浮放，光昭訓典。聖思所存，務乎
政術，綴敍大略，咸發神衷，雅致鈎深，規摹宏遠，網羅政體，事
非一日。若乃欽明之后，屈己以救時，無道之君，樂身以亡國，
或臨難而知懼，在危而獲安，或得志而驕居，業成以致敗者，莫
不備其得失，以著爲君之難。其委質策名，立功樹惠，貞心直
道，亡軀殉國，身殤百年之中，聲馳千載之後，或大奸巨猾，轉日
迴天，社鼠城狐，反白作黑，忠良由其放逐，邦國因以危亡者，
咸亦述其終始，以顯爲臣不易。其立德立言，作訓垂範，爲綱爲
紀，經天緯地，金聲玉振，騰實飛英，雅論徽猷，嘉言美事，可以
宏獎名教，崇太平之基者，固亦片善不遺，將以丕顯皇極。至於
母儀嬪則，懿后良妃，參徽猷於十亂，著深誠於辭輦，或傾城哲
婦，亡國艷妻，候晨鷄以先鳴，待舉烽而後笑者，時有所存，以備
勸戒。爰自六經，訖乎諸子，上始古帝，下盡晉年，凡爲五表，合
五十卷，本求治要，故以《治要》爲名。但《皇覽》、《遍略》，隨
方類聚，名目互顯，首尾淆亂，文義斷絕，尋究爲難。今之所撰，
異乎先作，總立新名，各全舊體，欲令見本知末，原始要終，並棄
彼春華，採茲秋實。一書之内，牙角無遺，一事之中，羽毛咸盡。
用之當今，足以殷鑒前古；傳之來葉，可以貽厥孫謀。引而申

之，觸類而長，蓋亦言之者無罪，聞之者足以戒。庶宏茲九德，簡而易從，觀彼百王，不疾而速。崇巍巍之盛業，開蕩蕩之王道，可久可大之功，並天地之貞觀；日用日新之德，將金鏡以長懸矣。其目錄次第編之如左。①

3.《魏鄭公文集》卷三《群書治要序》

　　竊惟載籍之興，其來尚矣。左史右史，記事記言，皆所以昭德塞違，勸善懲惡。故作而可紀，薰風揚乎百代；動而不法，炯戒垂乎千祀。是以歷觀前聖，撫運膺期，莫不懍乎御杇，自强不息，朝乾夕惕，義在茲乎。近古皇王，時有撰述，並皆包括天地，牢籠群有，競採浮艷之詞，爭馳迂誕之説，騁末學之傳聞，飾雕蟲之小技，流蕩忘反，殊塗同致。雖辯周萬物，愈失司契之源，術總百端，彌乖得一之旨。皇上以天縱之多才，運生知之睿思，性與道合，動妙幾神。元德潛通，化前王之所未化；損己利物，行列聖所不能行。瀚海龍庭之野，並爲郡國；扶桑若木之域，咸襲纓冕。天地成平，外內禔福，猶且爲而不恃，雖休勿休，俯協堯舜，式遵稽古。不察貌乎止水，將取鑒乎哲人。以爲六籍紛綸，百家蹖駮。窮理盡性，則勞而少功；周覽泛觀，則博而寡要。故爰命臣等，採摭群書，翦截浮放，光昭訓典。聖思所存，務乎政術，綴敘大略，咸發神衷，雅致鈎深，規摹宏遠，網羅政體，事非一日。若乃欽明之后，屈己以救時，無道之君，樂身以亡國，或臨難而知懼，在危而獲安，或得志而驕居，業成以致敗者，莫不備其得失，以著爲君之難。其委質策名，立功樹惠，貞心直道，亡軀殉國，身

---

① ［清］董誥等編《欽定全唐文》，影印嘉慶十九年武英殿刊本，第 141 卷，第 9a—11a 頁。

殞百年之中，聲馳千載之後，或大奸巨猾，轉日迴天，社鼠城狐，反白作黑，忠良由其放逐，邦國因以危亡者，咸亦述其終始，以顯爲臣不易。其立德立言，作訓垂範，爲綱爲紀，經天緯地，金聲玉振，騰實飛英，雅論徽猷，嘉言美事，可以宏獎名教，崇太平之基者，固亦片善不遺，將以丕顯皇極。至於母儀嬪則，懿后良妃，參徽猷於十亂，著深誠於辭輦，或傾城哲婦，亡國艷妻，候晨鷄以先鳴，待舉烽而後笑者，時有所存，以備勸戒。爰自六經，迄乎諸子，上始古帝，下盡晋年，凡爲五袠，合五十卷，本求治要，故以《治要》爲名。但《皇覽》《遍略》，隨方類聚，名目互顯，首尾淆亂，文義斷絕，尋究爲難。今之所撰，異乎先作，總立新名，各全舊體，欲令見本知末，原始要終。並棄彼春華，採茲秋實，一書之內，牙角無遺，一事之中，羽毛咸盡。用之當今，足以殷鑒前古；傳之來葉，可以貽厥孫謀。引而申之，觸類而長，蓋亦言之者無罪，聞之者足以戒。庶宏茲九德，簡而易從，觀彼百王，不疾而速。崇巍巍之盛業，開蕩蕩之王道，可久可大之功，並天地之貞觀；日用日新之德，將金鏡以長懸矣。其目錄次第編之如左。①

日傳《群書治要》序文

天明本《群書治要》卷首有《校正〈群書治要〉序》及《刊〈群書治要〉考例》兩篇序文。寬政本在出版時，修改了天明本兩篇序文中的訛誤。弘化本《群書治要》卷首有《活字銅版〈群書治要〉序》一文。這三篇序文皆以漢文書寫。

---

① 王灝輯《魏鄭公文集》卷三，《畿輔叢書》，影印定州王氏謙德堂校勘本，第1a-2b頁。

　　昭和本《群書治要》解説凡例册有《〈群書治要〉解説》及《凡例》。汲古書院出版之金澤本《群書治要》影印版第七册末有《〈群書治要〉題解》《金澤文庫本〈群書治要〉の訓點》兩篇題解。這三篇題解及《凡例》皆以日文書寫。

　　此處附錄寬政本及弘化本三篇漢文書寫的序文。

1. 寬政本《群書治要》之林信敬《校正〈群書治要〉序》

　　古昔聖主賢臣，所以孜孜講求，莫非平治天下之道，皆以救弊於一時，成法於萬世，外此豈有可觀者哉？但世遷事變，時換勢殊，不得不因物立則，視宜創制。是以論説之言日浩，撰著之文月繁；簡樸常寡，浮誕漸勝；其綱之不能知，而況舉其目乎？此書之作，蓋其以此也。先明道之所以立，而後知政之所行；先尋教之所以設，而後得學之所歸。自典謨深奧，訖史子辨博，諸係乎政術，存乎勸戒者，舉而不遺。罷朝而不厭其淆亂，閉室而不煩其尋究，誠亦次經之書也。

　　我朝承和、貞觀之間，致重雍襲熙之盛者，未必不因講究此書之力。則凡君民、臣君者，非所可忽也。尾公有見於斯，使世子命臣僚校正而上之木，又使余信敬序之。惟信敬弱而不敏，如宜固辭者而不敢者，抑亦有故也。《群書治要》五十卷，五十卷内闕三卷。神祖遷駿府得此書，惜其不全，命我遠祖羅山補之，三卷内一卷今不傳。今尾公此舉，上之欲君民者執以致日新之美，下之欲臣君者奉以贊金鏡之明，爲天下國家冀升平之愈久，遠心曠度，有不可勝言者也。信敬預事亦知遠祖所望，信敬是所以奉命不敢辭也。

天明七年丁未四月

朝散大夫國子祭酒林信敬謹序

2. 寬政本《群書治要》之細井德民《刊〈群書治要〉考例》

謹考國史承和、貞觀之際，經筵屢講此書，距今殆千年。而宋明諸儒無一言及者，則其亡失已久。寬永中，我敬公儒臣堀正意撿此書，題其首曰：“正和年中，北條實時好居書籍，得請諸中秘，寫以藏其金澤文庫。”及神祖統一之日，見之，喜其免兵燹，乃命範金，至台廟獻之皇朝，其餘頒宗戚親臣。是今之活字銅版也。

舊目五十卷，今存四十七卷，其三卷不知亡何時，羅山先生補其三卷，而一卷不傳①，故不取也。但知金澤之舊藏亦缺三本。近世活本亦難得，如其繕本，隨寫隨誤，“勢”“世”以音訛，“所”“處”以訓謬，間有不可讀者。我孝、昭二世子好學，及讀此書，有志校刊。幸魏氏所引原書，今存者十七八，乃博募異本於四方，日與侍臣照對是正。業未成，不幸皆早逝。今世子深悼之，請繼其志，勗諸臣相與卒其業。於是我公上自內庫之藏，旁至公卿大夫之家，請以比之，借以對之。乃命臣人見㮿、臣深田正純、臣大塚長幹、臣宇野久恒、臣角田明、臣野村昌武、臣岡田挺之、臣關嘉、臣中西衛、臣小河鼎、臣南宮齡、臣德民等，考異同，定疑似。

臣等議曰：是非不疑者就正之，兩可者共存。又與所引錯綜大異者，疑魏氏所見，其亦有異本歟？又有彼全備而此甚省者，蓋魏氏之志，唯主治要，不事修辭。亦足以觀魏氏經國之器，規模宏大，取捨之意，大非後世諸儒所及也。今逐次補之，則失魏氏之意，故不爲也。不得原書者，則敢附臆考，以待後

---

① “羅山先生補其三卷，而一卷不傳”，天明本此句作“羅山先生補其二卷，其一卷不傳”。

賢。以是爲例，雠校以上。

天明五年乙巳春二月乙未

尾張國校督學臣細井德民謹識

3. 弘化本《群書治要》之山本元恒《活字銅版〈群書治要〉序》

　　自古創業之主，高見遠圖，其所爲有大出人意之表者，故能立永久之基，抑我東照神祖是也。神祖以英明之天資，留情於典籍，當戰攻未息之際，文禄元年，始知藤蕭於肥之名護屋，問聖學之大要，悦其學術。明年，又召見於江府，講《貞觀政要》。其在駿府，以林忠爲講官，日講經籍，以備顧問。慶長五年，命足利僧三要校《孔子家語》《貞觀政要》等，而活版之。元和元年，海内統一，厥翌又以活字銅版印《群書治要》。非其高見遠圖，有大出人意之表，安能如是也哉？其撥亂反正，拯億兆之焚溺，重熙累洽，到今殆三百年。人浴其鴻澤，目不睹干戈者，實有所從來矣。於戲何其盛也！後以其銅版賜我國祖南龍公，公奉而藏之秘府。其所印之《群書治要》，至台德大君獻之天朝，其餘頒宗室親臣，而賜我藩特數十部。元禄三年清溪公親製其跋文，納一部於伊勢豊宮崎文庫，餘藏於内庫，傳以到今焉。

　　抑《貞觀政要》《群書治要》二書，在昔爲我恒典而列於經筵，觀禁秘抄所載順德皇之制詔而可知矣。及至神祖之隆典，振起舊典，特崇尚斯二書，其語群臣，恒稱而不置云。文化年間，一位老公有取秘府所藏之銅版以活版《貞觀政要》之微旨，使先臣惟恭粗擬其事而終不果。文政元年命故督學山本惟孝校之，梓以爲官版。天保癸卯之秋，老公與今公謀，又有活版《群書治要》之微旨，命儒臣閲其字。越翌年，遂有印版之命，令臣元恒及講官、執事、通官、助教亦與焉。夫曩梓《貞觀政要》，今又有此命，皆奉承神祖之遺訓，且所賜之銅版，不空藏於秘府，又喻國老諸司，以此書之有裨益於政治，不可不必讀，又藏諸學館，欲使列於生徒，肄業之次也，可不謂盛舉乎！

斯書舊五十卷，内缺三卷，今所存四十七卷。元和元年命林忠補缺卷，則蓋自其時而已然也。然所賜之原本四十七卷，而其所補今不存，故今所活版依原本。且魏氏所引之本書全備而原本省約，有其義難通者，此全脱誤，則就本書而補正之。如其異同無害於義，則存舊不敢妄改。本書今不存者，雖有義之難通，亦沿舊而不臆考焉。兩公之意，蓋以不公諸世，欲使國老諸司知其大意故也。

今兹弘化丙午仲春竣功謹以上。

　　　　　　　　　　　　　　　　督學臣山本元恒謹序

日傳《群書治要》現存版本書影

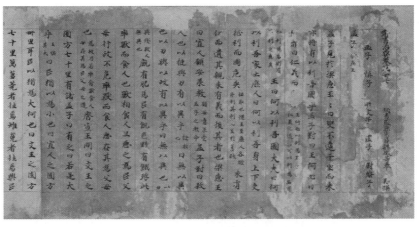

圖1　平安本《群書治要》卷卅七《孟子》《慎子》《尹文子》
《莊子》《尉繚子》　卷首（東京博物館藏）

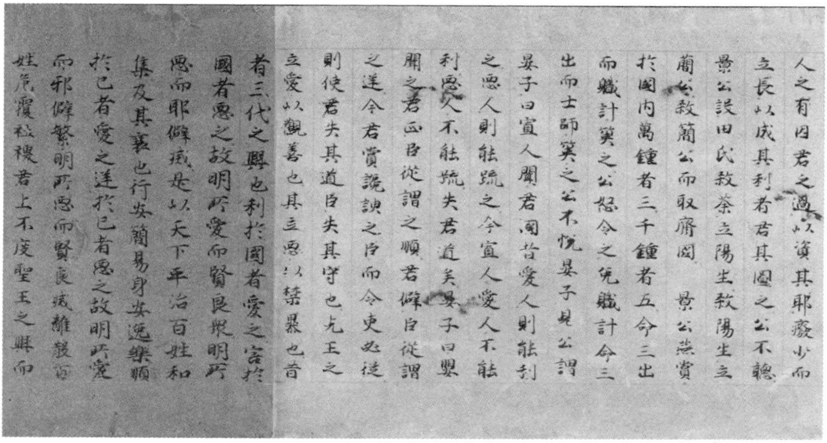

圖2　平安本《群書治要》卷卅三《晏子》　卷中
（東京博物館藏）

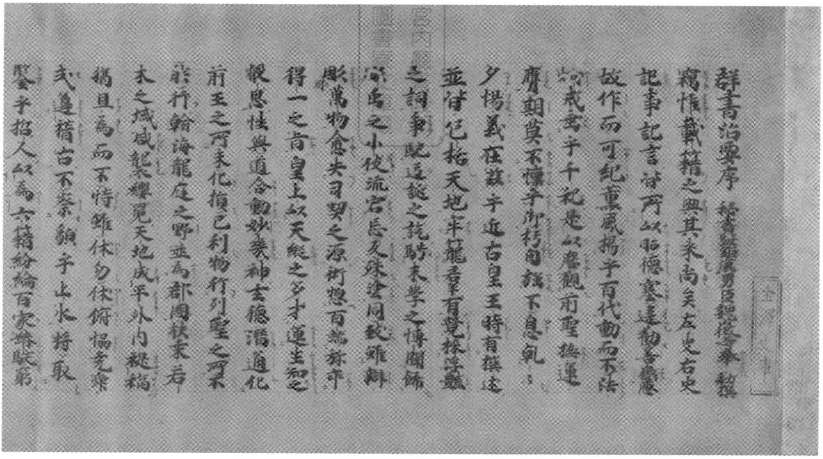

圖3　金澤本《群書治要》魏徵序　卷首
（宮内廳書陵部藏。"宮内廳書陵部圖書寮文庫藏"爲電子檔水印）

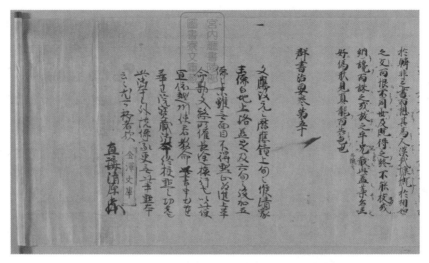

圖4　金澤本《群書治要》卷第五十　卷尾
（宮內廳書陵部藏。"宮內廳書陵部圖書寮文庫藏"爲電子檔水印）

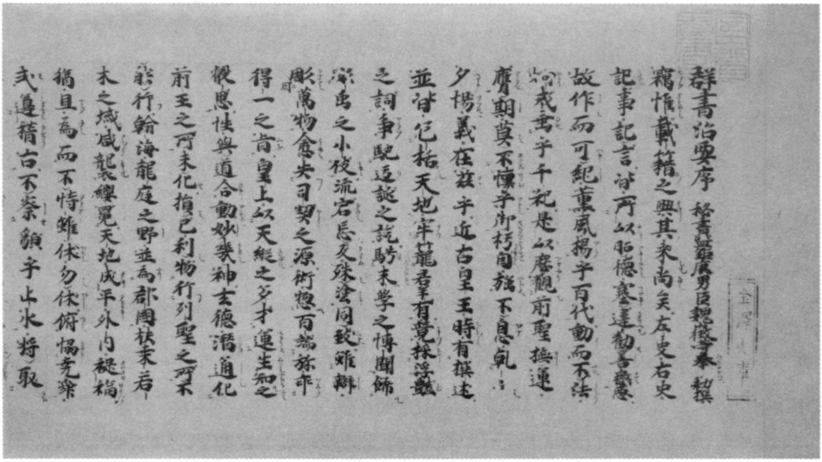

圖5　金澤本《群書治要》魏徵序　卷首

（國立國會圖書館藏。宮內省圖書寮珂羅複製本）

群書治要卷第二　秘書監鉅鹿男臣魏徵等奉　勅撰
尚書
昔在帝堯聰明文思光宅天下作堯典
曰若稽古帝堯曰放勛欽明文思安安允恭克讓光被四表格于上下克明俊德以親九族九族既睦平章百姓百姓昭明協和萬邦黎民於變時雍

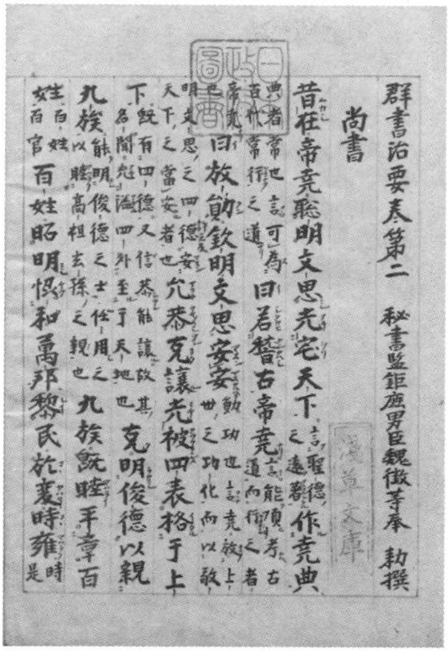

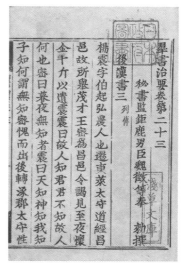

圖6　慶長本《群書治要》卷第二　卷首
（日本國立公文書館藏）

羣書治要卷第二十三　秘書監鉅鹿男臣魏徵等奉　勅撰
後漢書三　列傳
楊震字伯起弘農人也遷東萊太守道經昌邑故所舉茂才王密爲昌邑令謁見至夜懷金十斤以遺震震曰故人知君君不知故人何也密曰暮夜無知者震曰天知神知我知子知何謂無知密愧而出後轉涿郡太守性

圖7　元和本《群書治要》卷第二十三　卷首
（舊藏昌平坂學問所，現藏日本國立公文書館）

羣書治要卷第四十三　秘書監鉅鹿男臣魏徵等奉　勅撰
說苑　劉向
君道
河間獻王曰堯存心於天下加志於窮民痛萬姓之罹罪憂衆生之不遂也有一民飢則曰此我飢之也有一民寒則曰此我寒之也一民有罪則曰此我陷之也仁昭而義立德

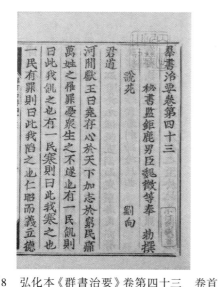

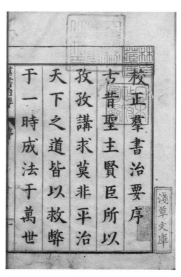

圖8　弘化本《群書治要》卷第四十三　卷首
（現藏日本國立公文書館）

校正羣書治要序
古昔聖主賢臣所以孜孜講求莫非平治天下之道皆以救弊于一時成法于萬世

圖9　天明本《群書治要》林信敬序　卷首
（林氏家塾舊藏，現藏日本國立公文書館）

圖11　寬政本《群書治要》卷第四十五　卷首
（現藏早稻田大學圖書館）

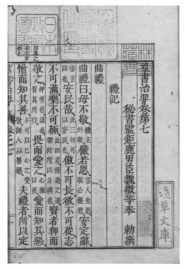

圖10　天明本《群書治要》卷第七　卷首　　圖12　昭和本《群書治要》卷第卅四　卷首
（林氏家塾舊藏，現藏日本國立公文書館）　　　（國立國會圖書館藏）

參考文獻

一、古籍

1.《群書治要》

［唐］魏徵等《群書治要》,殘卷（10—11c）,東京國立博物館藏。

［唐］魏徵等《群書治要》,寫本（13—14c）,宫内廳書陵部藏。

［唐］魏徵等《群書治要》,珂羅複製本,宫内省圖書寮（1941）,日本國立國會圖書館藏。

［唐］魏徵等《群書治要》,古典研究會叢書漢籍之部9—15,汲古書院,1989—1991年。

［唐］魏徵等《群書治要》,寫本（1610）,國立公文書館内閣文庫藏。

［唐］魏徵等《群書治要》,銅活字本,駿河版（1616）,國立公文書館内閣文庫藏。

［唐］魏徵等《群書治要》,刻本,尾張藩（1787）,國立公文書館内閣文庫藏。

［唐］魏徵等《群書治要》,刻本,尾張藩（1791）,早稻田大學圖書館藏。

［唐］魏徵等《群書治要》,銅活字本,紀伊藩（1846）,國立國會圖書館藏。

［唐］魏徵等《群書治要》,鉛字本,宮内省圖書寮（1941）,國立國會
　　圖書館藏。

［唐］魏徵等《群書治要》,《宛委别藏》第 73—77 册,江蘇古籍出版
　　社,1988 年。

［唐］魏徵等《群書治要》,《連筠簃叢書》,道光二十七年（1847）。

［唐］魏徵等《群書治要》,王雲五主編《四部叢刊》（初編）第 76—
　　78 册,上海書店,1989 年（据 1926 年版重印）。

［唐］魏徵等《群書治要》,王雲五主編《四部叢刊》（初編縮本）第
　　101—104 册,商務印書館,1936 年。

［唐］魏徵等《群書治要》,王雲五主編《叢書集成》（初編）第 195—
　　204 册,商務印書館,1936 年。

［唐］魏徵等《群書治要》,王雲五主編《國學基本叢書》,商務印書
　　館,1937 年。

［唐］魏徵等《群書治要》,世界書局,2011 年。

［唐］魏徵等輯《群書治要》,國家圖書館（國家古籍保護中心）編
　　《永青文庫四種》,國家圖書館出版社,2019 年。

2.《四庫全書》

［宋］王溥《唐會要》,［清］紀昀、永瑢等編纂《景印文淵閣四庫全
　　書》總第 606 册,臺灣商務印書館,2008 年。

［宋］王應麟《玉海》,［清］紀昀、永瑢等編纂《景印文淵閣四庫全
　　書》總第 944 册,臺灣商務印書館,2008 年。

［宋］王應麟《玉海》,［清］紀昀、永瑢等編纂《景印文淵閣四庫全
　　書》總第 948 册,臺灣商務印書館,2008 年。

［宋］章如愚《群書考索》,［清］紀昀、永瑢等編纂《景印文淵閣四庫
　　全書》總第 936 册,臺灣商務印書館,2008 年。

［宋］鄭樵《通志》,［清］紀昀、永瑢等編纂《景印文淵閣四庫全書》總第 374 冊,臺灣商務印書館,2008 年。

［明］楊士奇等《歷代名臣奏議》,［清］紀昀、永瑢等編纂《景印文淵閣四庫全書》總第 438 冊,臺灣商務印書館,2008 年。

［清］紀昀等《冊府元龜四庫提要》,［清］紀昀、永瑢等編纂《景印文淵閣四庫全書》總第 902 冊,臺灣商務印書館,2008 年。

［清］嵇曾筠等《浙江通志》,［清］紀昀、永瑢等編纂《景印文淵閣四庫全書》總第 525 冊,臺灣商務印書館,2008 年。

［清］張英、王士禎等《御定淵鑒類函》,［清］紀昀、永瑢等編纂《景印文淵閣四庫全書》總第 985 冊,臺灣商務印書館,2008 年。

3.《續修四庫全書》

［明］柯維騏《宋史新編》,續修四庫全書編纂委員會編《續修四庫全書》總第 309 冊,上海古籍出版社,2002 年。

［明］焦竑《國史經籍志》,續修四庫全書編纂委員會編《續修四庫全書》總第 916 冊,上海古籍出版社,2002 年。

［清］丁丙《善本書室藏書志》,續修四庫全書編纂委員會編《續修四庫全書》總第 927 冊,上海古籍出版社,2002 年。

［清］丁仁《八千卷樓書目》,續修四庫全書編纂委員會編《續修四庫全書》總第 921 冊,上海古籍出版社,2002 年。

［清］劉錦藻《皇朝續文獻通考》,續修四庫全書編纂委員會編《續修四庫全書》總第 819 冊,上海古籍出版社,2002 年。

［清］陸心源《皕宋樓藏書志》,續修四庫全書編纂委員會編《續修四庫全書》總第 928 冊,上海古籍出版社,2002 年。

［清］阮元、阮福編《四庫未收書提要》,續修四庫全書編纂委員會編《續修四庫全書》總第 921 冊,上海古籍出版社,2002 年。

[清]孫星衍《平津館鑒藏書籍記》,續修四庫全書編纂委員會編
　　《續修四庫全書》總第 923 册,上海古籍出版社,2002 年。

　　4.《國史大系》

[日]藤原冬嗣等《日本後紀》,黑板勝美、國史大系編修會編《新訂
　　增補國史大系》(普及版),吉川弘文館,1972 年。

[日]藤原良房等《續日本後紀》,黑板勝美、國史大系編修會編《新
　　訂增補國史大系》(普及版),吉川弘文館,1972 年。

[日]藤原時平等《日本三代實録》(後篇),黑板勝美、國史大系編
　　修會編《新訂增補國史大系》(普及版),吉川弘文館,1973 年。

[日]山崎知雄《日本紀略》第三(後篇),黑板勝美、國史大系編修
　　會編《新訂增補國史大系》(普及版),吉川弘文館,1979 年。

　　5. 其他古籍

[漢]孔安國注,[唐]孔穎達疏《尚書正義》(清嘉慶刊本《十三經
　　注疏》)第 1 册,中華書局,2009 年。

[唐]李隆基注,[宋]邢昺疏《孝經注疏》(清嘉慶刊本《十三經注
　　疏》)第 5 册,中華書局,2009 年。

[清]鮑廷博輯《知不足齋叢書》第二十一集,長塘鮑氏刻。

[清]陳夢雷《古今圖書集成》,中華書局,1934 年。

[清]董誥等編《欽定全唐文》,武英殿刊本,嘉慶十九年(1814)。

[清]錢大昕《十駕齋養新餘録》,《萬有文庫》第 2 集第 5 册,商務
　　印書館,1935 年。

[清]傅以禮重編《四庫未收書目提要》,商務印書館,1955 年。

[清]崑岡等修《欽定大清會典》,光緒己亥(光緒二十五年,1899)。

[清]王灝輯《魏鄭公文集》,《畿輔叢書》初編,定州王氏謙德堂

刊本。

《德宗景皇帝實録(一)》,《清實録》第 52 册,中華書局,1987 年。

《德宗景皇帝實録(四)》,《清實録》第 55 册,中華書局,1987 年。

［日］昌平坂學問所舊藏《駿府記》,寫本,日本國立公文書館内閣文庫藏(和 15977 號)。

［日］細野要齋《尾張名家誌》初編,皓月堂刊本,安政四年(1857)。

［日］中川忠英《清俗紀聞》,東都書林刊本,寬政十一年(1799)。

二、專著

1. 譯注類

［唐］劉肅撰,許德楠、李鼎霞點校《大唐新語》,中華書局,1984 年。

［唐］魏徵等撰,中華書局編輯部點校《隋書》,中華書局,1973 年。

［唐］吳兢撰,謝保成集校《貞觀政要集校》,中華書局,2012 年。

［後晉］劉昫等撰,中華書局編輯部點校《舊唐書》,中華書局,1975 年。

［宋］歐陽修等撰,中華書局編輯部點校《新唐書》,中華書局,2008 年。

［宋］王欽若等編纂,周勛初等校訂《册府元龜》,鳳凰出版社,2006 年。

［元］脱脱等撰,中華書局編輯部點校《宋史》,中華書局,1985 年。

［清］黄遵憲《日本雜事詩》,朝華出版社,2017 年。

［清］張之洞撰,范希曾補正,徐鵬導讀《書目問答補正》,上海古籍出版社,2019 年。

［清］周廣業撰,徐傳武、胡真校點《經史避名彙考》,上海古籍出版

社,2015年。

劉餘莉主編《〈群書治要〉譯注》,中國書店,2012年。

呂效祖、趙寶玉、張耀武主編《〈群書治要〉考譯》,團結出版社,
　2011年。

冶艷杰《〈李相國論事集〉校注》,華中科技大學出版社,2015年。

[日]島田翰撰,杜澤遜、王曉娟點校《古文舊書考》,上海古籍出版
　社,2017年。

[日]澀江全善、森立之等撰,杜澤遜、班龍門點校《經籍訪古志》,上
　海古籍出版社,2017年。

2. 敦煌學著作及相關工具書

郭在貽《郭在貽敦煌學論集》,江西人民出版社,1993年。

郝春文《英藏敦煌社會歷史文獻釋録》第1卷,科學出版社,
　2001年。

郝春文《英藏敦煌社會歷史文獻釋録》第1卷(修訂版),社會科學
　文獻出版社,2018年。

黃永武主編《敦煌寶藏》第1冊,新文豐出版公司,1981年。

黃永武主編《敦煌寶藏》第10冊,新文豐出版公司,1981年。

姜亮夫《莫高窟年表》,上海古籍出版社,1985年。

李索《敦煌寫卷春秋經傳集解校證》,中國社會科學出版社,
　2005年。

李索《敦煌寫卷春秋經傳集解異文研究》,中國社會科學出版社,
　2008年。

劉銘恕《斯坦因劫經録》,商務印書館編《敦煌遺書總目索引》,中華
　書局,1983年。

榮新江《敦煌學十八講》,北京大學出版社,2001年。

上海古籍出版社、法國國家圖書館編《法藏敦煌西域文獻》第 26
　　册,上海古籍出版社,2002 年。

王重民《敦煌古籍叙録》,中華書局,1979 年。

向達《倫敦所藏敦煌卷子經眼目録》,《唐代長安與西域文明》,生
　　活·讀書·新知三聯書店,1957 年。

許建平《敦煌經籍叙録》,中華書局,2006 年。

張涌泉《漢語俗字叢考》,中華書局,2020 年。

張涌泉《漢語俗字研究》,商務印書館,2010 年。

張涌泉《敦煌寫本文獻學》,甘肅教育出版社,2013 年。

中國社會科學院歷史研究所、中國敦煌吐魯番學會敦煌古文獻編
　　輯委員會、英國國家圖書館、倫敦大學亞非學院合編《英藏敦煌
　　文獻》第 1 卷,四川人民出版社,1990 年。

中國社會科學院歷史研究所、中國敦煌吐魯番學會敦煌古文獻編
　　輯委員會、英國國家圖書館、倫敦大學亞非學院合編《英藏敦煌
　　文獻》第 3 卷,四川人民出版社,1990 年。

［英］翟爾斯《英倫博物館漢文敦煌卷子收藏目録》,黃永武主編
　　《敦煌叢刊初集》第 1 册,新文豐出版公司,1985 年。

3. 其他著作及其他工具書

（1）中文

陳鐵凡《〈左傳〉節本考——從英法所藏敦煌兩卷之綴合論〈左傳〉
　　節本與〈群書治要〉之淵源》,《大陸雜誌語文叢書》第 3 輯第 3
　　册,大陸雜誌社,1975 年。

陳垣《史諱舉例》,中華書局,2016 年。

國家圖書館國家古籍保護中心編《書卷爲媒　友誼常青——日本永
　　青文庫捐贈漢籍入藏中國國家圖書館特展圖録》,國家圖書館出

版社,2018 年。

賈貴榮輯《日本藏漢籍善本書志書目集成》,北京圖書館出版社,
　　2003 年。

李寅生《日本天皇年號與中國古典文獻關係之研究》,鳳凰出版社,
　　2018 年。

林申清《日本藏書印鑒》,北京圖書館出版社,2000 年。

劉餘莉等《〈群書治要〉通識課》,中共中央黨校出版社,2022 年。

劉餘莉等《平治天下——〈群書治要〉治國理政思想研究》,人民出
　　版社,2019 年。

劉玉珺《越南漢籍與中越文學交流研究》,中國社會科學出版社,
　　2019 年。

錢承軍《古代中國與日本、朝鮮漢籍流通述評》,浙江圖書館主編
　　《中國書寫與印刷文化遺產和圖書館工作——2006 年國際圖聯
　　(IFLA)杭州會前會論文集》,浙江古籍出版社,2009 年。

孫猛《日本國見在書目録詳考》,上海古籍出版社,2015 年。

孫曉等編著《域外漢籍珍本總目提要》,西南師範大學出版社,
　　2018 年。

王雲五《商務印書館與新教育年譜》,《王雲五文集》第 5 卷,江西
　　教育出版社,2008 年。

吴杰主編《日本史辭典》,復旦大學出版社,1992 年。

嚴紹璗《漢籍在日本的流佈研究》,江蘇古籍出版社,1992 年。

嚴紹璗《日本藏漢籍珍本追蹤紀實——嚴紹璗海外訪書志》,上海
　　古籍出版社,2005 年。

張文朝《江户時代經學者傳略及其著作》,萬卷樓,2013 年。

張繡民、韓琦《中國活字印刷史》,中國書籍出版社,1998 年。

[朝]曹命采《奉使日本時聞見録》,復旦大學文史研究院編《朝鮮

通信使文獻選編》第 4 册,復旦大學出版社,2015 年。

［朝］鄭麟趾撰,［日］國書刊行會代表市島謙吉編輯《高麗史》第 1
册,武木印刷所,1908 年。

［英］杜希德編,中國社會科學院歷史研究所四方漢學研究課題組
譯《劍橋中國隋唐史》,中國社會科學出版社,1990 年。

　　（2）日文

［日］大矢透《假名遺及假名字體沿革史料》,國定教科書共同販賣
所,1909 年。

［日］佛書刊行會編纂《大日本佛教全書》第 138 卷,佛書刊行會,
1914 年。

［日］高木文《好書雜載》,井上書店,1932 年。

［日］宫内省圖書寮《〈群書治要〉解説》,《群書治要》解説凡例册,
宫内省圖書寮,1941 年。

［日］宫内省圖書寮《圖書寮漢籍善本書目》,文求堂書店、松雲堂書
店,1931 年。

［日］近藤守重《近藤正齋全集》第 2 册,國書刊行會,1906 年。

［日］全國東照宫連合會編著《披沙揀金:德川家康公逸話集》,八
木書店,1997 年。

［日］塙保己一編,上田萬年等監修《新校群書類從》第 4 卷,内外
書籍株式會社,1931 年。

［日］辻善之助《皇室と日本精神》(修訂版),大日本出版株式會
社,1944 年。

［日］石濱純太郎《支那學論考》,全國書房,1943 年。

［日］文部省宗教局編《宗教制度調查資料》第 16 輯,木島印刷所,
1925 年。

［日］小倉慈司《日本の年号》,吉川弘文館,2019 年。

［日］小林芳規《金澤文庫本〈群書治要〉の訓點》,金澤本《群書治要》影印版第 7 册,汲古書院,1989—1991 年。

［日］新材出《典籍叢談》,岡書院,1925 年。

［日］永原慶二監修《日本史辭典》,岩波書店,1999 年。

三、期刊論文

1. 中文論文

陳翀《兩宋時期刻本東傳日本考——兼論金澤文庫之創建經緯》,載《西華大學學報(哲學社會科學版)》2010 年第 3 期。

陳東輝《〈宛委別藏〉述略》,載《故宫博物院院刊》1998 年第 2 期。

陳鐵凡《敦煌本禮記、左、穀考略》,載《孔孟學報》1971 年第 21 期。

崔建利、王雲《〈四部叢刊〉編纂考略》,載《山東圖書館學刊》2011 年第 6 期。

戴禾《中日史籍中的日使來唐事異同考》,載《中國文化研究所學報》1984 年第 24 期。

鄧昉《集百爲一:張元濟與〈四部叢刊〉》,載《四川圖書館學報》2008 年第 4 期。

翟新明《〈崇文總目〉見存抄本、輯本系統考述》,載《版本目録學研究》2019 年第 10 輯。

竇懷永、許建平《敦煌寫本的避諱特點及其對傳統寫本抄寫時代判定的參考價值》,載《敦煌研究》2004 年第 4 期。

竇懷永《唐代俗字避諱試論》,載《浙江大學學報(人文社會科學版)》2009 年第 3 期。

高山、李勇慧《淺述儒學對日本江户幕府的影響及昌平阪學問所的意義》，載《人文天下》2020 年第 19 期。

龔延明《宋代崇文院雙重職能探析——以三館秘閣官實職、貼職爲中心》，載《北京大學學報（哲學社會科學版）》2016 年第 4 期。

郭麗萍《〈連筠簃叢書〉刊印始末》，載《晉陽學刊》2012 年第 2 期。

郭在貽、張涌泉、黃徵《敦煌變文整理校勘中的幾個問題》，載《古漢語研究》1988 年第 1 期。

韓文奇《李繁生年及其〈相國鄴侯家傳〉考辨》，載《蘭州大學學報（社會科學版）》2005 年第 5 期。

何仟年《中國典籍流播越南的方式及對阮朝文化的影響》，載《清史研究》2014 年第 2 期。

黃徵《敦煌寫本整理應遵循的原則》，載《敦煌研究》1993 年第 2 期。

蔣禮鴻《中國俗文字學研究導言》，載《杭州大學學報》1959 年第 3 期。

李靜《中興館閣書目成書與流傳考》，載《山東圖書館學刊》2011 年第 5 期。

李寧《〈清俗紀聞〉中的清代漢語與清代民俗》，載《文化遺産》2017 年第 2 期。

李索《英藏敦煌寫卷〈春秋經傳集解〉述論》，載《河北師範大學學報（哲學社會科學版）》2005 年第 2 期。

劉洪權《王雲五與商務印書館的古籍出版》，載《出版科學》2004 年第 2 期。

劉玉珺《越南古籍目録概略》，載《文獻》2006 年第 4 期。

劉玉珺《越南使臣與中越文學交流》，載《學術研究》2007 年第 1 期。

劉玉珺《中越古籍書籍交流考述》，載《文獻》2004 年第 4 期。

盧仁龍《〈宛委別藏〉編纂始末》,載《文獻》1990 年第 1 期。

羅志歡《〈粤雅堂叢書〉校勘及其跋語考略》,載《文獻》1997 年第
　　1 期。

牛曉坤《古寫本〈群書治要〉手寫符號探討》,載《參花(上)》2017
　　年第 7 期。

潘銘基《日藏平安時代九條家本〈群書治要〉研究》,載《中國文化
　　研究所學報》2018 年第 67 期。

齊元濤《武周新字的構形學考察》,載《陝西師範大學學報(哲學社
　　會科學版)》2005 年第 6 期。

裘錫圭《考古發現的秦漢文字資料對於校讀古籍的重要性》,載《中
　　國社會科學》1980 年第 5 期。

任煜《日藏鐮倉抄本〈群書治要・詩〉探論》,載《檔案》2020 年第
　　1 期。

施安昌《武周新字"圀"制定的時間——兼談新字通行時的例外》,
　　載《故宮博物院院刊》1991 年第 1 期。

孫英剛《"辛酉革命"説與龍朔改革:7—9 世紀的緯學思想與東亞
　　政治》,載《史學月刊》2013 年第 7 期。

王彩雲《中國古籍在韓國(一)》,載《古籍整理研究學刊》1996 年
　　第 4 期。

王方《日本平安時代大江氏家族的貢舉參與探究》,載《日本問題研
　　究》2020 年第 1 期。

王曉平《抄物識讀的方法》,載《日語學習與研究》2019 年第 6 期。

王曉平《從日本朝鮮寫本看敦煌文獻省代號研究》,載《敦煌研究》
　　2012 年第 6 期。

王曉平《近藤重藏和他的〈正齋書籍考〉》,載《域外漢學與漢籍》
　　2015 年第 6 期。

王曉平《日本漢籍古寫本俗字研究與敦煌俗字研究的一致性》,載
　《藝術百家》2010 年第 1 期。

王曉平《日本現存詩經古寫本與當代詩經學》,載《社會科學戰線》
　2012 年第 3 期。

王雨非《敦煌寫卷 S.133 補考》,載《文教資料》2019 年第 36 期。

翁連溪《養心殿藏書——〈宛委別藏〉》,載《紫禁城》1991 年第
　6 期。

吳金華《略談日本古寫本〈群書治要〉的文獻學價值》,載《文獻》
　2003 年第 3 期。

徐憶農《東亞活字印刷術在世界史上的價值》,載《新世紀圖書館》
　2016 年第 11 期。

于永梅《〈本朝文萃〉傳本及其研究現狀》,載《東北亞外語研究》
　2019 年第 1 期。

俞信芳《〈宛委別藏〉提要拾補》,載《寧波師院學報(社會科學版)》
　1993 年第 1 期。

張楠《武周新字“圀”在雲南的流傳考釋》,載《故宮博物院院刊》
　1992 年第 3 期。

張樹忠《阮元與〈宛委別藏〉》,載《圖書館雜誌》2001 年第 7 期。

張涌泉《敦煌變文校讀釋例》,載《敦煌學輯刊》1987 年第 2 期。

張涌泉《敦煌文書類化字研究》,載《敦煌研究》1995 年第 4 期。

張涌泉《敦煌文獻的寫本特徵》,載《敦煌學輯刊》2010 年第 1 期。

張涌泉《敦煌寫本斷代研究》,載《中國典籍與文化》2010 年第
　4 期。

張涌泉《敦煌寫本省代號研究》,載《敦煌研究》2011 年第 1 期。

張涌泉《説“卜煞”》,載《文獻》2010 年第 4 期。

張涌泉《研究敦煌俗字應注意的幾個問題》,載《杭州師範學院學

報》1995 年第 4 期。

［韓］琴知雅《中國漢籍傳入韓國研究》，載《國際漢學》2015 年第
　4 期。

［日］戶崎哲彦《日本舊校鈔〈增廣注釋音辯唐柳先生集〉四十五
　卷本及南宋刻〈音注唐柳先生集〉略考》，載《文史》2014 年第
　1 期。

［日］松浦章《江户時代之日中交流》，載《浙江工商大學學報》2014
　年第 2 期。

［日］衣川賢次《日本金澤文庫藏抄本〈香嚴頌〉七十六首覆校》，載
　《中華文史論叢》2006 年第 4 期。

　　2. 中譯論文

［日］高橋智撰，楊洋譯《日本慶長時期漢籍活字本出版的意義——
　以〈四書〉爲中心》，載《北大史學》2009 年第 14 輯。

［日］林秀一撰，陸明波、刁小龍譯《〈孝經鄭注〉輯佚及刊行的歷
　史——以日本爲中心》，載《中國典籍與文化論叢》2013 年第
　1 期。

［日］平坂謙二撰，熊慶年譯《林羅山建於上野忍岡的書院》，載《國
　際儒學研究》1999 年第 7 輯。

［日］齋藤慎一郎撰，喬秀岩、葉純芳譯《師顧堂影印金澤文庫本
　〈春秋經傳集解〉解題》，載《版本目錄學研究》2021 年第 12 輯。

［日］佐川保子撰，楊穎譯《關於九條本〈文選〉識語的研究》，載
　《域外漢籍研究集刊》2017 年第 16 輯。

　　3. 日文論文

［日］島谷弘幸《〈群書治要〉（色紙）》，載《日本の國寶》1997 年第

44 期。

［日］福島金治《鎌倉中期の京・鎌倉の漢籍伝授とその媒介者》，
　　載《國立歷史民俗博物館研究報告》2015 年第 198 集。

［日］是澤恭三《〈群書治要〉について》，載《Museum》1960 年第
　　110 通號。

［日］太田晶二郎《〈群書治要〉の殘簡》，載《日本學士院紀要》
　　1951 年第 1 期。

［日］尾崎康《〈群書治要〉とその現存本》，載《斯道文庫論集》，慶
　　應義塾大學附屬研究所斯道文庫，1990 年第 25 輯。

［日］芝崎有里子《〈光源氏物語抄〉"俊国朝臣"について──鎌
　　倉期における紀伝道出身者の源氏學をあぐつて》，載《中古文
　　學》2015 年第 95 號。

［日］佐藤和夫《鎌倉武家社會における學問意識》，載《日本思想
　　史學》1970 年第 2 號。

四、學位論文

叢連軍《〈群書治要〉政治倫理思想研究》，黑龍江大學倫理學博士
　　論文，2019 年。

竇懷永《敦煌文獻避諱研究》，浙江大學中國古典文獻學博士論文，
　　2007 年。

葛斯青《〈群書治要〉君主修身思想研究》，中共中央黨校倫理學博
　　士論文，2021 年。

洪觀智《〈群書治要〉史部研究──從貞觀史學的致用精神談起》，
　　臺灣大學中國文學研究所碩士論文，2014 年。

紀柳婷《金澤本〈群書治要〉（第一冊）字形研究》，河北大學漢語

言文字學碩士論文,2018 年。

計小豪《金澤文庫〈春秋經傳集解〉鈔卷校勘研究》,南京師範大學中國古典文獻學碩士論文,2019 年。

蘭小燕《日藏唐鈔儒家四部經典殘卷整理與文字研究》,華東師範大學漢語言文字學碩士論文,2018 年。

林溢欣《〈群書治要〉引書考》,香港中文大學中國語言及文學碩士論文,2011 年。

劉海天《〈群書治要〉民本思想研究》,中共中央黨校倫理學博士論文,2016 年。

劉紅利《〈群書治要〉道德教化思想研究》,中共中央黨校倫理學博士論文,2018 年。

牛曉坤《金澤本〈群書治要〉子書(卷三一至三七)研究》,河北大學漢語言文字學碩士論文,2018 年。

秦芳《〈周易治要〉修身思想研究》,中共中央黨校倫理學博士論文,2017 年。

沈芸《古寫本〈群書治要·後漢書〉異文研究》,復旦大學漢語言文字學博士論文,2010 年。

王侃《大英博物館藏敦煌漢文寫本注記目錄評述》,上海師範大學宗教學碩士論文,2008 年。

王維佳《〈群書治要〉的回傳與嚴可均的輯佚成就》,復旦大學歷史學碩士論文,2013 年。

王雯璐《日藏西學漢籍研究初涉——以日本八所主要漢籍藏書機構爲中心》,北京外國語大學比較文學與世界文學碩士論文,2014 年。

吳剛《從〈群書治要〉看貞觀君臣的治國理念》,山西師範大學歷史文獻學碩士論文,2009 年。

吴媛媛《古寫本〈群書治要·三國志〉異文研究》,廣西大學漢語言
　文字學碩士論文,2018 年。

徐佳佳《〈群書治要〉"爲政以德"思想研究》,中共中央黨校倫理學
　博士論文,2020 年。

楊春燕《〈群書治要〉保存的散佚諸子文獻研究》,天津師範大學中
　國古代文學碩士論文,2015 年。

鄭奎《〈群書治要〉引史略考》,中國人民大學中國古代史碩士論
　文,2011 年。

周少文《〈群書治要〉研究》,臺北大學古典文獻研究所碩士論文,
　2007 年。

［韓］金光一《〈群書治要〉研究》,復旦大學中國古代文學博士論
　文,2010 年。

五、報告

劉海天《群書治要基本問題研究》,中山大學博士後出站報告,
　2020 年。

六、網絡資源

宮内廳書陵部收藏漢籍集覽。［2023 年 8 月 20 日］https://db2.
　sido.keio.ac.jp/kanseki/T_bib_search.php。

國立公文書館。［2021 年 7 月 10 日］https://www.digital.archives.
　go.jp/。

國立國會圖書館。［2021 年 8 月 10 日］https://www.ndl.go.jp/zh/
　index.html。

韓國古典籍綜合目録。［2021 年 12 月 8 日］https://nl.go.kr/korcis/。

日本所藏中國古籍數據庫。［2021 年 1 月 13 日］http://kanji.
zinbun.kyoto–u.ac.jp/kanseki/。

早稻田大學古典籍綜合數據庫。［2021 年 8 月 6 日］https://www.
wul.waseda.ac.jp/kotenseki/index.html。

E– 國寶。［2021 年 6 月 20 日］https://emuseum.nich.go.jp/top?
langId=zh&webView=。